植民地の近代化・産業化と教育

植民地教育史研究年報◉2016年……19

日本植民地教育史研究会

皓星社

植民地の近代化・産業化と教育

2016　植民地教育史研究年報　第19号　目次

巻頭言　日本人の植民地認識と教育 ………………………………………… 内海愛子　3

Ⅰ．シンポジウム

植民地朝鮮の理科教科書・教授書における農業教育政策との関係
　　―1930年代半ばまでの「稲」に関する記述を中心に― …………… 井上薫　12
「外地」の商業学校の学科課程における商業教育の意義と編成方法
　　―私立青島学院商業学校を事例として―………………………………… 山本一生　22
日本統治下朝鮮の地理教科書にみる鉄道と近代化……………………… 白恩正　44
「昭南島」における日本映画
　　「近代化モデル」のメディアとしてのフィルム ……………………… 松岡昌和　65
南洋群島の公学校教育における「文明化」「近代化」―その1
　　第四次『国語読本』編纂背景・「文明化」の変容を考える― …… 小林茂子　86
南洋群島の公学校教育における「文明化」「近代化」―その2
　　第四次『国語読本』編纂を中心に―……………………………………清水知子　106
討論　シンポジウム「植民地の近代化・産業化と教育」…………………………… 130

Ⅱ．研究論文

「満洲」国民科大陸事情の教科書における郷土教育 …………………………船越亮佑　150
日本統治末期の朝鮮における学校経験
　　―光州師範学校から萬頃国民学校へ・竹内幹雄氏の場合―
　　………………………………………………………………佐藤由美・竹内久隆　173

Ⅲ．研究動向

戦争責任研究（戦争責任論）と「植民地責任」研究の動向
　　―教育と教育学の、戦争責任と植民地（支配）責任の究明のために― …松浦勉　198

Ⅳ．書評

駒込武著『世界史の中の台湾植民地支配
　―台南長老教中学校の視座―』………………………………………李省展　212
小黒浩司著『図書館をめぐる日中の近代　友好と対立のはざまで』…大串隆吉　225
藤森智子著『日本統治下台湾の「国語」普及運動
　―国語講習所の成立とその影響』……………………………………前田均　231

Ⅴ．旅の記録

台湾教育史遺構調査（その9）…………………………………………白柳弘幸　238
日本統治期台湾の高等女学校訪問記（その2）………………………滝澤佳奈枝　244

Ⅵ．報告

光復71周年・韓日修交51周年記念韓日国際学術会議
　「日本における韓国独立運動と日本人」……………………………佐野通夫　254

Ⅶ．彙報 ………………………………………………………………………岡部芳広　260

編集後記………………………………………………………………………一盛真　265
筆者紹介………………………………………………………………………………266
『植民地教育史研究年報』投稿要領 ………………………………………………269
CONTENTS …………………………………………………………………………270

巻頭言

日本人の植民地認識と教育

内海愛子＊

「アジア解放の聖戦」と朝鮮

　日本人は台湾、朝鮮の植民地支配について、どのように教えられてきたのか。そもそも「植民地」との認識をもっていたのだろうか。私がこのような疑問をもったのは、元BC級戦犯の飯田進氏との対話の中でである。飯田氏はアジア太平洋戦争で日本軍が占領した蘭領ニューギニアのホーランディア（現在のインドネシア・パプア州・ジャヤプラ）の海軍民生部に勤務していた。「アジア解放の聖戦」の大義に魅せられて志願したという。戦後、オランダ裁判で戦犯となり、バタビア（現在のジャカルタ）のチピナン刑務所をへて、スガモプリズンに送還されてきた。占領の実態を見た飯田氏は、日本が宣伝してきた「アジア解放」の虚構を知り、スガモの中で猛勉強をした。仲間と議論を重ねた。その積み重ねのなかで、アジア太平洋戦争が侵略戦争だったと考えるようになり、プリズン内で反戦平和のグループを組織した。伊江島の土地闘争には巣鴨刑務所の有志たちで、カンパと連帯のメッセージを贈っている（スガモプリズンは、サンフランシスコ平和条約で独立した後、日本政府の管理にうつり、巣鴨刑務所と名前を変えている）。

　オランダ、アメリカ、イギリス、オーストラリアなどの戦争裁判で裁かれた戦犯たちの中には、裁判の在り方に疑問をもちながらも、日本の戦争への批判を強めていった人たちがいた。1950年6月、朝鮮戦争がはじまり、日本の再軍備が論議され始めると、彼らはスガモの中から新聞や雑誌に積極的に投稿していった。戦犯だからこそ、再び戦争をはじ

＊恵泉女学園大学名誉教授

めようとの動きに反対の論陣を張ったのである。1952年、所内に飾られた七夕飾りには「再軍備論者　コイツ以上の凶悪犯があろうか」「また戦争をする気か　俺はごめんだぞ」などの再軍備反対の短冊がつるされていた。こうした中で飯田氏たちのグループは、自らの体験を手記としてまとめ、密かに獄外に持ち出して出版した。それが飯塚浩二編『あれから七年　学徒戦犯の獄中からの手紙』（光人社、1953年）である。この中には「私は貝になりたい」の原作の一部ともなった志村郁夫（加藤哲太郎のペンネーム）の「狂える戦犯死刑囚」が収録されている。続いて、安部公房脚本、小林正樹監督の映画『壁あつき部屋』の原作となった手記集『壁あつき部屋　巣鴨ＢＣ級戦犯の人生記』（理論社、1953年）が出版された。同書には柳田謙十郎、飯塚浩二、野間宏が一文を寄せている。
（内海愛子『スガモプリズン――戦犯たちの平和運動』吉川弘文館）

　戦犯として訴追され、アジア各地の法廷に立たされた彼らは、自分たちがアジアで何をしたのかを自らに問い、そして、反戦平和運動に邁進していった。このような活動をしてきた飯田氏に、「アジア解放の聖戦」の大義と台湾、朝鮮の植民地支配との矛盾をどう考えていたのか、質問したことがある。氏の回答は明解だった。「朝鮮を植民地とは考えていなかった」、「内地の延長であり、欧米の植民地とはちがう」と考えていたというのである。

問われなかった植民地支配

　「植民地と思わなかった」、この認識は飯田氏一人のものではないだろう。オランダやイギリスのように植民地解放闘争に直面することなく、日本は敗戦で台湾、朝鮮を手放した。

　1951年9月、日本の戦後処理のために、旧連合国がサンフランシスコに集結した。この講和会議に出席したのは50数ヵ国、「日本国との平和条約」に署名をしたのは49カ国にのぼった（1951年9月8日署名）。だが、大韓民国、朝鮮民主主義人民共和国は会議に招請されなかった。中華民国も中華人民共和国も招請されていない。

　「サ条約」ではアメリカを中心とする欧米との和解が成立したが、それ

は中国侵略や植民地支配の清算なき「和解」だった。その後、朝鮮をのぞくこれらの国と個別に二国間条約を締結して国交を回復しているが、多くの問題が残されていた。大韓民国との場合、14年におよぶ交渉の後に1965年に条約が締結されている（1965年6月22日署名）。だが、条約第二条の1910年の韓国併合条約が不法か合法か、両国の見解は分かれたままである。そのため、有償無償5億ドルの支払いは経済協力であり「賠償」ではない、これが日本の主張である。当然、被害者個人への賠償支払いもなかった。なお、「サ条約」では連合国の元捕虜には個人賠償の支払いを決めている（第16条）。こうした「賠償」支払いに示されるように日韓条約は、植民地支配の清算という点では多くの問題を残し、今日の戦後補償や歴史認識にかかわる摩擦を生み出す一因ともなっている。

　ポツダム宣言（第8項）とサンフランシスコ平和条約（第2条）で日本は植民地を手放したが、戦後も「植民地意識」ひきずってきた。中国や朝鮮からの引揚のニュースがラジオで流れていた。夕方になると「たずね人」の放送に耳を傾けていた。敗戦で「ひどい目」にあったことは記憶され、語り伝えられたが、植民地朝鮮の「解放」については無関心、無自覚であったといってもよいだろう。それどころか、戦後闇市での「第三国人」の横暴な振る舞いに反感を抱き、李承晩ラインで日本の漁船が拿捕された事件に反発していた人も少なくない。なぜ、朝鮮人が「第三国人」なのか、なぜ、李ラインがひかれたのか、植民地支配と関連して考えようとした日本人は少なかった。植民地意識を内に抱いたまま平和と民主主義を語ってきたのではないのか。こうした問題に多くの人たち気がつき始めたのは、在日朝鮮人やアジアからの批判に直面した1960年代からである。それまでも研究者や教育者の間では植民地支配への批判的な検証は行われてきた。教科書にも朝鮮支配の記述はあったが、日本人の間に根強く残る植民地への認識をかえる力にはなっていなかった。

　「賠償」をテコに1960年代後半から日本企業が韓国、東南アジアに進出していった。侵略の過去を忘れたかのような日本人に、占領の記憶が鮮烈に残るアジアの被害者が強烈な批判を浴びせかけた。時には「エコノミック・アニマル」、「セックス・アニマル」とまで揶揄された。被害者からの問いかけや告発、中でも韓国からの批判に直面した人びとは、改めてというよりはじめて植民地支配について考え始めたのではないだろうか。

1948年に小学校に入学した筆者は、戦後民主主義教育のなかで育ってきたが、植民地支配について学んだ記憶がない。身近に関係者がいなかった事もあるだろう、知っているのは時々ラジオなどで流れる「李ライン」の拿捕のニュースぐらいだった。アジア太平洋戦争を加害の視点を含めて考えるようになったのは、先のアジアからの批判が噴出した1960年代になってからである。飯田氏や筆者を含め、多くの日本人のもつ「支配」意識なき植民地認識が、どのような過程で生まれ、戦後へと引き継がれていったのだろうか。

「併合」に沸く民衆

　1910（明治43）年の「韓国併合」当時、『東京朝日新聞』が、8月24日から6回にわたって論説「併合せらるゝ韓国」を掲載している。論説は「我国民は協力一致これを善導誘掖して文明の余沢」に浴せしめることに勤めざるべからざる」（明治43年8月26日『東京朝日』）と述べている。そして「韓国の如きは元来独立国として存在し得べき硬度を有する物体に非ず」、「日本と清国両国の硬く丸き物体のその接触しない隙間にあって僅かに不完全な国体を維持していたのである。」そして韓国は「実は笑うべき一個偽物にて有りしなり、斯くの如き国家の偽物がポンペーの博物館に陳列せられずして日本の隣に存在せしは国際関係の密接ならざりし結果にして交通貿易に不勉強なりし東洋人種の耻辱なり」（明治43年8月27日）とまで論じている。

　犬養毅、大隈重信、大倉喜八郎らも「併合」を祝し、中には「朝鮮に文明の味を覚えしめ」る併合は「日本の利益というよりも朝鮮人の幸福」であると述べている論者もいる（明治43年9月5日）。社会主義者や一部の「人情家」を除いては「併合」反対を唱える日本人はほとんどいなかった。その社会主義者は「併合」に先立って「大逆事件」をデッチあげられ、幸徳秋水らが一斉に検挙されていた（明治43年5月25日）。

　新聞は学者、宗教家、政治家を動員して「併合歓迎ムード」を煽った。「併合詔勅書」が発表された8月29日、号外の鈴の音が勇ましく鳴り響き、その中を四方八方歩きまわって、朝日新聞の記者がルポしている。

「新たな弟」ができたと歓喜した人びとは、「そうすると朝鮮は日本のもんですね」「是で帝国の版図は大部広まり世界地図を児童に見せるにも心強いです」と興奮をもって語り、各地で提灯行列や祝賀会が行われた。

　民衆は「合併成なりぬ日の本の領土新に広まりて──」と歌いながら行進し、万歳を叫び、花電車は金剛石のように飾り立てられて街に繰り出していた。「今日からは日本人だと長烟管」、「８月に併合節といふが出来」との川柳が紙面を飾る。

　広告はもっと露骨に支配を煽る。「朝鮮に行け、朝鮮に行け、朝鮮は最早外国に非ざる也」、未拓の美田、未知の天産がいたるところに埋もれた「朝鮮は閉ざされたる宝庫也、今や此宝庫の富は諸君に提供せられて諸君の腕次第　割取するに任す」。(８月30日。丸善『韓語大成』『韓語通』の広告。内海愛子・梶村秀樹・鈴木啓介『朝鮮人差別とことば』明石書店)

「外地」と「内地」

　「新たな弟」といっているが、朝鮮人は「日本国民」になったのだろうか。

　併合後に制定された「朝鮮民事令」(制令７号　明治45年３月18日)が、朝鮮人の身分登録の手続きを定めている。同令は1922(大正11)年に改正され、「朝鮮戸籍令」(朝鮮総督府令154号・大正11年12月１日)として公布された。この「戸籍令」は、1960年、大韓民国戸籍法が成立するまで、朝鮮人の戸籍法規としての役割を果たしていた。

　「併合」後、朝鮮人はこの「朝鮮戸籍」によって身分関係を管理されている。その「身分の得喪、したがってその結果としての日本国籍の得喪は、慣習と条理」によって決められ、国籍法の適用による日本国民ではない、このように規定されている。このため国籍法による国籍離脱ができない。「日本国籍」から逃れられない仕組みになっていた。なお、台湾には国籍法が適用されている。(向英洋『詳解　旧外地法』日本加除出版)

　版図を広げた帝国日本は、国民を「内地戸籍」「朝鮮戸籍」「台湾戸籍」の三つの地域の戸籍に分けて管理していた。三種類の「日本国民」がいたのである。日本人(内地人)は、「戸籍法」によって、身分上の本籍すなわち地域籍が「内地」にある。朝鮮人、台湾人は、「外地」の戸

籍法規が適用されていた。「外地」というのは、「内地」と法制上異なる地域、すなわち日本の領域のなかで、憲法の定める通常の立法手続きで定立される法が、原則として施行されない地域（異法地域）をさしている。(外務省条約局『外地法令制度の概要』)

「内地」「外地」のどちらに本籍があるのか、これで「内地人」と「外地人」の区別が行なわれていた。そして、この地域籍を移動することは、原則的に認められなかった。例外は養子縁組・婚姻などの身分行為である（大正5年7月2日　法務局長回答）。

このような管理をしていた日本政府は、「植民地」という言葉を忌避し、当初は「台湾・朝鮮」と地名列記方式をとっていたが、1920年代末からは公式に「外地」を使用していた。その実態が「植民地」とその支配であることはいうまでもない、原田敬一はこのように指摘している。(『日清・日露戦争』岩波新書)

敗戦——解放国民か敵国人か

1945年8月14日、日本は「ポツダム宣言」(米英華宣言)の受諾をアメリカなどに通告した。この宣言には「カイロ宣言」(1943年11月27日「やがて朝鮮を自由独立のものにする決意を有する」との一項をもつ)の履行がうたわれていた。

極東委員会は「初期基本指令」(1945年11月1日)の中で、「台湾出身の中国人と朝鮮人は、これを軍事上の安全が許す限り、解放された人民として取り扱わなければならない。彼らは、この指令に使用される「日本人」という言葉に含まれないが、しかし、彼らは、これまで日本臣民であったのであるから、貴官(マッカサー連合国最高司令官)は必要な場合には、敵国民として取り扱うことができる」と明記している。

なお、1945年12月に衆議院議員選挙法が改正されたが、その「附則3」は戸籍法の適用を受けない者の選挙権及び被選挙権は当分の間、停止するとある。植民地時代の戸籍がここで活きていた。「日本国民」ではあるが戸籍法の適用をうけない「外地人」である朝鮮人、台湾人の選挙権が停止されたのである。

「朝鮮人をこれまでの圧倒的差別的待遇から解放することは、占領軍民主化方針から当然に出てくることであった」(エドワード・W・ワグナー『日本における朝鮮少数民族 1904－1950』外務省アジア局北東アジア課訳)との指摘もあるが、占領軍が、実際に、在日朝鮮人を解放国民として扱ったのは、帰国の意思を示した者への「刑事裁判権の再審理」のみであった。占領下の朝鮮人、台湾人は事実上、敵国人である「日本人」並みに処遇されていたのである。

警察はさらにはっきり、日本に在住する朝鮮人は「如何なる場合と雖も、日本の主権の下に立って其の法権の支配を受ける結果、之が取扱いも日本人と同様」であった、こう指摘している(警視庁渉外課編『警察に関する渉外実務提要』)。

「日本人と同様」というが、憲法施行の前日に出された昭和天皇の最後の勅令「外国人登録令」(1947年5月2日公布・施行)では、「台湾人および朝鮮人は、この勅令の適用については、当分の間、これを外国人とみなす」と規定していた。「外国人と見なされた日本人」という扱いである。かれらが正式に日本国籍を離脱するのはサンフランシスコ平和条約の発効(1952年4月28日)によるが、占領下では旧植民地出身である朝鮮人、台湾人はこのように管理されていた。

戦争裁判に関する限り「日本人」

植民地認識との決別が出来なかったもう一つの要因に極東国際軍事裁判(通称東京裁判)がある。1946年5月3日、東京、市ヶ谷台で開廷した東京裁判の被告28人の中には、元朝鮮総督の南次郎と小磯国昭がいた。また、元朝鮮軍司令官板垣征四郎も被告の中にいた。3人に共通する訴因は、侵略戦争の共同謀議・計画準備・遂行、「通例の戦争犯罪」および「人道に対する罪」である。これらの訴因に植民地統治は含まれていなかった。法廷には米英蘭仏の植民地、中国における日本軍の侵略・残虐行為についての多くの証拠が出され、証人も出廷した。だが、朝鮮台湾支配は審理の対象にはなっていない。

「通例の戦争犯罪」(捕虜虐待、住民虐殺、住民虐待、細菌戦、戦時性

暴力、民間人抑留など）を裁いたいわゆるＢＣ級戦犯裁判では、連合国捕虜への虐待は厳しく裁かれたが、朝鮮人の強制動員はまったく取り上げられなかった。戦時性暴力、「慰安婦」問題も同じ構造である。すなわち連合国民を「慰安婦」にしたインドネシアのスマラン慰安所のような場合は、その責任者が裁かれているが、朝鮮人台湾人すなわち「日本人」を慰安婦にした事件は、戦争裁判の対象になっていない。

　それだけでなく、戦争裁判に関しては、朝鮮人台湾人は「日本国民」として扱うことが連合国の間で申し合わされていた。

　戦争裁判は、日本の植民地支配をまったく取り上げなかっただけでなく、朝鮮人、台湾人を「日本人」として裁いていた、植民地支配の清算という面で多くの問題をもつ裁判だった。日本は「サ条約」でこの裁判を受け入れたのである（第11条）。

　敗戦後、このような形で戦後処理を行ってきた日本は、植民地認識の清算という課題に直面しないできたといってよいだろう。そこには戦後の冷戦構造も左右していた。

　無自覚だった植民地認識は、その用語に顕著にあらわれていた。植民地支配の中でつくり出され広く使われた用語、たとえば「北鮮・南鮮」は、1950年の朝鮮戦争の時はもちろん1970年代にも日本を代表する地図や辞書、副読本にも使われていた。朝鮮民主主義共和国への帰国は、「北鮮帰還」と報道されていた。

　「植民地」ではなく、「外地」と言い続けてきた「内地」の日本人が、朝鮮でどのような支配を行ってきたのか、その歴史事実を知り、植民地支配との認識をもつためには、日本人の「植民地教育」すなわち植民地を植民地として認識する教育が必要ではないのか。

　1970年代から、アジアの被害者がその重い口を開き、日本人に向って苦しい体験を語りはじめた。その証言を聞き、被害者への謝罪と補償を実現するために、日本に住む研究者、弁護士、市民たちが調査、研究にのりだした。その活動が1990年からの戦後補償裁判を可能にしてきた。裁判は時効や受忍義務論などで敗訴しているが、その過程で積み重ねられてきた研究や市民による調査、さまざまな場面で進んでいる。植民地教育史研究会もそうした研究課題に向き合い、重要な役割を果たしている研究会である。

Ⅰ．シンポジウム

植民地朝鮮の理科教科書・教授書における農業教育政策との関係
―― 1930年代半ばまでの「稲」に関する記述を中心に ――

井上 薫[*]

はじめに

　今回のシンポジウムは、本研究会有志が分担して取り組んできた約3年の植民地教科書研究[1]の成果発表を兼ねつつ、少し広い今回の主題に対して提言をいただこうという試みとして、本研究会が2016年3月5日、第19回研究大会の初日午後、東京家政学院大学にて開催したものである。

　今回の科研報告書は全体で22編となったが、シンポジウムの準備は各成果をそれぞれがまとめている段階での提言者選出であった。大きく、国語グループ、歴史・地理・修身グループ、実業・実技グループがグループごとに作業を進めており、それぞれの成果や目処が見えにくい状況での提言者人選となった。大きなテーマでは共通しているとはいえ、結局、各グループに選出を委ねた関係で、教科や地域のバランスなど、必ずしも体系立っていたわけではない。そこで、1月31日に準備会を持ち、意識すべき共通課題を探った。準備会呼びかけ時点での主題は「産業化と教育」としていたが、初等教育機関の教科書を研究対象としたものがほとんどだったため、この主題から想像される、教科書を通した人材養成がいかに図られたかという論点は抽出が難しいと判断した。そこで、準備会では、「近代化」の観点を加えて、対象の分析をお願いすることとした。
　上述した通り、全体としては、教科書の残存状況から、初等教育教科

[*]釧路短期大学

書、あるいは教授書を対象とした研究が多くなり、そのため、中等教育以上の技術者養成に直結する人材養成との関係は問いにくく、中等教育以上の教育内容と教育政策との関係は今後の大きな課題とせざるを得なかったが、そのなかでも、少ない中等教育機関の教育内容を検討した成果として山本一生会員から私立青島学院の商業教育の事例を通して提言をいただいた。

　短期教育のみで家業（主に農業）を継ぐという意味では、初等教育でも卒業後帰農する人物養成を想定した教育とはなり得る。この点については、稲関係の教材を理科書がどう取り扱ったかを井上薫が伝えた。

　白恩正会員からは、地理教科書に現れた鉄道が近代化、産業化や資源への注目、帝国領土の拡大とどのように関連づけてあらわされているのかの提言をいただいた。

　教科書ではないが、社会教育的なプロパガンダという観点から、旧「昭南島」（シンガポール）における日本映画による「南方映画工作」の事例について、いったい、日本の「近代化モデル」をどこまで示せたのか、松岡昌和会員から提言をいただいた。

　ところで、「委任統治」であったために国際連盟への報告義務があった南洋では、また少し異なった様相を示すようである。教科書もすべてが『南洋群島国語読本』に収められた中で、島民に最も伝えようとした内容にはどのようなものがあったのか。委任統治政策とのかかわりで小林茂子会員から、国際連盟から脱退し連盟への報告を気にしなくなった1937年の第四次改定本での大きな内容の変化について、清水知子会員からご提言いただいた。その後、会場全体で1時間半弱の討論の時間を持った。

　準備会の話し合いの中では、李熒娘（イ・ヒョンナン）の、米穀検査の展開過程が、「朝鮮における米穀の生産・流通過程の植民地的再編成を進展・促進させる過程」であり、「朝鮮における既存の生産・流通網を破壊し、日本の米穀市場に統合する過程」であると捉え、品種改良策の課題、改良品種の普及政策、輸移出米の検査、小作料の品質制限、改良叺（かます）＝規格品の流通、精米業発達＝生産農家が加工作業工程から排除される、籾殻・糠が農村から奪われ土地の有機質が欠乏する、

などの一連の問題と連鎖している、という研究[2]の紹介から、「近代化」には、"製品"の"均質化"が求められ、例えば、稲の実が商品化された「米」は、そのために"等級化"（ランク付け）され、"規格化"が進む。これは「米」（こめ）が帝国の支配により視覚化され、変容された形だとも言える。これらの"均質化"、"等級化"、"規格化"は「近代」商品の一大特徴であるが、そのために"外れ"たものは「商品」としての価値が大幅に低下するか、無化されることで、生産者の生活に大きな変化をもたらすことになる。家内工業的に作られていたものも、このような過程で排除される、それなりのシステムを持ったものでないと規格化に対応していけないし、効率も悪いからである。システムに対応する"組織化"も「近代」の名の下に強いられたものなのではないか。といういくつかの部分では、共通する要素がありそうだ、との話になっていた。

本来あった、しかも、それなりに理にかなった生産・生活形態に対して、植民地支配は少なからず、"未開"、"非文明的"だと見下し、"文明的"（それも多くは西洋から仕入れたものだという意味では、相当に押し付けられたものであったはずだが）なものを、"教育"によって伝えようとしたと考えられる。

植民地教科書にはどのように「近代化」「産業化」が反映されたのか。その事情をどう考えることができるのか。まず、井上から、朝鮮の理科書にみる稲と農業政策の関係について補いたい。

1　農業科から理科へ

元々、朝鮮における日本語普及・強制政策研究を行ってきたが、国語教科書の内容には踏み込んでいなかったこと、そして、1910～20年代朝鮮の実科教育、特に植民地教育の大きな柱とも言われる農業教育について、初等教育機関である公立普通学校における農業科の加設をめぐる動向についての論文[3]執筆時に関心を持っていたため、誰も取り組んでいなかった農業教科書を担当することにした。2006年以降の科研では、主に朝鮮・台湾の農業教科書・教授書を見てきた。

また、科研では実業科グループに属してきたが、初回科研を除いて理

科全般を担当するメンバーが不在だったため、特に、今回の「産業化」科研には、農業からの報告はある意味必須であった。ところが、朝鮮では、産業化が推進される 1930 年代には、農業教科書がほとんど発行されていない状況であった[4]。朝鮮では、農業教科書単独でこの「産業化」を紐解くのは困難と思われた。

　さりとて、にわか勉強で理科をカバーできるのか。見込みを立てられぬまま理科教科書・教授書類を調べ始め、結構な時間をかけて課名リストの作成までは行ったが、内容の読み込みをするには知識が不足し、工業へ通ずる教科書の諸問題を読み解くことは断念せざるを得なかった。

　ところで、農業教科書・教授書には、「緒言」、「凡例」の形で解説や留意事項が示されているものがあり、その中に、「本書によって教授するに当っては他教科特に理科・手工科との連絡に留意」[5]とあった。この「連絡」とは何だろうか。

　理科と農業との関係でいうと、朝鮮では、「理科」が農業に先立ち、「韓国併合」以前から実業教育を扱う教科として、日本人官吏によって設置された。なお、半植民地時代の 1906 年より、初等教育機関の公立普通学校は修業年限が 4 年であり、三・一独立運動後の 1920 年まで続く。さらに、「韓国併合」後最初の理科教科書で、農業教科書発行（『普通学校農業書』巻一、1914 年）以前に発行された『普通学校理科書』巻一（1913 年）には、農業・生物関係の教科が多く、特に、「稲」の栽培、耕作、病虫害、調製にかかわる内容、すなわち、理科を越え「農業」にまで踏み込んだ内容が加わっていた。

　未知の「理科」の分野であったが、ある程度積み重ねてきた農業・生物関係に対象を絞ると新たに何か見えそうだと気付き、理科教育の中の農業関係記述に着目することにした。限定的ではあるが、理科において、朝鮮総督府の産業政策の一部としての農業政策、特に稲作との関連がどのように反映されたのかを明らかにしたい。

2　「韓国併合」後

　稲作は「併合」以前から、特に群山周辺の穀倉地帯で日本人地主が収

奪的農業で大きな利潤をあげていたことで有名であるが[6]、理科教科書で「稲」が現れるのは、「併合」後に編纂された次の教科書であった。

この時期、『普通学校理科書』巻一・二（1913年）が、『普通学校農業書』巻一・二（1914年）に先立ち発行された。これらは、「普通学校規則」（朝鮮総督府令第110号、1911年10月）に基づいている。この第12条で、「…理科ハ植物、動物、鉱物及自然ノ現象中成ルヘク児童ノ目撃シ得ル事項ニシテ実業ニ資シ実際生活ニ須要ナルモノヲ選ヒテ教授」するよう定められた。ちなみに、農業（「農業初歩」）は、同規則第18条で「農業ニ関スル近易ナル知識技能ヲ授ケ」「勤労ヲ尚フノ習慣ヲ養フ」こと、特に、「耕耘、栽培、養蚕、植樹等」が教授内容に挙げられていた。そして、先行して発行された『理科書』巻一の方に、まず、稲関係である「種子ト苗」（第三課）、「稲」（第八課）、「苗代ト田植」（第九課）、「稲ノ耕作ト米ノ調製」（第十五課）、「稲ノ病害ト蟲害」（第十六課）が登場した。理科であるが、田植や耕作、調製、病虫害という農業分野に踏みこんだものであった。

ところで農業は加設科目であり、必ずしも全学校に設定されたわけではなかった。したがって、総督府は、最も確実に全学校に広げることを意図して、本来「理科」の範囲を逸脱すると思われる田植・栽培・耕作・調製等の内容を『理科書』に盛り込んだと考えられる。

3　三・一独立運動以後

1921年1月に、朝鮮総督府は『現行教科書編纂の方針』を出した。この中で、『普通学校理科書』については、国定とは異なり、「各科共相当詳述に記述」したこと、普及状況について「併合の当初は公立普通学校に於て農業を加設するもの少からす因て理科書に於て農業の一班を授け之か趣味を長せしめむか為若干農業に関する教材を加へしも現時は農業を加へさる学校殆んと之なきに至りたる」[7]と記され、農業が、大多数で加設されていたことがわかる。

ところが、三・一独立運動後、差別的教育制度への非難から、1920年、22年の朝鮮教育令改正で、三年または四年制だった普通学校の修業年

限を「原則」として日本「内地」(六年制)にあわせるよう変更された。この時期に出された新たな『普通学校理科書』は第4・5・6学年にそれぞれ巻一・二・三を充て、凡例にはそれぞれ「文部省尋常小学理科書」の各学年(4・5・6年)に「準拠」、すなわち、"内地準拠"したことを明記している。準拠ではあるが、内容では「朝鮮と内地とによって、材料の性質を異にしまたは事情の相違してゐるもの」のみ変更し、表現上、「口語体に改め」、「仮名で表はす」時は「下に括弧を附けて漢字を示した」程度の修正も加えられた[8]。

「内地準拠」した1922年以降の『普通学校理科書』における「稲」の記述内容は、その部位の形態と実である米になるまで、そしてその用途に限られ、栽培については一切触れていない。

ところで、1920、1922年における「内地延長主義」教育制度への変更の関係で、朝鮮では普通学校の四年制の3・4学年で教えられていた農業は5・6学年での設定となったが、修業年限延長は漸次行われたこと、農業を主産業とする地方では"変則"の四年制校が多かったため、その場合、「修業年限ヲ四年ト為シタルトキハ…(中略)…農業、商業及漢文ハ之ヲ加フルコトヲ得ス」(普通学校規程第7条)の定めから、地方では農業が教えられないという状況が生じた。つまり、植民地朝鮮で進めてきた農業教育が、地方である農村部で教えられないという矛盾を抱えることになった。

これについては、別稿で、1922年7月の各道知事宛学務局長通牒「普通学校ニ於ケル農業科ニ関スル件」を皮切りに、1924年度からの「実業教育費国庫補助」で再普及を進め、さらに1926年2月、四年制公立普通学校の最終学年で農業科を随意科目として復活させ、農業科の加設率を100%に近づけた上で、1929年の職業科必須化へとつなげたことを明らかにしている[9]。

4　1930年代、朝鮮独自編纂の『初等理科書』

教科書の構成を課数の変遷で見ると、1908・09年発行の『普通学校学徒用　理科書』巻一・二(1911年、同・訂正版)が41・57課、1913

年発行の『普通学校理科書』巻一・二、生徒用（1921年、同・訂正再版）が40・38課、「内地準拠」とした1922・23・24年発行の『普通学校理科書』巻一・二・三、児童用が46・51・45課と課数が多かったのに対して、1931・32・33年発行の『初等理科書』巻一・二・三は、15・9・7課と大幅に課数が減った。本文中に各科ごと、通し番号でいくつかの調べ課題が提示されているのも特徴である。この『初等理科書』の中で"稲"関係のものは第二（5年生用）の「秋の畓」である。教師用書（『初等理科書』巻二、教師用、1933年）で確認すると、4時間が充てられており、「要旨」に次の4項目、1）稲の観察と理解、2）稲と雑草の関係の観察と理解、3）稲の害虫・害鳥・益鳥等の観察と理解、4）食料品の理解、を挙げている。従来の課が系統にまとめられ、相互に関連付けられた編集となっている。さらに、これらの「注意」の5項目のうち、「二　予め種籾の浸水、苗代・挿秧（＝田植；井上注）、中耕と除草、害蟲の駆除・予防等に就いて観察せしめておく」、「四　地方に道の農事試験場・朝鮮総督府農事試験場及び其の支場等があれば見学せしめる」という項目が含まれ[10]、それぞれ、"稲作"すなわち農業の営みへの関心、産業政策と直結する品種改良を率先して行っている農事試験場や支場への関心が促されていた。

　稲の"観察"についても、その「趣旨」が、1）初秋の稲の生育状況の観察、2）稲の形態の観察・研究、3）稲の品種への理解、4）稲の受粉作用と登熟状況を知る、こととされ、これらへの「注意」として、「一、稲には多数の品種があることに留意して教授する。二、地方の奨励品種及び奨励品種にはあらざるも畓の状況によって止むを得ず作付されてゐる重要な在来種に就いては特に留意して観察せしめ、それ等の名称を知らせる。三、地方の重要な品種に就いては予め詳細に調査しておく。」[11]の3項目が示され、品種への関心が向くよう誘導された。

　実際、児童用教科書の方でも、この課の冒頭で、日本から持ち込まれ奨励されていた穀良都・多摩錦・早神力の3種の何十粒もぎっしり身をつけた穂先の挿絵が「稲の品種」として掲げられ[12]、次の頁には「稲の花」の雄蕊と雌蕊、稲の花の3形態（開花前、開花状態、花が閉じた状態（雄蕊の葯が外に締め出されたまま閉じる）が実物を見てもわかるように正確な図が描かれ示されている。そして、この児童用書では3つの

問い（一　花はどうなつてゐるか。二　葉や茎や根はどうなつてゐるか。三　稲にはどんな品種があるか。）が続き、これらの違いに注目するよう誘導された。実際に"観察"を重視した授業となれば、実物の形態、色などの違いが子どもたちの"発見"や関心事になりやすいであろう。教師は当然これらの違いへの発見や疑問に対応することになるだろうし、その発見や違いから、実用的な品種に関する知識や学びに結びつけることはむしろ容易である。

　そして、教師用書にだけではあるが、「参考」情報として、朝鮮の気候は稲作に適していること、ただし、10aあたりの平均収量は「内地」の約半分であること、つまり、朝鮮ではなお改良の余地があることが書かれた。続けて、「稲作改良上特に注意すべき事項」が6項目（一　灌漑の便を図ること。二　堆肥其の他金肥を合理的に多く施すこと。三　栽培上の技術を改良すること。四　優良品種の普及更新を図ること。五　秋耕を行ひ、且深耕すること。六　病虫害及び雑草の駆除・予防を行ふこと）あり、前述の児童書にある3つ目の問い「品種」への対応として、「品種の選択の適否は、農業を営む上に最も重要」であることや各道で「奨励品種を指定してゐる」こと、「奨励品種の栽培を普及」し品種の「改良を図る」ことの大切さを記し（前掲、教師用書、271頁）、さらに「優良品種選択上注意すべき事項」9項目が続き、選ぶべき品種は、試作後3年以上経ったもの、多肥に耐えるもの、病虫害への抵抗力に強いもの、地方の気候・土質・地形を考慮する、冷温の場合は有芒種、鳥害が多ければ早稲を避ける、などの細かな知識が書かれた（同上、271～272頁）。

　明らかに総督府行政から、産業＝農業政策のバイアスがかかった教師用書であるが、なぜ、これほどまでに"理科"教科書・教師用書を通して、このように先導しようとしたのだろうか。

5　1930年代の理科および農業教科書の普及状況

　考えられることの一つは、冒頭で触れた、1930年代に農業教科書はほとんど発行（発売）されていなかったという状況である。

他方の理科教科書は、『初等理科書』巻一が 1931 年、巻二が 1932 年、巻三が 1933 年以降発行され、統計上、理科教科書の発売数は、1923 〜 1929 年は 11 万余〜 17 万余冊であったものが、1930 年こそ 79,224 冊と少なかったが、1931 年：187,655、1932 年：224,209、1933 年：291,186、1934 年：293,095、1935 年：312,255、1936 年：156,502 冊となり、ほぼ 20 〜 30 万冊の発売数となり、1920 年代に比し、ほぼ倍増していた[13]。なお、1937 年以降は新たな『初等理科』に移り変わる。
　ここから次のように推測することはできないだろうか。
　1930 年代の半ばまでは、農業科（1929 年から必修の「職業科」）では『職業科教授書』さえ作られていなかったため、必須でありながらも、"農業"の教科書は空白の時期だった。もちろん、農業実習を含め、多様な農業の実態は存在し、学校教育、学校設立地域における模範的働きを率先して行っていた可能性が高い。その意味では初等教育機関といえども、たいへん大きな意味を持っていたと考えられる。ところが、総督府行政から教員を介して子どもたちへ、さらに 1932 年から始められた農村振興運動により、学校自体も生活の場であるそれぞれの地域において、中堅人物養成を行う拠点の一つとしての働きが求められたにもかかわらず、農業について具体的な指示を与える農業教科書がなかった。
　しかし、農業と"連絡"している理科には、教科書も教授書も存在する。『初等理科書』（教師用書）には、その役割が与えられたのではないか。

　※なお、この報告は、拙稿「植民地朝鮮の理科教育における農業政策との関係—稲に関する教科書・教授書の記述を中心に—」（平成 25 〜 27 年度科学研究費補助金　（基盤研究 (B)（一般））研究成果報告書『日本植民地・占領地教科書にみる植民地経営の「近代化」と産業政策に関する総合的研究』、2016 年 3 月、251 〜 265 頁）をもとにして、その主要部分を発表したものであり、ここでは、拙稿を一部編集・加筆して、再録した。

【註】
1 植民地教科書研究科研の流れ
・宮脇弘幸（代表）『日本植民地・占領地の教科書に関する総合的比較研究―国定教科書との異動の観点を中心に』基盤研究(B)、平成18/2006年度～平成20/2008年度、2009年3月。
・西尾達雄（代表）『日本植民地・占領地教科書と「新教育」に関する総合的研究―学校教育と社会教育から』基盤研究(B)、平成22/2010年度～平成24/2012年度、2013年3月。
・西尾達雄（代表）『日本植民地・占領地教科書にみる植民地経営の「近代化」と産業政策に関する総合的研究』基盤研究(B)、平成25/2013年度～平成27/2015年度、2016年3月。
2 李熒娘『植民地朝鮮の米と日本―米穀検査制度の展開過程―』中央大学出版部、2015年。
3 拙稿「日帝下朝鮮における実業教育政策―1920年代の実科教育・補習教育の成立過程」（渡部宗助・竹中憲一編『教育における民族的相克―日本植民地教育史論Ⅰ』、東方書店、2000年）。
4 朝鮮総督府発行の統計によれば、1922・23年に発行された『初等農業書』巻一・二は、あわせて、発売以降毎年、4万～最大7万3千冊余り（1925年）発売されたが、1931年に1万5千冊弱、1932年にはわずか15冊のみで、以後、統計でわかる1937年までは0であった。ただし、1936・37年には『職業科教授書』がそれぞれ2017、3140冊発売された。
5 『職業科教授書』巻一、職業指導・作物汎論・普通作物・特用作物、朝鮮総督府、1936年3月、凡例2頁。
6 李圭洙、『近代朝鮮における植民地地主制と農民運動』、信山社、1996年。1910年以前に少数の日本人地主がかなりの土地集積を行っており、中でも群山では既墾地所有地が多く、大地主の藤井寛太郎の事例が第三章で明らかにされている。
7 秘　大正十年一月『現行教科書編纂の方針』朝鮮総督府学務局、1921年1月（渡部学・阿部洋編、『日本植民地教育政策資料集成（朝鮮篇）』第19巻上⑤、龍渓書舍、1990年9月）。
8 『普通学校理科書』巻二、教師用、朝鮮総督府、1923年4月、凡例1～2頁（『朝鮮総督府編纂教科書　旧植民地・占領地域用教科書集成　1922～1928年』7、あゆみ出版、1985年復刻）。
9 拙稿「人間形成をめぐる普通教育と職業教育の展開―二つの国民の創出・再生産―日帝下朝鮮における実業教育の一断面から」『日本の教育史学』教育史学会紀要第48号、2005年10月　および　拙稿「日帝下朝鮮に於ける実業教育政策―1920年代の実科教育、補習教育の成立過程」（渡部宗助・竹中憲一編『教育における民族的相克―日本植民地教育史論Ⅰ』東方書店、2000年参照）。
10 『初等理科書』巻二、教師用、朝鮮総督府、1933年、268頁。
11 同上、269頁。
12 『初等理科書』巻二、朝鮮総督府1932年、49頁。
13 『朝鮮総督府統計年報』各年版の「教科用図書及教員参考書頒布高」または「教科用及教員参考図書頒布高」より。

「外地」の商業学校の学科課程における商業教育の意義と編成方法
――私立青島学院商業学校を事例として――

山本一生[*]

はじめに

　ドイツが1897年に青島を占領し、翌年膠州湾租借条約によって膠州湾租借地を設置する[1]。その結果青島は沿岸港と山東鉄道を備えた港湾都市として発展する。19世紀半ばから20世紀初めにかけて山東省の貿易中心港は煙台だったが、青島は煙台に取って代わり山東省の貿易中心港となっていく[2]。では青島の都市形成としての特徴とは何か。『青島地図通鑑』では以下のようにまとめている。第一に、青島は旧都市を基礎にすることなく現代の都市規格によって建設された都市で、今に至るまでその流れが続いている。第二に、上海や天津のように複数の列強諸国による共同租界が設定されることなく、単一の統治機構によって統治されていた都市である[3]。このような特徴を持つ青島は、ドイツ統治期には山東半島を後背地とする商業植民都市として発展し、第一次大戦中に日本が青島を占領すると、占領軍である青島守備軍が在華紡を誘致して軽工業が興った。こうして青島は商工業植民都市として発展していった。そうなると注目されるのが商業を支える人材の育成である。特に、日本統治期以降、日本が山東権益を掌握するにつれて青島での日本側の商業教育はどのように行われたのか。そこで青島において日本側が設置した私立青島学院（以下単に「学院」と略記する）に注目し[4]、特に学院が設置した商業学校を中心に考察する。

　中国大陸において、〈表1〉に示すように学院は大連商業、長春商業に次いで設立され、華北[5]では最初に設立された。なお〈表1〉で

[*] 上田女子短期大学

〈表 1〉 中国大陸における日本側中等商業学校

校名	所在地	設立年月日	備考
大連経済学校	大連	1910年9月	1945年4月に大連商業学校より改称
大連女子経済学校	大連	1930年4月	1945年4月に大連女子商業学校より改称
新京商業学校	新京特別市常磐町三丁目二番地	1920年4月	1932年11月に長春商業学校より改称
遼陽商業学校	遼陽市瑞穂区月見町一番地	1936年2月	
奉天商業学校	奉天市大和区萩町七十二	1933年4月	
哈爾浜商業学校	哈爾浜市新陽区興満大路六〇一号	1940年4月	
奉天女子商業学校	奉天市大和区加茂町七号	1933年4月	
鞍山女子商業学校	鞍山	1944年4月	
大連商業公学校	大連		
北京日本商業学校	北京特別市東長安街八号	1940年4月	
天津日本商業学校	天津日本租界宮島街	1933年7月	1945年3月31日廃止
青島学院商業学校	青島市内台西鎮海岸	1928年3月	
石門日本商業学校		1941年4月	
上海日本商業学校	平涼路二一〇三	1931年8月	
上海日本女子商業学校	欧陽路二二二号	1940年8月	

出典：外務省アジア局北東アジア課外地整理室『昭和三十四年十月一日 旧外地学校調』p.128及びp.182より筆者作成。

は 1928 年となっているが、これは『旧外地学校調』では在外指定[6]を受けた年を設立年としているからである。同校は前身の青島英学院が 1916 年に日本基督教組合教会内に設立され、さらに 1921 年に甲種商業学校が設置された[7]。〈表 2〉によると北京では中学・商業・高女の合計が「内地」人 1013 人、朝鮮人 128 人、其他 1 人だったが、青島学院は全体で「内地」人 832 人、朝鮮人 178 人、其他 283 人であった[8]。ここでの「其他」とは中国人と考えられる。このように青島学院は中国人を多数受け入れた。それは教育理念として青島学院が掲げていた「日支共学」[9]と関係がある。

第二に華北における日本側学校では唯一の私立中等学校であったことである。学院は日本基督教組合が設立にかかわる私立学校として始まったが、のちに見るように教科として宗教関連の教科はなかった。

では、学院の学科課程はいかなる理念に基づき、どのように編成されたのか。そこで本研究では以下の章構成から、学院の学課課程を考察する。第一章で学院設立当初の学課課程を分析し、第二章で商業学校設置

後の学課課程の変化を検討する。第三章では学院の学科課程と「内地」の学制との関係がどのように変化し、その変化が編成原理にどう影響したのか検証する。第四章で「日支共学」理念に着目し、学院の「潜在的カリキュラム」[10]がいかなるものであったのか考察する。

〈表2〉 華北における日本側中等学校の生徒数と民族別構成

所管領事館	民団民会	校名	所在地	校長	児童数							学級数	職員数		創立年月日
					合計	男	女	内	鮮	台	その他		教員	その他	
北京	北京	北京中学	北京		384	384		342	41	1		9	専16兼15	1	1939年4月1日
		同商業			134	134		89	44	1		3	専3兼8		1940年1月11日
		同高女			626		626	582	43		1	15	31	2	1939年4月1日
		(小計)			1144	518	626	1013	128	2	1	27	専49兼14	3	
天津	天津	天津中学	天津		242	242		202	39		1	6	専14兼1	6	1938年12月27日
		同商業			501	501		430	66	4	1	14	29	2	1933年4月1日
		同高女			619		619	581	35	2	1	16	専31兼1	6	1921年4月13日
		(小計)			1362	743	619	1213	140	6	3	26	専74兼2	10	
済南	済南	済南高女	済南		231		231	206	24		1	7	15		1939年3月20日
青島	青島	青島中学	青島		634	634		609	24	1		14	27	2	1917年4月4日
		同高女			678		678	663	14	1		16	30	2	1916年4月15日
		(小計)			1312	634	678	1272	38	1	1	30	57	4	
		実業			400	400		274	47		79	7	専8兼21	兼5	1916年4月8日
		商業			751	751		438	121		192	13	21	5	1920年4月8日
		絃宇高女			142		142	120	10		12	4	専11兼2	兼4	1938年9月4日
		(小計)			1293	1151	142	832	178		283	24			
石家荘	石家荘	石門高女	石家荘		83		83	58	25			2	専3兼7	3	1940年1月26日
					5425	3046	2379	4594	533	9	289	126	専238兼46	専25兼9	

出典：興亜院華北連絡部『昭和十六年七月　北支に於ける文教の現状』

第 1 章　設立当初の学課課程

第 1 節　最初の「青島学院規則」

　学院設立時の学課課程を取り上げ、編成原理がいかなるものであったのか分析する。『自大正五年四月至昭和二十年　永久書類　青島学院』（以下単に『永久書類』とする）には、1917 年 3 月 26 日に監督庁であった青島守備軍軍政長官宛に提出し、4 月 27 日に認可された「青島学院規則」が収録されている。

　　　第一条　本学院ハ実用的高等普通学ヲ教授シ有為ノ人材ヲ養成スルヲ以テ目的トス
　　　第二条　本学院ノ教科ヲ分チテ本科高等科専修科ノ三種トス
　　　第三条　本科ハ甲種商業学校程度ノ学科ヲ教授シ高等科ハ専門学校程度ノ学科ヲ教授ス
　　　第四条　専修科ハ英語、簿記、日語、支那語ノ四トス
　　　日語科ハ支那人子弟ニノミ教授スルモノトス

　学院の設立当初は、本科・高等科・専修科の 3 課程で、本科は甲種商業学校、高等科は専門学校に沿った学科である、と規定されている。なお修業年限は本科と英語本科が 3 年、他は 1 年であった。1899 年に施行された「商業学校規程」（文部省令第 10 号）第 2 条では「甲種商業学校ノ修業年限ハ三箇年トス但シ一箇年以内延長スルコトヲ得」と定めている[11]。また 1913 年に施行された「実業学校規程」（中華民国教育部部令第 35 号）第四章で商業学校について規定しており、第 31 条では「甲種商業学校ノ修業期ハ予科一年本科三年トス但シ一年以内ノ延長スルコトヲ得」と定めていた[12]。そのため修業年限の規程だけでは「甲種商業学校」や「専門学校」は日本側の学制なのか中華民国の学制なのかははっきりしない。とはいえ、あくまで「甲種商業学校程度」「専門学校程度」と曖昧な規定に止まっていた。

第 2 節　設置された学科課程

〈表 3〉より設置された学科課程を見よう。なお記録があるのは本科と高等科のみで、専修科の教科目は不明である。

本科で課される教科目は「修身、国語、数学、漢文、英語、地理、歴史、法規、支那語、簿記、商事要項、経済、商品、理化」の 14 科目であった。日本側の「商業学校規程」では「甲種商業学校ノ学科目ハ修身、読書、習字、作文、数学、地理、歴史、外国語、経済、法規、簿記、商品、商事事項、商業実践、体操トス但本項科目ノ外他ノ科目ヲ便宜加設スルコトヲ得」と 15 科目を定め[13]、中国側の「実業学校規程」第 33 条では「甲種商業学校本科科目ハ修身国文数学外国語地理歴史理科法制経済簿記商品商事要項商業実践体操トナシ並ニ他科目ヲ酌加スルヲ得」と 14 科目を定めている[14]。教科は中国側の規程に近いように思われる。「商品」は 2 ヶ年、「経済」と「理化」は 1 ヶ年であった。ここでの「国語」とは、「支那語」が別に配当されていることから日本語のことだと考えられる。同様に、地理の 1 年次に配当される「内国商業地理」も、「内国」という表記から日本の商業地理を指していると考えられる。こ

〈表 3〉1917 年の青島学院の設置科目一覧表

	修身	国語	数学	漢文	英語	地理	歴史	経済	法規	支那語	簿記	商事要項	商品	理化
第一学年	人倫道徳ノ要旨	国文、作文、習字	商業算術、珠算、代数	講読	読誦、訳解、書取、習字、作文、会話、文法	内国商業地理	日本史		法学通論	会話、作文、書取	商業簿記	通論		化学
第二学年	〃	〃	〃	〃	〃	東洋商業地理	東洋史		民法	〃	〃	各論	商品経済	
第三学年	〃		幾何、珠算	〃	〃	西洋商業地理	西洋史	大意	商法	〃		外国商業実務	〃	
高等科														
	倫理			漢文	英語			経済	法制	支那語	保険	財政学	銀行及取引所	
	倫理学一班			講読	読方、訳解、作文、会話、文法			生産、循環、分配、消費	憲法、民法、商法	会話、作文	生命保険、火災保険、海上保険	歳出、歳入、租税	一般銀行論、一般取引原理	

出典：『自大正五年四月至昭和二十年　永久書類　青島学院』より作成。以下〈表 5〉まで同じ。

のように語学を中心としながらも、教育内容を見ると「簿記、商事要項、数学、地理」では商業を中心に編成されており、商業教育をまんべんなく行おうとしていた意図が窺える。「理化」は化学のみを扱うため、この教科名となっていると考えられる。

　高等科で課される教科目は「倫理、漢文、英語、経済、法制、支那語、保険、財政学、銀行及取引所」の９科目で、基礎科目を削り、より実践的な科目が配当されている。なお、管見の限りでは担当教員については分かっていない。

第２章　商業学校設立後の学課課程

第１節　商業学校の設置

　1921年１月に学院長吉利平次郎は青島守備軍民政長官秋山雅之介宛てに「青島学院昼間教授開始願」を送付し、同年４月から「甲種商業学校」を開始して「日支両国民子弟ノ混合教育」を行う計画を立て、同年３月12日に認可され、学院は商業学校を設立する。同封の「青島学院昼間教授開始計画書」では「学科程度ハ甲種商業学校程度」とし、「修業年限ハ予科二年本科三年通シテ五年」とした。第一年目は日本人生徒80名で、予科一学年50名、本科一学年30名で、２学級という予定であった。第二年目に「支那人生徒」50名の入学を計画していた。以降５年目まで計画してある。

　「青島学院商業学校規則」第一条では「日支人子弟ヲ収容シ商業ニ須要ナル実際的教育ヲ施シ兼テ中日両国民ノ諒解親善ニ資スルヲ以テ目的トス」と、「日支人子弟」を対象とする商業教育を通して「中日両国民ノ諒解親善」に資する人材育成を目的とすることが掲げられている。すなわち、「日支共学」を編成原理として商業学校を運営することとなったのである。

第２節　実業学校の「学科課程」

　こうして商業学校が設置された結果、それまでの本科は夜間の実業

学校となる。なお正式に夜間課程が青島学院実業学校と改称されるのは、後述するように日本政府の補助金を受ける1925年5月のことである。まずは〈表4〉より実業学校となった本科の学科課程から、配置科目の変化を見よう。

設置される教科目は「修身、国語、数学、漢文、英語、経済、法規、支那語、簿記、商事要項、商品、理化」である。そのうち「商品」は2ヶ年、「経済、理化」は1ヶ年である。まず気付く変化としては、「歴史」と「地理」が消滅していることである。なぜ消えたのか。その理由は『永久書類』には記載がないために不明である。その他の教科目での教育内容には特に変化は見られない。

〈表4〉1921年の青島学院実業学校の配当学科目一覧表

	本科												
	修身	国語	数学	漢文	英語	経済	法規	支那語	簿記	商事要項	商品	理化	商品	理化
第一学年	人倫道徳ノ要旨	国文、作文、習字	商業算術、珠算、代数	講読	読誦、訳解、書取、習字、作文、会話、文法		法学通論	会話、作文、書取	商業簿記	通論		化学		化学
第二学年	〃	〃	〃	〃	〃		民法	〃	銀行簿記	各論	商品経済		商品経済	
第三学年	〃	〃	幾何、珠算	〃	〃	大意	商法	〃	工業簿記	外国商業実務	〃		〃	
	高等科												
	倫理			漢文	英語	経済	法制	支那語					
	倫理学一班			講読	読方、訳解、作文、会話、文法	生産、循環、分配、消費	憲法、民法、商法	会話、作文、時文、尺牘					

第3節　商業学校の「教科目及授業時間数」

〈表5〉より新たに設置された商業学校の「教科目及授業時間数」を見よう。なお数字は週当たりの時間数である。予科については次節で詳細に検討する。「青島学院商業学校規則」第十条では「予科第一学年ニ入

学ヲ許可スベキモノハ品行方正身体強健ナル年齢満十二歳以上ノ男子ニシテ尋常小学校ヲ卒業シタル者又ハ是ト同等以上ノ学力アルモノトス」と規定されている。すなわち、日本人学生を想定していると思われる。

〈表5〉1921年の青島学院商業学校における設置学科目一覧

		第一学年	第二学年
予科	修身	人倫道徳ノ主旨 / 1	同上 / 1
	読方	国語漢文 / 4	同上 / 3
	習字	大小字 / 2	同上 / 2
	作文	往復文／記事文 / 1	同上 / 1
	数学	算術珠算 / 3	算術代数珠算 / 3
	地理	日本地理大要 / 2	外国地理大要 / 2
	歴史	日本歴史大要 / 1	外国歴史大要 / 1
	理科	理科大要 / 1	同上 / 1
	図画	自在画 / 1	用器画 / 1
	英語	読方書取作文訳解会話習字 / 6	同上 / 8
	支那語	6	5
	体操	徒手教練体操 / 2	同上 / 2
	合計	30	30

		第一学年	第二学年	第三学年
本科	修身	人道実践ノ方法 / 1	同上 / 1	同上 / 1
	読方	国語漢文 / 3	同上 / 2	同上 / 2
	習字	小字 / 2		
	作文	商業作文記事 / 1	同上 / 1	同上 / 1
	数学	算術珠算代数 / 3	商業算術幾何 / 2	商業算術 / 2
	地理	内国商業地理 / 1	外国商業地理 / 1	同上 / 1
	歴史	内国商業歴史 / 1	外国商業歴史 / 1	同上 / 1
	理科	物理 / 1	化学 / 1	
	簿記	和文商業簿記 / 2	和文銀行簿記 / 2	英文商業簿記 / 2
	英語	読方訳解書取会話習字 / 7	同上及商業文 / 7	同上 / 7
	支那語	5	4	4
	経済		経済原論 / 2	経済各論 / 2
	法規	法学通論 / 1	民法 / 2	商法 / 2
	商品		内外重要商品 / 1	同上 / 2
	商業要項及商業実践	商事要項概論 / 3	商事要項実践 / 3	商事要項及商業実務 / 3
	体操	同上 / 2	同上 / 2	同上 / 2
	合計	32	32	32

予科の教科目は「修身、読方、習字、作文、数学、地理、歴史、理科、図画、英語、支那語、体操」の12科目とまんべんなく設置している。時間数では「英語」が最も多く（1年次6時間、2年次8時間）、「支那語」、「読方」と続くように、語学中心の配当であった。「読方」は教授内容を見ると「国語漢文」とあることから、日本語を教えていたことが分かる。また実業学校では「国語」「漢文」と2教科だったが、予科ではその2教科を「読方」にまとめ、さらに習字と作文を課している。「国語」よりも「英語」「支那語」の方の時間数が多いのは、日本人学生を対象に青島での商業に従事させるためだったのではないかと考えられる。実際、『永久書類』所収の「青島学院昼間教授開始計画書」では「青島学院昼間教授ハ学院本来ノ目的タル中日両国人子弟ヲ収容シテ混合学級ヲ作リ之ニ実業教育ヲ施シ特ニ語学ニ重キヲ置キテ教授」する計画で、語学重視であった。さらに1923年1月23日付「歎願書」では「卒業生ハ日支人関係ノ各会社銀行商店等ニ勤務シ語学其他事務上ニ於テハ内地中等学校出身者ヨリモ寧ロ成績優良ナリトハ一般市民ノ認ムル所」とあり、語学力を重視していることが青島学院の「売り」だったと考えられる。なお実業学校との違いとして、予科では「図画」と「体操」が設置されていることである。

本科での教科目は「修身、読方、習字、作文、数学、地理、歴史、理科、簿記、英語、支那語、経済、法規、商品、商業要項及商業実践、体操」の16科目であった。「国語漢文」が「読方」にまとめられ、習字と作文が課されていることは予科と同様である。予科と異なるのが「簿記、経済、法規、商品、商業要項及商業実践」という商業教育科目が設置され、さらに「数学、地理、歴史、英語」に「商業」の名を冠している内容が盛り込まれていることである。商業教育としてより実践的な内容となっている。さらに「理科」は実業学校と異なり「物理、化学」の2分野を配している。そのために化学だけを扱う「理化」ではなく、「理科」という科目名にしていると考えられる。なお『永久書類』では1926年に「金参千円ヲ投シテ物理化学器械其他標本類ヲ購入」したとあり、ようやく充実した実習ができるようになった。次章で見る在外指定学校への認定を求めた『認定願』には、教員一覧が付されている。そこには鎮西中学校出身の伊津野末也が「算術、代数、幾何, 博物、物理、化学」

を担当することになっていた。彼が理科実習の担当教員として青島学院に招かれたとみられる。

第3章　在外指定学校としての認可と「内地」学制への準拠

第1節　青島学院の「内地」学制への準拠過程

　学院の「内地」学制への準拠過程は、3段階に分けられる。第一段階が青島守備軍から私立学校としての認可を受けた1921年、第二段階が対支文化事業からの補助を受けた1925年、第三段階が在外指定学校としての認可を受けた1928年である。

　第一段階について見よう。商業学校開校後の1921年5月30日に学院長吉利平次郎は青島守備軍司令官由比光衛宛に「私立学校認可申請」を送付する。この申請に同封された「青島学院規則」には以下のようにある。

　　第一条　本学院ハ実用的高等普通学ヲ日支人子弟ニ教授シ有為ノ人材ヲ養成スルヲ以テ目的トス
　　第二条　本学院ノ教科ヲ分チテ本科高等科専修科ノ三種トス
　　第三条　本科ハ甲種商業学校程度ノ学科ヲ教授シ高等科ハ専ラ語学ニ重キヲ置キ専門学校程度ノ学科ヲ教授ス
　　第四条　専修科ハ英語、簿記、日語、支那語ノ四科トシ生徒ノ募集ヲナス時ハ其都度広告ス

　1917年の「規則」からの変化として、第一条で「日支人子弟ニ教授」すると明記しており、第三条で高等科は語学重視を明記していることなどが挙げられる。すなわち「日支共学」と語学重視を強調している。

第2節　日本政府からの補助金公布後の
　　　　　青島学院商業学校における設置学科目

　第二段階の過程を見よう。1922年12月に「山東還附」により青島を含む日本占領下の膠州湾租借地が中華民国北京政府に返還され、占領していた青島守備軍は撤退する。青島守備軍から補助金を得て、商業学校

を設立したばかりの学院にとって、山東還附は大きな問題であった。そこで1923年5月に学院は青島居留民団経由で外務大臣に宛てて「対支文化事業中ヨリ補助金下付願書」を提出した。結局2年後の1925年5月に学院は日本政府より10万円の補助を受けた。その時に在青島総領事によって青島学院に宛てた命令書が送付された。その第9条に「学則ハ別紙甲号所載ノ法規ニ準拠シテ之ヲ作製シ総領事ノ認可ヲ受クヘシ」と定められた。甲号で明記されている「準拠スヘキ法規」は「私立学校令（明治32年勅令第359号）」「私立学校令施行規則（明治32年文部省令第38号）」「実業学校令（明治32年勅令第29号）」「実業学校設置廃止規則（明治32年文部省第12号）」「公立私立実業学校教員資格ニ関スル規程（明治40年文部省令第28号）」「商業学校規則（大正10年文部省令第17号）」「甲種程度ノ実業学校修身教授要目（明治44年文部省令第16号）」と、文部省の規程であった。こうして商業学校の設立と補助金の交付を経て、青島守備軍の行政に従うだけでなく、「内地」の規程にも準拠するようになった。

〈表6〉の教科目一覧表は1925年8月に財団法人設立を申請する際に添付された青島学院商業学校規則の学科課程時数である。予科の規程はなく、五年制となっている。

教科目は「修身、読書、習字、作文、数学、珠算、地理、歴史、理科、図画、簿記、英語、支那語、体操、経済、法制、商品、商業要項及商業実践、工業要項」の19科目となっている。一覧表からは、第一、第二学年が〈表5〉の予科であったことが窺える。1921年の商業学校規程からの変化は、「珠算」が「数学」から独立して各学年に1時間ずつ配当され、「理科」は「理科大要」から「博物」に入れ替えられ、「工業要項」が第五学年にのみ1時間追加された。すなわち理系科目に充実が図られていることが分かる。それは日本政府からの補助金が下りたことで、設備投資を行えるようになったためと考えられる。「英語」は第二学年で8時間から7時間になるほかは同一で配当時間が最も多いことから、英語教育を最重視していたことが分かる。

〈表6〉1921年の青島学院商業学校における設置学科目一覧

	第一学年	第二学年	第三学年	第四学年	第五学年
修身	人倫道徳ノ主旨 1	同上 1	人道実践ノ方法 1	同上 1	同上 1
読書	国語漢文 4	同上 3	同上 3	同上 2	同上 2
習字	大小字 2	同上 2			
作文	往復文／記事文 1	同上 1	商業作文記事	同上	同上
数学	算術 3	代数 3	同上及幾何 4	商業算術及幾何 3	同上 4
珠算	1		1		1
地理	日本地理大要 2	外国地理大要 2	内国商業地理 1	外国商業地理 1	同上 1
歴史	日本歴史大要 2	外国歴史大要 2	内国商業歴史 1	外国商業歴史 1	同上 1
理科	博物 1	同上 1	物理 1	化学 1	
図画	自在画 1	用器画 1			
簿記			商業簿記 4	商業簿記銀行簿記 3	英文記帳及会計学 2
英語	読方訳解書取作文会話習字 6	同上 7	読方訳解書取会話 7	同上及商業英語 7	同上 7
支那語	読方訳解書取会話 6	同上 6	読方訳解会話書取文法作文 5	同上 4	同上及時文 4
体操	徒手教練体操 2	同上 2	同上 2	同上 2	同上 2
経済				経済原論 2	経済原論経済政策 2
法制			法学通論 1	民法 2	商法 2
商品				内外重要商品 1	同上 2
商業要項及商業実践			商事要項概論 2	商事要項実践 2	商業実務 2
工業要項					1
合計	32	32	34	34	34

第3節　在外指定認可後の青島学院商業学校における設置学科目

　第三段階として「内地」の学制に完全に包摂されるのが、在外指定を受けることであった。1927年12月に財団法人青島学院理事長石井久弥は、外務大臣田中義一・文部大臣水野錬太郎・陸軍大臣白川義則に「認定願」を送付した。そこには前述のように教員一覧が付されており、それを〈表7〉にまとめた。商業関係科目は増田臻と松木雅男という山口高等商業学校出身者が担当することになっていた。ただし、〈表6〉の学科目一覧にあった「工業要項」の担当教員は配されていない。何らかの事情で採用できなかったと思われる。

　「認定願」を送付した結果、1928年3月13日に「青島学院商業学校ヲ恩給法施行令第八条ニ依リ在外指定学校トシテ指定」された。その効果は大きかったようである。『永久書類』では以下のようにある。

　　　　文部省ノ認定ヲ得テ在留内外市民ノ信用ヲ高ムルニ至レハ完備セル教育機関ナキ中国人子弟ハ勿論中学以上ノ上級学校ニ入学セシムルノ資力ナキ日本人子弟モ競フテ入学シ今後ノ隆盛ハ期シテ待ツ可ク従ツテ日支両国ノ諒解親善ニ資スル所ノ至大ナル可キハ信シテ疑ハサル所ナリ

　指定直後の教科目一覧表は管見の限りでは見つからないが、1939年6月に外務省に宛てて学則変更を申請した際の教科目一覧表が〈表8〉である。

　一年制の予科と、五年制の商業学校（以下便宜的に本科とする）とが規定されている。予科については次節で扱う。予科の設置科目は「国語、習字、作文、日語、英語、数学、珠算、地理、歴史」の9科目で、「日語」に週24時間充てる日本語学課課程であった。先に見た〈表7〉では丁天和が「支那語（日語、修身、数学、国語）支那学生ヘ」とあることから「国語」は「日語」とは別の日本語教科目だったと考えられる。本科は「修身、公民科、国語、習字、作文、支那語、日語、英語、数学、珠算、地理、歴史、理科、図画、簿記会計、経済、法律、商品学、商業要項及商業実践、工業要項、体操、教練、武道」の23科目であった。「支那語」は第一学年から第三学年まで6時間、その上級学年から4時

間となる。主に日本人学生を対象に教授したと考えられる。「英語」は各学年5時間で、日中両国の生徒を対象にしていたと考えられる。1925年の規程と比べると「英語」が7時間から5時間と削減される一方で「支那語」の時間数は変わらず、結果的に「支那語」が最重視されていたことがわかる。本科でも「日語」が課されるが、時間数はカッコで規定されており、中国人学生に対して週2時間前後教授した。この規定で特徴的な変化としては、体操とは別に「教練」と「武道」が別に設置されていることである。1927年4月1日に公布された「兵役法」は、それまでの徴兵令が全面改正され、中学校以上の学校の在学する者に対して徴集が延期できるようになった。また同年11月に「兵役法施行令」が公布され、徴集延期最高年齢が学校種毎に定められた[15]。「教練」と「武道」の追加は、こうした兵役法への対応のために行われたと考えられる。実際、1928年に青島学院商業学校が在外指定を受けると同時に、兵役法第73条および兵役法施行令第129条による指定を受けている[16]。

〈表7〉 1927年の青島学院商業学校教員一覧

氏名	職名	出身校	資格	俸給手当	担当科目
吉利平次郎	校長	コロンビア大学経済学部		170.00	英語、修身、法制経済、国語、漢文
高橋武昭	教諭	愛媛県師範学校	有	150.00	簿記、図画、漢文、地理
増田臻	教諭	山口高等商業学校	有	100.00	商業実践、商事商品、英簿、習字
松木雅男	教諭	山口高等商業学校		120.00	英語、商地、商英、英作
渡邊鶴吉	教諭	早稲田大学	有	120.00	法制経済、商英、英習作文
郡司清秋	専任教師	士官学校	有	120.00	地理、歴史、日語、体操
豊田逸郎	専任教師	東亜同文書院	無	85.00	支那語、珠算、日語、作文、図画
丁天和	専任教師	東京帝大農科	無	70.00	支那語（日語、修身、数学、国語）
趙警賚	専任教師	北京第二中学校	無	40.00	支那語
伊津野末也	兼任講師	鎮西中学校	無	70.00	算術、代数、幾何、博物、物理、化学
陣川信哲	兼任講師	仏教大学	無	60.00	国語、漢文
精松章一	兼任講師	シカゴ大学	無	40.00	英語、英習字
松井文弥	兼任講師	京都府亀岡盈科義塾英語専修科	無	20.00	修身
クルーガー	嘱託講師	米国ルーテル教会	無	20.00	英会話
フイッシヤー	嘱託講師	英国エキスコパル教会山東布教主任	無	25.00	英語
天野優吉	嘱託講師	神戸パーマースクール	無		タイプライター

出典：『昭和二年十月　認定願』（『自大正五年四月至昭和二十年　永久書類　青島学院』所収）

〈表8〉1939年現在の設置教科目一覧表

	予科	第一学年	第二学年	第三学年	第四学年	第五学年
修身		人倫道徳主旨 1	同上 1	人道実践ノ方法 1	同上 1	同上 1
公民科					1	1
国語	国語 1	国語漢文 4	同上 4	同上及国文法 4	国語漢文 2	同上 2
習字	1	2	2			
作文	1	1	1	商業文 1	同上 1	同上 1
支那語		訳読書取 会話作文 6	同上 6	同上 6	同上 4	同上及時文 4
日語	24	(2)	(2)	(3)	(1)	(2)
英語	読本英写字 1	訳読書取 作文会話習字 5	同上 (5)	訳読書取 作文会話 5	訳読書取文法会話 商業英語 5	同上 5
数学	算術 2	算術 3	代数 3	同上及幾何 3	商算及幾何 3	同上 3
珠算	1	1	1	1	1	1
地理	中国本国地理 1	日本地理 2	外国地理 2	商業地理 1		
歴史	中国本国史 1	日本歴史 2	東洋歴史 2	西洋歴史 1	日本商業史 1	外国商業史 1
理科		博物 1	同上 1	物理 1	化学 1	同上 1
図画			用器画 1			
簿記会計				商業 4	銀行 3	英文記帳会計学
経済					経済原論 2	経済政策 2
法律				法学通論 1	民法 2	商法 2
商品学					1	
商業要項及商業実践				商業要項 2	商業要項内国実践 2	外国実践タイプライティング 2
工業要項						
体操	1	1	1	1	1	1
教練		2	2	2	2	2
武道		2	2	1	1	1
合計	34	33	33	34	34	35

出典：「青島学院商業学校学則変更ノ件 昭和十四年六月」(JACAR(アジア歴史資料センター)Ref.B05015380100、青島学院商業実業学校関係雑件 第二巻 (H-4-3-0-5_002)(外務省外交史料館)より作成。

在外指定を受けた直後の学科目一覧表は今のところ見つかっていないが、この点を踏まえると1928年には「教練」と「武道」が配されていたと考えられる。

　次に、担当教員についてみていくこととする。〈表8〉の「商業要項及商業実践」に「外国実践タイプライティング」が規定されている。〈表7〉では天野優吉（嘱託講師、神戸パーマースクール卒業、吉澤洋行勤務）がタイプライターを担当しており、1927年時点でタイプライティングが教えられていたことが分かる。しかし〈表9〉の教員一覧表ではタイプライターの担当教員がいなくなっている。この時期には廃止になっていた可能性があるが、詳細は不明である。商業関係科目の担当教員を見ると、「商業簿記」の免許状を有する教員が松尾康次（長崎高商卒）、田中元（鹿児島高商卒）、日根野芳雄（明治大学卒）、三好元明（日本大学卒）の4人と、充実していることが分かる。

　こうして、1917年学則の「甲種商業学校程度」と曖昧な規定から、在外指定学校として「内地」学制に包摂されていったのである。では、青島学院は学課課程面において「内地」と全く同じだったのだろうか。実は、「内地」学制とは大きく異なる課程が学院にあった。それが次章で見る予科である。

第4章　予科の編成原理と教育実践

第1節　2つの「予科」

　学院には2つの予科があった。1921年の商業学校規程にある二年制の予科と、中国人学生を対象とした一年制の予科である。後者は商業学校の設立と同時に開設され、「中国生ハ中国小学校卒業者ヲ試験ノ上予科ニ入学セシメ、一年若クハ一ヶ年半片仮名其他基礎トナル可キ日本語ヲ教授シテ後、第一学年ニ日本学生ト共ニ混合学級ヲ編成シ、同一教室ニ交互ニ着席セシメ、日本語ノ教科書ニ依リ日本語ヲ以テ教授」した[17]。これが前節で見た一年制の予科である。この一年制の予科の存在が、学院の理念である「日支共学」を具体化する学課課程の基礎であった。「同一教室ニ交互ニ着席」させたとあるように、日本人同士や中国人同士のク

ラスを編成するのではなく、席をなるべく日中両国民で隣同士にさせた。そうすることで「日本学生ハ華語ヲ、中国学生ハ日本語ヲ習熟スルニ効果アラシメ、且ツ相愛シ相親シムノ情緒ヲ養」わせたという[18]。

さらに卒業式といった式典では「日本人ハ華語ヲ、中国人ハ日本語」で祝詞を述べ、日中両国の大祭日祝典でも「両国人子弟一団トナリテ式典ニ参列」させ、運動競技会でも「日華両国生徒一団」となって参加させた[19]。こうして授業だけでなく、課外活動でも共学させることで、「日支共学」という学課課程全体の編成原理を具体化させようとしていたのである。ここで、1934年9月に予科から青島学院商業学校に入学した牟乗麗氏の証言を見よう。

　　中国人は一年間くらい予科で日本語を習って、それで初めては一年生に入ると日本人の学生と一緒になる。それで初めは授業は半分くらいしか聞き取れなかった。二年生、三年生頃になると大体分かるようになりました。小学校から学院時代から大学までよく勉強していた。だから一年間ぐらい級長になったことがある。学院時代には語学検定試験、一等二等三等、今の国家検定試験と同じ感じ。それで私ね、三年生の時に一等に合格した[20]。

聞き取り調査時に93歳であった牟氏は明治大学に留学経験があり[21]、青島市内の中学校で教鞭を執り、退職後に日系企業で通訳をした経験があったため、日本語で聞き取り調査を行った。予科で1年間日本語を習って本科に入学してもすぐには授業を聞き取れなかったものの、2, 3年生になる頃には授業での日本語はほとんど理解することができたという。

第2節　学院の「潜在的カリキュラム」と「日支共学」理念の限界

前節まで見てきたように学院は設立当初から「甲種商業学校程度」と「内地」の学制に準拠していたが、在外指定学校として認可されることで「内地」の学制に完全に包摂されることになった。中国人学生には一年制の予科で日本語を習得させたが、その逆に日本人学生への中国語予科課程はなく、「日本の学校」に中国人学生が入学するという形式であった。「日支共学」を理念としていたが、日中両国の学制を平等に実

施するのではなく、あくまで軸足は日本側学制に置かれていた。いわば、日本の学校制度に順応することが中国人学生に求められた「潜在的カリキュラム」であったと言えよう。

　日中戦争勃発後の 1937 年 12 月に内閣が通過させた「北支経済開発方針」により国策会社を通して交通運輸・通信・発送電・鉱産・塩業及び塩利用工業といった重要産業が統制され、開発計画に重点を移す[22]。こうして青島は紡績業や食品加工業から重化学工業に重点を移す。こうした中、1941 年度青商入学者（1945 年 3 月卒業）の『青島学院商業学校学籍簿』（個人蔵）では就職状況が記録されており、それを〈表9〉にまとめた。この表によると工業が 25 人（「内地」人 23 人、中国人 2 人）と最多であった。続いて軍関係が 23 人で、全員が「内地」人であった。軍関係では満洲国や九州など青島以外の地に転出している事例が見られる。工業関係企業の全てが地元青島の企業であることから[23]、学校所在地で就業が完結する形になっていたことが伺える。また特徴的なこととして、華北交通、青島交通、（青島）埠頭、山東塩業、青島製鉄といった北支那開発株式会社の子会社への就職が見られることである[24]。戦争末期の 1945 年 3 月という時局の影響が工業と軍への就職という形で反映されていたことが伺える。

　日本企業への就職のことを傍証する資料として、『華北』創刊号（1944 年 2 月発行）での「中国児童の赤裸な解答に聴かう」がある。同記事は天津鉄路局管内の唐山扶輪学校長が華北交通総裁の諮問に対する答申案として出したものだという。「学科の中何が一番すきですか」という問いに対して 393 人中 179 人と約半数の学生が「日語」と答えている。「何故日本語を勉強しますか」という問いに対して 393 人中 94 人と約 2 割の学生が「就職し易いから」と答えている。周知の通り 20 世紀以降中国大陸での日本占領地および「非公式」支配地域において日本は経済的軍事的優位を得ていた。日中戦争後日本に占領された青島においても、日本側の優位があったことは否定できない。それゆえに学院の「日支共学」理念にも日中の非対称的関係という「潜在的カリキュラム」が存在していたのではないか。その「学校教育の過程に潜在している政治的イデオロギー的な社会化の機能」に中国人学生は順応し、日系企業に就職していったのではなかろうか。

〈表 9〉1939 年現在の設置教科目一覧表

工業					交通				
	日	朝	中	計		日	朝	中	計
華北車両会社	7			7	青島交通会社		1		1
竹内造船所	1			1	華北交通	3		1	4
青島製鉄会社	1	1		2	埠頭会社	3			3
青島工廠	3	1		4	華北運輸	2			2
山東鉱業	1			1	華北航業総公会	1			1
山東窯業	1			1					
三菱特燃工場	2		1	3					
華北電業	4			4					
維新化学			1	1					
山東塩業			1	1					
				25					11

軍					会社				
	日	朝	中	計		日	朝	中	計
甲種飛行練習生	5			5	朝鮮銀行			2	2
乙種飛行予科練習生	1			1	福昌公司			2	2
軍属	4			4	頤中公司			1	1
乙種予科練	3			3					
満洲国立滑空訓練所	2			2					
三等滑空士	4			4					
九大滑空研究所	1			1					
海軍施支部	1			1					
義勇隊	1			1					
一般水兵	1			1					
				23					5

その他				
	日	朝	中	計
死亡	1			1
退学		1	1	3
除籍		1		1
帰郷	1	2	1	4
休学	4			4
落第	1			1
				14

おわりに

　本稿では山東省青島において 1916 年から 45 年まで存在した私立青島学院を対象に、学科課程の編成原理を分析してきた。その結果、青島学院の学課課程は日本政府からの補助金、在外指定の認可によって「内地」の学制に包摂されていった流れが明らかとなった。しかし、「内地」

の学制に従って「内地」と同じ学校教育を展開したかというと、そういうわけではなかった。1921年に商業学校を開設するに当たり「日支人子弟」を対象とする商業教育を行うことを教育目的とし、「日支共学」を理念とすることが掲げられた。その具体的な教育方法が、日本語教育を中心とする予科を商業学校に附設させたことである。

　とはいえ、学院の「日支共学」理念は日本と中国との学制を対等に準拠するのではなく、あくまで「日本の学校」に中国人学生が入学する、という形式を取っていた。学院の「潜在的カリキュラム」は、日本の学校制度に順応することを中国人学生に求めていたといえる。学院は「日支共学」理念を掲げていたが、日本と中国とは対等ではなく、日本の青島における経済的軍事的優位の下で、日系企業に入るために中国人学生は学院への入学を選択していたのではなかろうか。

【註】
1 　浅田進史『ドイツ統治下の青島　経済的自由主義と植民地社会秩序』(東京大学出版会、2011年)第一章を参照のこと。
2 　任銀睦『青島早期城市現代化研究』三聯書店、2007年、pp.237-243。
3 　青島市档案館編『青島地図通鑑』山東省地図出版社、2002年、p.48。
4 　設立過程については山本一生『青島の近代学校　教員ネットワークの連続と断絶』(皓星社、2012年、pp.71-73)、松井文彌『青島学院沿革史談』(1929年)を参照のこと。なお、中国側学制による中等教育機関として、1901年設立の礼賢書院、市立中学校などがあった。礼賢書院は1919年に「礼賢甲種商業学堂」となり、山東還附後の1923年に礼賢中学校となった(青島市教育委員会史志弁公室『青島教育大事記(1891-1987)』1994年、p.2)。青島学院と競合する中等商業学校はこの礼賢書院だったと考えられるが、詳細は別稿に譲る。
5 　華北という地域概念は1930年代に政治的に形成された概念である。1935年の華北分離政策での「華北五省自治」では河北、山東、山西、察哈爾、綏遠を指した。華北という地域概念を日本側がどう形成してきたのか、言説史として分析した研究として久保亨「華北地域概念の形成と日本」(本庄比佐子・内山雅生・久保亨『華北の発見』汲古書院、2014年所収)が挙げられる。久保は日本の出版物を分析し、記述の多くは天津と青島で、日本人の華北概念の形成の基礎にあったのは経済的要素と軍事的要素であったことを指摘している。また中国にとって「華北」という語はNorth-Chinaの訳語であり、本来は外来語であった。そのため文化的政治的背景を伴う「北方」「北洋」という要素は「華北」概念には希薄であったという。
6 　在外指定学校制度は、1905年に施行された「在外学校職員退隠料及遺族扶助料法」によって法的根拠を与えられ、1946年の「恩給法」の改正によっ

て法的根拠を失った学校制度である。「在外国本邦人ノ為ニ設置シタル学校」と定められ、「政府ノ指定」を受けると、その学校の職員は内地と同様に「退隠料及遺族扶助料」（1923年以降は「恩給」に一本化）を受けられるという制度で、学校職員の待遇を規定した（渡部言助『在外指定学校に関する歴史的研究』（昭和56年度文部省科学研究費一般研究、p.1）。学科課程は内地の学校に準じなければ指定を受けることはできなかった。つまり、在外の邦人を対象とする教育機関すべてが在外指定学校だったのではなく、学校としての組織ができている教育機関が申請し日本政府の指定を受けて初めて在外指定学校となるのである。なお、「在外学校職員退隠料及遺族扶助料法」から「恩給法」に引き継がれていく「在外国本邦人」という規定は「内地人」のみに限定されたわけではなく、朝鮮人や台湾人も入学しえた。

7　1916年4月8日付青島軍政委員長吉村健蔵発牧師松井文彌宛「願之通」および1921年5月31日付青島守備軍司令長官発青島学院宛「私立学校認可の件」（『自大正五年四月至昭和二十年　永久書類　青島学院』個人蔵）。授業料は年額44円であった。なお青島学院が設立した学校として他に青島英学院を直接の起源とする実業学校（1916年設立）と紘宇高等女学校（1938年設立）があった。設立時には日本組合基督教会の関わりがあったが、1919年に財団法人青島学院を設立して宗教的関わりを断った（青島学院報国団『昭和十七年十月　二十有余年間辿りし我学院の荊棘の道』pp.11-12）。そのため青商では宗教関係の教科は設置されていない。

8　興亜院華北連絡部『昭和十六年七月　北支に於ける文教の現状』pp.113-114。

9　青島学院報国団『昭和十七年十月　二十有余年間辿りし我学院の荊棘の道』では「現在の青島学院は商業、実業、紘宇高女の三校に日支共学の若人一千六百名を擁し」ているとあり（p.1）、「日支共学」が学院の重要な理念であった。史料によって「日華両国子弟」などという言い方をすることもあるが、本校では「日支共学」という表記に統一する。

10　「潜在的カリキュラム」は多様な解釈がある用語ではあるが、佐藤学は「学校教育の過程に潜在している政治的イデオロギー的な社会化の機能」と定義し、「「群れ」「賞賛」「権力」への適応と対処によって生徒が教室で体験している学び」であるとしている（佐藤学『教育方法学』岩波書店、1996年、pp.122-124）。本稿は必ずしも教室内に限定しないが、学院の「日支共学」理念の「潜在的カリキュラム」がどのようなものだったのか分析する。

11　米田俊彦『近代日本教育関係法令体系』（港の人、2009年）p.372。

12　多賀秋五郎『近代中国教育史資料　民国編上』日本学術振興会、1973年、pp.444-447。

13　米田前掲書、p.372。

14　多賀秋五郎『近代中国教育史資料　民国編上』日本学術振興会、1973年、pp.444-447。

15　西山伸「＜研究ノート＞1939年の兵役法改正をめぐって--「学徒出陣」への第一の画期として--」京都大学大学文書館『京都大学大学文書館研究紀要』第13巻、2015年、pp.44-45。

16　『昭和十七年九月　青島学院商業学校青島学院実業学校青島学院紘宇高等女学校要覧』pp.6-7。

17　同上、p.2。

18 同上、p.2。
19 同上、p.3。
20 2013年5月31日に青島市東方飯店にて聞き取り調査を行った。
21 1943年3月に明治大学商科専門部を卒業している。
22 昭和12年12月16日第三委員会「北支経済開発方針及上海方面ニ於ケル帝国ノ経済的権益設定策ニ関スル件」国立公文書館『公文雑纂・昭和十二年・第三の一巻・内閣三の一・第一委員会・第二委員会・第三委員会』所収、JACAR:ref.A04018414200。青島における具体的な計画の遂行については、庄維民・劉大可『日本工商資本与近代山島』(社会科学文献出版社、2005年) pp.470-475にまとめられている。
23 各産業の企業名と業務内容については日本国際観光局『青島』(日本国際観光局華北出張所、1940年) pp.26-39を参照のこと。
24 各子会社の設立経緯については、欒玉爾『青島の都市形成史：一八九七―一九四五　市場経済の形成と展開』(思文閣出版、2009年) pp.220-224を参照のこと。

＊本稿は「私立青島学院の学科課程における商業教育の意義と編成方法－「日支共学」理念の実施に注目して－」『日本植民地・占領地教科書にみる植民地経営の「近代化」と産業政策に関する総合的研究』(2015年度科学研究費補助金(基盤番号(B)(一般)研究報告書、課題番号：25285208 研究代表者：西尾達雄)を加筆修正したものである。
　なお、『永久書類』をはじめ青島学院に関する個人史料は、学院長吉利平次郎のご遺族より提供していただいた。記して感謝の意を表す。

日本統治下朝鮮の地理教科書にみる鉄道と近代化

白恩正＊

はじめに

「日本は植民地朝鮮に鉄道も水道も作ってあげた。日本のおかげで朝鮮は近代化できた」。これは日本の朝鮮植民地支配を妥当であると考える人々が語る通説である。この通説の背後には、朝鮮は自力で近代化できないという「植民地停滞論」[1]に基づいているのである。植民地近代化を語る際、最も象徴的で代表的なものが「鉄道」である。

本稿では日本統治下朝鮮の地理教科書において、朝鮮の近代化をどのように記述しているかを明らかにするのが目的である。その題材として地理教科書における朝鮮地方の産業関連項目「交通」「通信」「農業」「商業」「工業」「鉱業」「林業」の中でも「交通」、特に「鉄道」に関する記述を取り上げる。そこには朝鮮総督府の産業政策とどのような連関関係があり、時代ごとの鉄道の果たした役割はどのように変化したのかを考察する。このことで鉄道のもつ「近代性と侵略性」の性格を明らかにしようとした。それに、朝鮮の地理教科書は朝鮮人児童に産業開発における肯定的な側面のみに目を向けさせ、朝鮮総督府の統治政策を正当化する手段と化したことを解明しようとした。

韓国における鉄道研究の代表的な先行研究としては、鄭在貞『帝国日本の植民地支配と韓国鉄道 1892～1945』（ソウル大学出版部、1999年）[2]を挙げられる。本論文も同論文に依拠するところが大きい。また、金景林「日帝下朝鮮鉄道 12 年計画線に関する研究」（『経済史学』12、経済史学会、1988 年）を挙げられる。1920 年代に産業開発の一環として計

＊創価大学非常勤講師

画された「朝鮮鉄道12年計画線」（以下、12年計画線）の産業鉄道としての性格を明らかにしたものである。これらの鉄道研究を踏まえて、戦前の地理教科書と関連づけて述べていきたい。

第1節　朝鮮総督府の鉄道政策

　日本統治下朝鮮社会の全体像を描き出す時、近代化の象徴として取り上げられるのが鉄道である。日本は1892年から1945年までに朝鮮を支配するために「5000余kmの国有鉄道と1400余kmの私設鉄道」[3]を敷設・運営したとされる。主要国有鉄道の敷設時期と営業km（支線を含む）を提示すれば、次の通りである。[4]

　　京釜線（1899〜1905、508）、京義線（1904〜1906、706）、
　　湖南線（1910〜1914、286）、京元線（1910〜1914、226）、
　　咸鏡線（1914〜1928、792）、図們線（1927〜1933、162）、
　　全羅線（1929〜1936、199）、恵山線（1931〜1937、142）、
　　満浦線（1931〜1939、342）、平元線（1926〜1941、213）、
　　中央線（1936〜1942、383）

「韓国併合」前の1880年代から日本は朝鮮の鉄道敷設権の獲得に高い関心を示し、他の列強とせめぎあっていた。また、1920年代後半から再び鉄道敷設に力を入れる。つまり、「韓国併合」以前から1945年に至るまで「朝鮮鉄道」は日本の軍事的・経済的政策の観点から常に重視されてきた。植民地朝鮮における日本の鉄道政策は大きく三つの時期に分けることができる。

1）朝鮮の縦貫鉄道敷設期（1880年代〜1906年）
　日清戦争、日露戦争を通して清国とロシアの勢力を牽制し米英との同盟関係を結ぶことにより、朝鮮への独占的な支配権を確立していく時期である。
　京釜鉄道の支配構想は1880年代後半から台頭し始め、日清戦争を契

機にさらに高揚し具体化された。京釜鉄道の構想は日本軍部の陸上兵站輸送路の確保論が主軸をなし、政商資本家の経済的実権掌握論がそれに従属した。1894年「日朝暫定合同」で朝鮮に対して京釜鉄道・京仁鉄道の敷設権を要求した日本は、海外に最初に敷設することになる京釜鉄道に対して「日本人が朝鮮に於ける唯一の脈管也、死活の機関なり、兵略に於ても経済に於ても日本人は先づ之に依りて朝鮮に占拠し住居し、其地位利益を固くせざる可らず」[5]との認識をもっていた。

京釜鉄道は「中国鉄道と同じ標準軌間（4フィート8.5インチ）に75ポンド重量の軌条を採る」[6]ようになった。これは日本鉄道の採用している「狭軌（3フィート6インチ）の軌間に50ポンドの軌条」[7]とは異なるもので、「将来同一軌間の満州、中国鉄道と連絡させ、大陸侵略の動脈にするという日本の意思が反映されていた」[8]のである。

日本は「京釜鉄道一つを掌握することによって韓国南部地域の政治・軍事・社会・経済を一挙に支配し、ひいては日本と満州を時間的・空間的に最大限接近させようとするところにその目的があった。したがって、京釜鉄道の路線選定において朝鮮内の物資流通や地域開発をバランスよく維持しようとする意図はまったく考慮されなかった」。[9]

1898年9月には京釜鉄道の敷設権を、1903年9月には京義鉄道の敷設権と運輸営業権を持つようになった日本はロシアとの対立が先鋭化するにつれ、京義鉄道を日本軍の軍用鉄道にした。[10] 日露戦争で優勢を確保した日本は、1904年5月30日の元老会議と閣僚会議において「対韓施設綱領決定の件」[11]の中で鉄道を次のように認識していた。

　　　交通及通信機関ノ要部ヲ我方ニ掌握スルハ政治上軍事上及経済上ノ諸点ヨリ頗ル緊要ノコトニシテ就中交通機関タル鉄道事業ハ韓国経営ノ骨子トモ云フヘキモノ。（傍点は引用者）

「韓国経営の骨子」とされた鉄道事業は列強勢力との争いの中、京釜鉄道・京義鉄道の敷設権を獲得し、南端の釜山から北の新義州までを繋げるようになった。また、釜山と下関の間は連絡船を置くことで、日本と朝鮮との連絡が容易になったのである。また、朝鮮鉄道の標準軌採用により大陸幹線としての布石が敷かれることになったのである。これらは陸

上兵站輸送路の確保という軍事的な目的による、日本と大陸をつなげることに重点をおいた結果であり、この時期にその布石が敷かれたのである。

2) 統監府期から満鉄経営時代まで（1906年～1925年）

統監府直属の鉄道管理局[12]が朝鮮の全鉄道網を一元的に掌握するようになった。この時期は朝鮮の市場と日本の市場を繋ごうとする経済的目的はあるものの、陸軍による朝鮮の縦貫鉄道の兵站幹線化の要求がはるかに強かった。有事の際の輸送に耐えるように、日ごろの輸送能力の強化に力を注いだ。そのため、「京義鉄道と京釜鉄道を修築・整備し、それと連絡する道路・港湾・航路などを大々的に改修・修築した」。[13]

1911年11月に鴨緑江鉄橋の完成により、京釜・京義鉄道は名実ともに朝鮮半島と満州さらに日本と大陸を連絡する縦貫鉄道としての地位を確保するようになった。それに安東と奉天をつなぐ安奉線の標準軌の修築工事が1911年11月に完工することで、朝鮮と満州の鉄道は同一軌道上、同一軌間で接続するようになった。[14] この理由から『国語読本』にも鴨緑江鉄橋は6頁に渡って鉄橋の完成による利点と技術の高さを誇る内容を紹介し、「日支両国ノタメ、此ノ橋ノ功ハ大キイモノダ」（47頁）[15] と結び、その重要性を強調している。この時期は、シベリア出兵（1919年）などの軍事的目的による大陸の幹線としての役割が強化されたため、日・朝・満を繋げるための陸路交通の強化を基本方針とした。

つまり、「海・陸をつなぐ運輸体制は、鴨緑江鉄橋が架設され安奉鉄道が標準軌に改築されると満州まで拡大した。こうして朝鮮鉄道網は港湾集中的性格と南北縦断的特性を強める」[16] ようになったのである。

「韓国併合」後朝鮮総督府は「湖南線・京元線」[17]の敷設に着手し、その後は「咸鏡線」[18] の建設に取り組み15年かけて完成する。こうして1920年代末までに朝鮮の鉄道網は京釜線・京義線・京元線・湖南線・咸鏡線の5大幹線鉄道が完成し、朝鮮半島を縦貫するようになった。

一方、朝鮮総督府の産業政策は1920年代までは農業開発中心政策で、工業化の推進には積極的な関心を見せていない。[19] しかし、朝鮮と満州を日本の工産品市場とみなしていたため、「日本の工業地である神戸から下関－釜山－ソウル－新義州－奉天－旅順まで統一的な運輸体系を確立しようとした」。[20] 貨物に対する関税と運賃の割引措置[21] を適用する

ことで、大用的低価品（米・粟・石炭）は日本へ、小用的高価品（綿糸・綿布・雑貨）は朝鮮や満州へと、その輸送がさらに容易になった。朝鮮は米を日本へ大量に輸出し、代用食料として満州の粟を輸入し消費することになる。

　このように朝鮮鉄道の軍事的・経済的役割のおり合いの中で、朝鮮鉄道を 1917 年 8 月 1 日から満鉄に経営委託するものの、軍事的には当然の帰結であっても、経済的には大きな効果を得られなかったため、1925 年 4 月 1 日からは再び朝鮮総督府が直接経営するようになったのである。[22]

3）経済線としての「12 年計画線」（1925 年～ 1945 年）

　満州国成立（1932 年）、日中戦争（1937 年）、太平洋戦争（1941 年）が続き、1930 年代は軍事的な性格が従来よりさらに強まる時期であった。それと同時に、円圏内の物資調達の重要性が高まり、朝鮮の産業開発及び工業化への要求も強まった。1930 年代朝鮮の鉄道政策は「国防共衛・経済共通」に象徴される。[23]

　1921 年日本人と朝鮮人実業家及び官僚で構成された朝鮮産業調査委員会の「鉄道施設ニ関スル件」において、「一．官私鉄道ノ普及ヲ図ルコト、二．交通系統ノ整備ヲ図ル為鉄道線路網ノ調査ヲ行フコト、三．既成鉄道ノ改良其ノ他鉄道利用ニ関スル設備ノ充実ニ留意スルコト、四．鉄道ノ経営ニ就テハ朝鮮ノ産業発達ニ最善ノ考慮ヲ為スコト」[24] が鉄道政策の基本方針として定められた。

　1924 年には日本の帝国鉄道協会に「朝鮮鉄道網調査委員会」が設置された。一方、1926 年 1 月朝鮮鉄道協会に「朝鮮鉄道網調査委員会」が設置されると、朝鮮の鉄道関係者及び商工業者による「朝鮮鉄道促進期成会」も組織された。[25] 各団体の提示した意見は、1926 年 3 月に「朝鮮に於ける鉄道普及促進に関する建議案」として整理され、衆議院と貴族院に提出された。1926 年の 52 回帝国議会の協賛を得て「朝鮮鉄道 12 年計画」（1927 年～ 1938 年、実際は 40 年に延期）（以下、「12 年計画」）を確定した。「12 年計画」の推進過程において、朝鮮総督府、日本政府、朝鮮の商工業者の線路要望線が反映されるとともに朝鮮の資源と産業に対する調査が広範囲に渡って徹底的になされ、その経済性に基づき線路が選定された。[26]

鉄道の経済線としての役割が重視され、私鉄を買収・改良するとともに五つの線を新設した。その特徴をまとめると、以下の通りである。[27]

①図們線（雄基〜潼関鎮、97マイル）：軍事上・政治上の要求により真っ先に工事着手。石炭、木材の搬出、満鉄との連絡と満州の大豆などの雑穀搬出、国防・警備の強化、東海を経由した日本との連絡。
②恵山線（城津〜恵山、88マイル）：森林鉄道。石炭・木材の搬出、国防・警備の強化、未開地の開発と日本人移民、東海を通した日本との連絡。
③満浦線（順天〜満浦鎮、178マイル）：鉱山鉄道。石炭・鉄鉱・木材の搬出、満鉄との連絡、国防・警備の強化、平安道地域の開発。
④東海線（元山〜浦項、蔚山〜釜山、341マイル）：東部縦貫鉄道を形成する線。石炭・木材・鉱物・海産物の搬出、咸鏡線と釜山との連絡。
⑤慶全線（晋州〜全州、院村〜潭陽、156マイル）：南部朝鮮の東西横断鉄道で木浦、群山、釜山をつなぐ南部朝鮮の経済地帯を結ぶ。米・綿花の搬出、全羅南北道と慶尚南道の穀倉地帯と釜山との連絡、また麗水港を通した日本との連絡。

図們線、恵山線、満浦線により、工業原料の調達のための北部朝鮮の地下資源開発が本格化された。東海線と慶全線は南部朝鮮の商業と貿易の中心地である釜山と農産物の豊富な湖南地方を連絡させ農産物の重要生産地を市場と結合させる。

「12年計画線」は軍事・政治的重要性も高いが、拓殖鉄道としての性格が強く特定資源の発送運送が中心である。一例として、恵山線は木材と鉱物が全体発送貨物の70％以上を占め、発送量が到着量の2.5倍で、特に木材と鉱物は96％が発送貨物である。恵山線と連絡する白茂線[28]は森林鉄道とされ、全体発送貨物の90％が木材である。また、発送貨物が全体貨物運送の85％以上を占め、木材運送は99％が発送貨物である。[29]

1936年10月「朝鮮産業経済調査会諮問答申書」の「朝鮮産業経済開発ニ関スル一般方針」には「積極的ニ開発振興ノ方策ヲ講ズベキ時期ニ当面シタルヲ以テ速ニ原始産業中心方策ヨリ多種広汎ナル産業ノ全面的

発展方策ニ転換シ農工併進ヲ旨トシ…殊ニ揺籃時代ニ在ル鉱工業ニ付テハ其ノ飛躍的振興ヲ期スル」[30]と主張した。具体的には朝鮮の鉱物資源の調査・探鉱及び開発を促進すること、特に、茂山鉄山の開発を急ぐことを主張している。[31]このように、朝鮮総督府の農業中心から資源開発中心への産業政策の転換は鉄道敷設により北部朝鮮の資源開発と産業の発達をさらに加速させた。

また、1938年9月には朝鮮総督府時局対策調査会の「軍需工業ノ拡充ニ関スル件」の答申において、「一層朝鮮ニ於ケル各種工業ノ振興ヲ期スルト共ニ特ニ軍需工業ノ飛躍的伸展ヲ期スル」[32]ことが緊要であることを力説し、目標年度である1941年までに拡充させるべき業種と生産目標量を具体的に明かしている。

このような政策変化に伴い、国有鉄道貨物にも変化があらわれた。ここで国有鉄道貨物の主な産業別の推移を提示しておこう。

〈表1〉 国有鉄道貨物の産業別構成推移

産業	農産品			林産品			鉱山品		
年度	トン数	指数	%	トン数	指数	%	トン数	指数	%
1910	175,475	100	22	66,324	100	8.3	1,742,287	100	21.9
1914	332,890	190	27.3	96,706	146	7.9	278,233	160	22.8
1918	741,727	423	28	219,546	331	8.3	478,082	274	18
1922	908,399	518	23.6	418,513	631	10.9	657,067	377	17.1
1926	1,643,374	937	32.2	414,449	625	8.1	921,077	528	18
1930	1,555,147	886	26.2	471,514	711	7.9	1,244,528	714	21
1934	1,982,564	1,130	25.8	554,671	836	7.2	2,126,526	1,220	27.7
1938	2,260,987	1,288	16.2	1,237,490	1,866	8.9	4,424,164	2,538	31.8
1942	2,580,669	1,471	9.9	2,354,042	3,549	9	9,873,776	5,665	37.8
1944	2,435,677	1,388	7.9	1,704,097	2,569	5.5	11,569,392	6,638	37.4

産業	水産品			工産品			その他雑品			合計		
年度	トン数	指数	%	トン数	指数	%	トン数	指数	%	トン数	指数	%
1910	31,438	100	3.9	61,980	100	7.8	287,111	100	36	796,617	100	100
1914	75,532	240	6.2	99,046	160	8.1	335,285	117	27.5	1,217,659	153	100
1918	204,104	649	7.7	335,595	541	12.7	671,279	234	25.3	2,650,369	333	100
1922	173,369	551	4.5	414,500	669	10.8	1,280,630	446	33.2	3,852,478	484	100
1926	247,360	787	4.8	718,956	1,160	14.1	1,162,635	404	22.8	5,107,851	641	100
1930	220,612	702	3.7	939,494	1,516	15.8	1,504,723	524	25.3	5,936,008	745	100
1934	335,326	1,067	4.4	1,289,222	2,080	16.8	1,293,466	451	16.8	7,681,776	964	100
1938	409,743	1,303	2.9	2,423,177	3,910	17.4	3,168,337	1,104	22.8	13,923,898	1,748	100
1942	577,599	1,837	2.2	2,126,880	3,432	8.1	8,611,141	2,999	33	26,124,107	3,279	100
1944	834,555	2,655	2.7	2,421,335	3,907	7.8	11,945,811	4,161	38.6	30,910,867	3,880	100

注）朝鮮総督府鉄道局『朝鮮鉄道四十年略史』（アジア学叢書118）、大空社、2004年、568頁と財団法人鮮交会『朝鮮交通史資料編』1986年、62頁（鄭在貞、前掲、427頁再引用）を参照。

1910年と1938年を比較すると、増加幅が大きい順は①工産品、②鉱山品、③林産品、④農産品・水産品である。輸送量においては、農産品が最も多かったが、1934年には鉱産品が、1938年には鉱産品と工産品が農産品を上回る。鉱産品の運送の増加は「12年計画線」の敷設により、本格的な鉄鉱開発がなされた結果であるとみられる。

1938年と1944年を比較すると、貨物構成の比率において増加したのは鉱産品のみで、その他の品目はすべて減少した。減少幅が最も大きいのは工産品（日本に中間材を輸出し最終材を輸入する、日本に依存度の高い構造であるため）であった。

これをまとめると、1930年代後半より朝鮮の経済構造が変化するにつれて、鉄道貨物の構成も大きく変化したということになる。鉄道貨物の産業別構成比率は1930年代半ばまでは農産品22～32％、鉱産品17～28％、工産品8～17％、林産品7～11％順であった。しかし、1930年代後半からは鉱産品32～38％、工産品8～17％、農産品8～16％、林産品6～9％順に変化した。[33]

つまり、1930年代後半に工業化が積極的に推進され、戦時末期には大陸兵站基地として原料・資源の供給地としての役割が強化されたのである。

第2節 「朝鮮鉄道」敷設と諸問題

朝鮮における鉄道建設により「韓国併合」間もない1914年に比べて1945年には図の示すように多数の鉄道網が形成された。植民地朝鮮の鉄道網の特徴は南北縦貫型・国境接続型・海港基点型・ソウル集中型で、朝鮮内の各地域間の物資流通よりは国外流通特に日・朝・満の間の兵站及び商品輸送を目的としたものであった。

これらの鉄道建設の過程において様々な問題点が指摘できる。①自力鉄道建設運動の抑制、②朝鮮人土木建築業の規制、③鉄道関連の補償金問題、④小運送業の規制、⑤朝鮮人労働力の搾取、などがそれである。

京義鉄道の場合朝鮮の官民が自力で建設しようと試みたものの、資金調達がうまくいかず、結局日本が鉄道の敷設権と営業権を手に入れた。この過程において朝鮮鉄道自力運動の中心的な人物であった李容翊を政

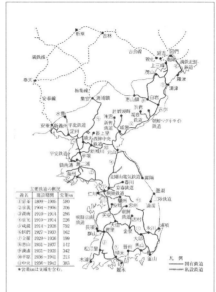

図1　朝鮮鉄道網図（1914年末）　　図2　朝鮮鉄道網図（1945年8月）[34]

界から排除させた。[35]

　京釜・京義線の敷設工事は沿線住民の反日感情もあり最初は朝鮮土建会社に請け負わせたが、次第に資本不足と技術の後れを口実に日本の土建会社に任されるようになった。この時期に朝鮮へ進出した日本の土建会社数は40社あまりにもなった。これにより、萌芽期にあった朝鮮土建会社は成長基盤を失い、日本の第3、第4の下請けとなり、日本の土建業に従属するようになった。[36]

　京釜・京義鉄道の敷設過程において、2000万坪に達する鉄道用地を収用し、膨大な鉄道材料（木材・枕木・砂利など）や午馬・食料を徴発したり、家屋・墳墓を破壊した。京釜鉄道の収用地と家屋・墳墓の補償金は「韓国政府」が京釜鉄道株式会社から借り入れて支給し、京義鉄道については「臨時運用鉄道監部」が軍事費として支払った。しかし補償額が市価の10分の1ないし20分の1に過ぎず、それさえ収用後4-5年が経過した後に支給された。[37] これらに対して、沿線住民・労働者・農民達は激烈に抵抗するものの厳しい弾圧にあう。朝鮮総督府は鉄道と電

信線が通過する地域に日本の軍律を発布し、事実上日本軍司令官の指揮・監督下に置いた。そして鉄道敷設を妨害したり、鉄道や電信線に損害を与えたり、破壊する人々は日本軍の軍事裁判に回して容赦なく処刑したという。[38]

鉄道の開通とともに全線各駅に小運送業者が数多く生まれた。それは小資本でも比較的自由に経営できるからであった。1926年頃の全線各駅には1,566店の小運送業者が活動していた。その中で、朝鮮人業者は1,080点（69％）にもなった。これに対して、朝鮮総督府は「大資本の育成」を骨子とする小運送業統制政策を実施し1942年には「1駅1店制度」[39]が実現され、各駅には特権が与えられた1店の運送業者のみが存在するようになった。この過程において朝鮮人小運送業は淘汰された。[40]

最後に、鉄道建設に伴う朝鮮人労働力の搾取の問題に触れておこう。京釜・京義線の敷設には年に一億人以上の朝鮮人労働者が動員され殺人的な重労働を強要された。その結果、僅か5年余りで朝鮮半島を縦貫する1千kmを超える鉄道網を構築した。[41]

その他、鉄道敷設工事に必要な延人員は、図們線5,770,000名、恵山線6,810,000名、満浦線17,260,000名、東海線21,370,000、京全線8,610,000名、平元線19,270,000名、咸鏡線8,040,000名、改良工事12,510,000名、保存工事50万名で延9,965万名と予想された。[42]そこで、朝鮮南部地域の過剰人口を北部地域に移動させようと、朝鮮総督府は1934年「南鮮労働者団体移民案」を出して、30名単位の集団移住を実施した。実際移住した人々は安価の賃金、劣悪な環境、長時間労働に苦しめられることになる。

労働時間は早朝5,6時より夜6,7時が普通で12-14時間が平均労働時間であった。[43]東海線の場合、1日13-14時間の労働に30-40銭の賃金表が賃金として支払われた。[44]それが一週間に一回支払われるため前借りをすると、1ウォンごとに14-15銭が値引きされ、実質賃金は25-35銭に過ぎない。[45]また東海線の機張－蔚山間の工事は壮年に30-50銭、婦女に24.5-30銭が支払われた。[46]恵山線は最低78銭[47]、満浦線は最低10銭、最高1ウォン80銭で平均70銭が支払われた。[48]

北部地域は南部地域よりは高い賃金であったが、1930年代から開発が活発になったため、沿線の地価や物価も高くなりその分生活費がかか

り、生活は貧窮を免れなかった。他の地域より移住した労働者が多かったのもあり、離散率も高かった。白茂線は5ヶ月以内に全体の45％が職を離れたという。[49]

　これらの問題は鉄道敷設の過程において発生した諸問題である。ところが、教科書記述においては、これらの負の側面には一切触れず、交通の発達の様子、新都市の形成、産業開発の様子などの光の側面のみに焦点を当てているのである。

第3節　朝鮮総督府発行の教科書にみる「鉄道」と近代化

　日本と大陸との間に位置する朝鮮を朝鮮総督府はどのように認識し、その地理的認識の変化に伴い、朝鮮の交通網の発達はどのような形で現れたであろうか。朝鮮総督府は朝鮮に何を期待し、朝鮮人児童にどのようなイメージを抱かせようとしたのかを、朝鮮の地理教科書発行以前は『国語読本』から、発行以降は「地理教科書」[50]から 朝鮮地方の「鉄道」関連の記述[51]を通して検討する。

〈表2〉『国語読本』

13年巻五	〈第二十七課　京城〉
	京城は、釜山から新義州に通ずる鉄道の、殆んど中ほどにあって、西には仁川え行く鉄道があり、東には元山え通ずる鉄道があります。(108)
13年巻六	〈第五課　朝鮮地理問答〉
	弟「朝鮮の鉄道は、どうなって居ますか。」
	兄「京城と釜山との間には京釜線があり、京城と新義州との間には京義線があって、半島を南北に貫いて居ます。そうして京釜線の支線には馬山線・京仁線があり、京義線の支線には兼二浦線・平南線があります。此の外、別に湖南線・京元線・咸鏡線もあります。しかし、咸鏡線はまだ全部出来て居ません。」(18-20)「此の頃は朝鮮も大層開けました。」(22)
	〈第二十課　隣国〉
	満洲の南部地方には、我が国の南満洲鉄道が敷設されてあります。南満洲鉄道は関東州から来て、平野を北に進んで、長春で露西亜の鉄道に続き、また、奉天から東南に進んで、安東で朝鮮鉄道に続きます。また、別に支那の鉄道は北京から来て、南満洲鉄道に続きます。(83-84)
	浦潮斯徳から、鉄道が満洲・しべりやを経て、露西亜本国に通じて居ます。南満洲鉄道に乗っても、やはり此の鉄道で、露西亜に行くことが出来ます。(84-85)

〈表 3〉 地理教科書

20 年	昔時交通極めて不便なりしが、近年に至りて著しく改善せられたり。(10)
	鉄道は京釜・京義・湖南・京元及び咸鏡の諸線の外、数多の軽便鉄道あり。釜山・新義州の間凡そ六百哩の遠きも、今はわづかに二十余時間にて達するを得べし。(10-11) 京釜線及び其の支線馬山線の外、釜山・東來間に電車あり、大邱・浦項間に軽便鉄道あり。自動車は金泉・大邱を中心として南北に通じ、馬山・晋州を発着地として西南方の諸邑を連絡す。(40)
23 年	(仁川) 港の設備次第にととのひて、船舶の出入便利なり。(8) 日本海岸は鉄道未だ完成せず、交通は多く海上によつて行はれ (12)
	(新義州) 鴨緑江の鉄橋によりて安奉線を連絡す。…多くの製材所あり。(17-18) 釜山は内地との航海極めて頻繁なり。(20) 関釜連絡船は八時間にて下関に達す。(24)
	昔時は交通極めて不便なりしが、近年に至りて著しく改善せられたり。…現今工事中のもの少からず (30)
32 年	(北部朝鮮) 鉄道は京義線が新義州から平壌を経て京城に通じ、また鴨緑江の大鉄橋によつて満洲の安奉線と連絡してゐる。咸鏡・京元両線は国境の会寧から元山を経て京城に通じてゐる。(12-13) 羅南には第十九師団司令部があるので、北鮮の国境防備の中心となつてゐる。会寧は豆満江にのぞみ、間島に面する国境の要地…。(15)
	(中部朝鮮) 京城は朝鮮交通の大中心地で、京元・京義・京釜の三大幹線はこゝから発し、また自動車の便も少くない。… 京城は政治・経済・学術・軍事・交通の中心地で、人口凡そ四十万、朝鮮第一の都会である。朝鮮神宮・朝鮮総督府をはじめ朝鮮軍司令部・高等法院・京畿道庁・京城帝国大学等の官衙や学校がある。また、商工業も年をおうて盛である。(21-23)
	(南部朝鮮) 鉄道の幹線である京釜線は京城から秋風嶺を超え、大邱を経て釜山に達し、関釜連絡船によつて山陽線と連絡してゐる。湖南線は大田から分れ、西部地方をつらぬいて木浦に達してゐる。…釜山は内地との交通が極めてひんぱんである。(28-29)
	(総説) 昔は交通が極めて不便であつたが、近年著しく改善せられた。…
	釜山・新義州間は凡そ九百五十キロメートル、僅かに二十時間で達することができる。また満洲との鉄道連絡も新義州のほか会寧方面からも開かれようとしてゐる。(39)
37 年	(北部朝鮮) 鉄道は、京義本線が新義州から平壌を経て京城に通じ、鴨緑江の大鉄橋によつて満洲の安奉線につづいてゐる。北鮮鉄道は、清津から国境地方を廻って雄基に達し、満鉄雄線によつて羅津に終ってゐる。咸鏡線は、輸城から分かれて元山に至り、京元線によつて京城に通じてゐる。北鮮鉄道は、満鉄が朝鮮総督府から委任をうけて経営してゐる鉄道で、上山峯と南陽で満洲国の鉄道につづいてゐる。(14-16)
	羅南に咸鏡北道庁の所在地で、第十九師団司令部があり、会寧は豆満江に臨み、第二飛行団司令部があって、共に国境防備の主要な所である。清津・羅津・雄基は内鮮満連絡の近道で北鮮鉄道によって満洲国の各地とつながれてゐる。中でも、羅津は天然の良港で、近年急に発達した所である。(17-18)
	(中部朝鮮) 京城は朝鮮交通の大中心地で、京釜・京義・京元の三大幹線はこゝから発し、近く中央線も開通される予定である。東部は山地が多いが、道路が次第に改善されたため、交通が開けて、自動車の便がよく発達してゐる。(25-26) 政治・軍事・学術・経済の中心をなし、また内鮮満連絡の旅客機の発着場もあり、商工業も年をおうて盛になってゆく。(27)
	(南部朝鮮) 京釜本線は京城から秋風嶺を超え、大邱を経て釜山に達し、関釜連絡船によっておよそ六時間半で下関に至り、山陽本線と連絡してゐる。また湖南本線は大田から分かれ、西部地方をつらぬいて木浦に達してゐる。途中、裡里から分かれる全羅線は、全州や順天を経て麗水に至り、関麗連絡船によって、下関に達する事が出来る。(34-35)
	(総説) 昔は交通が極めて不便であったたが、近年著しく改善された。…
	釜山・新義州間は、およそ九百五十キロメートル、僅かに十数時間で達することができる。また満洲国との鉄道連絡は、西は新義州、東は上三峯及び南陽で行はれてゐる。(46-47)

40年	(北部朝鮮）満浦線は平壌から満浦鎮に至り満洲の鉄道に連絡してゐる。(15)
	(中部朝鮮）朝鮮の三大幹線である京釜・京義・京元の各線は、京城を中心として各地に通じ、京慶線も近く全通する予定である。また京城より仁川や春川に至る鉄道もある。(24) 京城は我が国屈指の大都会で、市の中央にある南山の中腹には朝鮮神宮がある。…南岸の低地は工業地帯をなし、あまたの工場が立ち並んでゐる。(25-26)
	(南部朝鮮）また釜山から日本海岸に沿つて走る東海南部線と、慶州でこれに連絡して京城へ向かふ京慶線の一部も通じてゐる。(33)
	(総説）昔は交通が極めて不便であつたが、近年著しく改善された。…釜山・新義州間は、およそ九百五十キロメートルであるが、僅かに十数時間で達することができる。また満洲との鉄道連絡は、西は新義州・満浦鎮、東は上三峯及び南陽で行はれてゐる。…朝鮮の航空路は日・満・支を連絡する重要な位置を占めてゐる。大邱・京城・平壌・新義州には旅客機の発着場があつて、南は内地の福岡に、北は大連・奉天・新京・北京等に通じてゐる。この外京城から清津や光州に至るものもある。(45-47)
43年	(北部朝鮮）満浦線は平壌から満浦に至り満洲国の鉄道に連絡し、恵山線・白茂線と共に山間地方開発に役立ち、平元線は平壌と元山とを結ぶ北部朝鮮唯一の横断線である。…雄基・羅津は咸鏡本線に依つて満洲に通じ、内鮮満連絡の近道に当つてゐる。(15-16)
	(中部朝鮮）京釜・京義の両幹線をはじめ、京元・京慶等の重要な緒線は、みな京城を中心として各地に通じ、また京城より仁川や春川に至る鉄道もある。(24)
	(南部朝鮮）また釜山から日本海岸に沿つて走る東海南部線は、慶州に至り、さらにここより京城へ向かふ京慶線と連絡してゐる。(33)
44年	日本海と東支那海との間にある朝鮮半島は、満洲と地続きで、ちやうどわが本土と大陸との間にかけられた橋のやうに、昔からわが国と大陸とを結ぶ大切な通路になつてゐます。随つて、半島の南にある朝鮮海峡は、わが国と大陸とのれんらく上特に大切であります。…これらの海や海峡は、日本列島中大きな島々の間にある海峡とともに、交通上また国防上、非常に大切であることに注意しなければなりません。(2-8)
	北は満洲やシベリヤと地つづきで、また北支那や蒙彊に近く、南は狭い海峡をへだてて内地と向かひあつてゐます。随つて、わが国と大陸との関係が深くなるにつれて、わが大陸発展の基地として大切な役目をつとめるやうになりました。殊に最近では、二千四百万にもあまる人々が、その本分にはげんでゐますから、文化は進み、産業は勃興し、昔とはちがつた新しい生気がみなぎつてゐます。(102-103)
	(西海岸や南海岸）交通も便利で産業が開け、都市が発達してゐます。…また、西海岸では干拓事業も盛んに行はれてゐます。(105)
	朝鮮の門戸釜山は、れんらく船によつて内地と結ばれてゐます。鉄道は、釜山から起つて北へ向かひ、大邱・京城・平壌を通り、新義州から鴨緑江の鉄橋を渡つて、対岸の安東に着き、ここで満洲の鉄道にれんらくしてゐます。今では、釜山からハルピン行や北京行の直通列車があつて、日・満・支三国を結んで走つてゐます。釜山・京城間を京釜本線、京城・安東間を京義本線といひ、半島をたてに貫ぬく幹線であります。釜山は人口二十五万、朝鮮第一の貿易港です。特に内地との取引が多く、下関や博多をはじめ、各地との交通がひんぱんで、水産物の集産も盛んです。…釜山の西にある鎮海は、朝鮮海峡にのぞむ海軍の要港です。(108-109)
	(京城）まちの中央にある南山には、朝鮮神宮がおまつりしてあつて、いつも参拝の人がつづいてゐます。…京釜・京義の両線をはじめ、京仁・京慶・京元・京春などの諸線が集つてゐます。また飛行場があつて、内地・満洲・北支方面へ航空路が通じてゐます。(112-113) 近年工業も盛んとなり、…紡績・皮革・ゴム・機械・ビールなど大小の工場が立ち並んでゐます。(114) (仁川）内地・満洲及び支那との取引が多く、釜山についで朝鮮第二の港となつてゐます。(114)
	京城から元山までを京元本線、元山から上三峯までを咸鏡本線、上三峯から羅津までを北鮮線と呼んでゐます。北鮮線は満鉄が経営してゐます。この地方は、久しく産業や交通がふるはず、文化もおくれ、裏朝鮮といはれてゐました。ところが、最近各種の産業が勃興し、あまたの都市が日毎に発展をつづけ、その面目を一新するやうになりました。(119-120)
	清津や羅津は、内地と満洲とをつなぐなかつぎ地としても重要なところです。内地と大陸との関係が深くなり、日本海が大切な海となつたので、これらの港の地位はいつそう重くなりました。この地方が、満洲国の成立後、急にめざましい発展をとげたことも、理由のあることです。(120)

注）カッコ内は頁数

まず、教科書がどのような編纂方針によって編纂されたのかを述べておこう。1932年「初等地理書巻一編纂趣意書」[52]の編纂方針には「産業ヲ開発スルニ必要ナル資料」と「産業・交通・都会等内鮮相互ノ関係ノ密接ナル資料」(3頁)を選択する際は特に留意することを強調する。教材の配列は「北から南へ」進む順序にしている。その理由は、「産業が主として気候に支配せられ、緯度の高低によつて生産物に著しい差異の生ずる」(7頁)こと、「産業状態から人文発達の状況をも想像せしめ」(7頁)られることを挙げている。また「産業は常に農業・牧畜・林業・鉱業・水産業・工業の順序に記述」(12頁)するが、「工業を最後に廻したのは之が農業乃至水産業を原料として興るからである」(12頁)と述べ、産業関連記述を重視し、その記述方式においては地理的原理を重視していることが窺える。

これが国民学校案を見据えた修正教科書である1940年版になると「教科書編輯彙報」に、「産業」について「戦時体制下にある今日の国民として日本にある物、ない物の物資についての一般的知識と、これらの物に対する対策とが常識として強く要求されてゐる。従つて、国民精神としての地理は、各種物資の現状を知らしむると共にそれに対する対策を課題として与へ、それを正しく解決すべき道を考究せしめることを要す。これによつて国民精神総動員の意義も東亜新秩序建設の意義も明かとなる」[53]と述べる。

どこに何があるか各種物資の現状をまずは知ること、それからその対策や解決策を考えることを強調する。そこで、朝鮮の役割については次のように述べている。[54]

　　満洲事変及び支那事変勃発以来朝鮮は兵站基地なりと云はれてゐるが、…単に大陸に近いといふ位置的関係にのみ高調せらるべきであらうか。否、それと同時に、<u>交通に産業に、朝鮮が持つ全機能を発揮する処に於いて初めて兵站基地の任務が果される</u>であらう。…朝鮮は我が国に取つて大陸経営に於いて確に位置的関係も否み難いが、生産関係上我が国家的総力に重大な役割を演ずること更に大なるものあることをも認めねばならぬ。それ、半島は始政後、日尚浅くして、工業施設が内地に劣り、例ひ工業生産面の数字は遥か内地

のそれに及ばざる所あるも原料供給から有無相通ずべく、或は南棉北羊とか或は北鮮の水力電気とか將又干潟地の利用から産米増殖とか産金奨励とか等々の国土計画施設は実に我が国家総力の一要素とも云へよう。…朝鮮の認識は国家総力の立場から公平に地域的奉仕を評価し、真の国力を割り出さんとしたものである。（下線は引用者）

「兵站基地」「原料供給」「産米増産」「産金奨励」「生産関係上」との言葉が目立ち、原料供給の側面においては朝鮮を「公平に」扱うとある。戦時体制下という状況において専ら各種物資の把握と対策に専念する中、日本以上に物資提供の役割を担わされた朝鮮について、「交通に産業に、朝鮮が持つ全機能を発揮する処に於いて初めて兵站基地の任務が果される」と述べる。

1932 年版も 1940 年版も同じく産業関連教材を提示するも、前者は気候による産業状態の変化を理解させる地理的原理に重点を置いているのに対して、後者は戦時下の物資提供こそが国民的総力をあげての国民精神総動員及び「東亜新秩序」の意義に合致すると強調するなど、政治的目的のみが前面に打ち出されることになったのである。

このような編纂方針のもと、教科書をどのように記述しているのか内容をまとめると、「国語読本」1913 年版にはすでに朝鮮の 5 大幹線鉄道を紹介[55]し、地理「補充教材」1920 年版にはそれに加えて各支線にも触れ、1923 年版には鴨緑江鉄橋により満州との連絡が強化されたことを紹介している。

そして、地理教科書 1932 年版は各鉄道路線を詳しく紹介し、「京城」は北とは満州を、南とは下関をつなぐ中心地であることを強調する。1937 年版には「12 年計画線」の全羅線を、1940 年版には満浦線、東海南部線を、1943 年版には「12 年計画線」すべてを紹介している。

記述の特徴としては、朝鮮の発展のイメージを強調する。それを最も象徴的にあらわしている一節は、「昔時は交通極めて不便なりしが、近年に至りて著しく改善せられたり」である。昔の未開発の朝鮮は「次第にととのひて」「次第に改善」「年をおうて盛」「現今工事中」「近年急に発達」「最近めざましい発展」を遂げて、ついに 44 年には「文化は進み、産業は勃興し、昔とはちがつた新しい生気がみなぎつてゐ」ると表現し

ている。
　鉄道の発達は地域間の移動時間の短縮による生活の変化や新都市の形成、市場再編、新しい形の経済の形成をもたらした。それに朝鮮を超えて「日・満・支」とも繋がるようにまでなった。このように教科書は未開であった朝鮮が日本の統治下におかれてから日ごとに交通の発展、産業の発展する様子を有効に伝えている。それにより朝鮮人児童に「韓国併合」の正当性、朝鮮総督府の統治の成果を肯定的に捉えさせようとした。
　これは朝鮮総督府の以下の文からも窺うことができる。挿絵において「朝鮮総督府が施政方針として連年産業奨励に力を尽くした結果を知らしめ」、[56] 教授の際においても「併合以来総督府の苦心経営によつて資源の開発産業の新興が進められ農業は益々盛となり、また内地と補足関係の産業や国策上意義ある産業が勃興しつゝあること」[57] に重点を置くように強調している。
　鉄道網の充実とともに産業発展の光の部分のみに焦点を当てた教科内容を学ぶ朝鮮人児童は、心からそう思った人も、実生活との乖離に悩まされる人もいたであろう。

おわりに

　朝鮮総督府の産業政策によって朝鮮は産業発達の一定の成果をあげた。各地で工場が建てられ、最新の通信も設置され、交通も便利になったおかげで移動時間の短縮も図られた。それによる生活の変化及び新都市の形成、市場の再編、新しい経済も形成された。それに、「日・朝・満・支」の広大な地域を繋げられるようにもなった。また、農鉱産物の生産量の増加や有用鉱物の産出量が増加したのも「近年」であり、その生産量の一部は日本へ送り出してもいる。
　挿絵も産業技術の発達による農産物、鉱産物の生産量の増加をあらわす図表や各地に建てられた工場、通信施設の写真を数多く掲載し、このような記述を裏付けている。つまり、朝鮮の地理教科書は朝鮮総督府の産業政策による朝鮮の発展の様子に焦点を当てて産業発達の光の部分のみを朝鮮人児童に有効に伝えている。

そこには実在する産業発達の影の部分には一切触れていない。例えば、鉄道の拡張政策の実行過程における鉄道沿線周辺の住民の抵抗、土地収用面積と補償価額の実態、鉄道建設に伴う労働力の動員とそれに反発する労働者と農民の反鉄道運動、鉄道を媒介に貨物運送を担当していた小運送業の出現と没落（戦時体制末期における陸海空の一元的な支配交通体制の確立過程の中で大資本に押されて没落していく）過程などがそれである。また、教科書の統計やデータにおいても、生産量の増加によりその「一部が日本へ送り出される」と記述されているものの、日本への移入の量をあらわすデータや図表は表示されていないため、朝鮮内でどの程度消費されたかが不明である。

その産業発達は何のためであり、同時において誰のために役立ったのか、朝鮮で生活する朝鮮人たちに実質的な豊かさをもたらしたかどうかが、より重要であろう。

朝鮮総督府は常に「文明化」「近代化」を掲げて、その統治の妥当性を訴えてきた。その裏腹に存在する抑圧的様相には触れずにである。しかし、植民地的政治関係が内包する歪曲性は近代化・産業化においても根本的な歪み・脆弱性を持っていると言えよう。従って、資源の開発・生産の増加や交通の発達などの産業政策の中に存在する植民地的歪みは、特に1940年代になると戦争遂行のための「兵站基地」という名分の元にことごとく利用されることになるのである。

戦時体制下において軍事交通上日本と大陸をつなぐ連絡地としての朝鮮は「兵站基地化」され、産業開発の結果得られた資源及び食料は日本の戦争を行うために提供された。それらを日本本土及び戦地に運ぶ運送手段としての役割を忠実に果たした交通手段は鉄道であった。それは重工業が発達し地下資源の豊富な北部地方の鉄道が主に「発送」を担当していたことからも窺うことができる。

それゆえに、鉄道は植民地朝鮮における「近代性と侵略性を同時に内包している」象徴的なものであったと言える。

朝鮮総督府の各種産業別の政策と具体的な輸出入のデータを確認し、地理教科書の記述内容及び統計、図、グラフのデータとを比較検討することで、地理教科書の特徴や地理教育の目的を明確にすることは今後の課題としたい。

【註】
1 これは今現在の韓国社会の中で繰り広げられている、「収奪論」「植民地近代化論」の論争とも通じる。前者は、植民地期の近代化を主に経済部門の量的変動に限るとみて、その工業化及び経済開発の目的と意図は効果的な収奪にあったがために、歪曲された成長に過ぎないという歴史学界からの批判である。後者は「収奪論」の対極にある論で、後に植民地工業化論、経済成長論、生活水準向上論へと進化していく。この論の要点は、植民地期に形成された開発経験と成果によって近代化された資本主義社会が、1960-70年代の経済発展の歴史的基盤となり、今日韓国の現代文明の制度的基礎をも作ったという内容である。植民地期の統計・数値を積極的・肯定的に捉えた結果、開発は朝鮮人の生活水準を向上させる結果につながったという。

　この論に対して、許粋烈は植民地期の開発は「日本人たちの、日本人たちによる、日本人たちのための開発」（日本語版、295頁）であったがために、それによって朝鮮人たちの生活が豊かになることはなかった。むしろこの時期に日本人の土地と資本に対する支配力の急激な拡大によって、極端な所有構造の不公平、所得の不公平が深まり、その結果朝鮮人の生活水準は悪化したと指摘し、植民地開発の本質を見るには、民族間の差別構造による実態を見る必要があると指摘する。近代を肯定的に捉えている両者の視点を克服しようとする「脱近代」的観点も存在する。（許粋烈『開発無き開発—日帝下、朝鮮経済開発の現象と本質』ウネンナム、2005年参照）（韓国語）、同書は保坂祐二訳『植民地朝鮮の開発と民衆—植民地近代化論、収奪論の超克』2008年が明石書店から出されている。
2 三橋広夫訳本が2008年明石書店から出されている。先行研究においては「韓国鉄道」の用語を用いるが、本稿では朝鮮総督府の地理教科書発行が「韓国併合」後であることから、当時の公式名称である「朝鮮」を用いて、全て「朝鮮鉄道」とする。
3 鄭在貞『帝国日本の植民地支配と韓国鉄道1892〜1945』ソウル大学出版部、1999年、5頁。
4 同上、25頁。1945年8月15日現在、国有鉄道は朝鮮鉄道全体の79％にあたり、国有鉄道の営業km中にこれらの幹線鉄道が占める比率は80％程度であった。
5 『新聞集成明治編年史』第12巻（日露戦争期）、新聞集成明治編年史頒布会、1965年、65頁。
6 鄭在貞、前掲、60頁。
7 同上、59頁。
8 同上、76頁。
9 同上、56-57頁。
10 同上、104頁。
11 「対韓施設綱領決定の件」1904年5月30日、外務省編『日本外交年表並主要文書』上、原書房、1976年、226頁。
12 1906年以後の鉄道経営は統監府鉄道管理局（1906年7月）→統監府鉄道庁（1909年3月）→日本鉄道院所管、韓国鉄道管理局（1909年12月）→総督府鉄道局（1910年10月）によりなされた。（金景林「日帝下朝鮮鉄道12年

計画線に関する研究」『経済史学会』1988 年、64 頁）鉄道局の雇用構図においては、1930 年代まで朝鮮人従業員は全従業員の 40％以内であった。判任官以上の中堅管理者はごく僅かのみで大多数は最末端の傭人身分として現場勤務に努めた。従って、鉄道運営を総合的に企画し監督する部署には最初から排除されていた。これが戦時体制の拡大する 1940 年代になると、日本人労働力の不足により朝鮮人従業員の数も増え、中堅管理者も現れ、1940 年頃には鉄道局全体の長・主任職の中で 10％以上にあたる 94 の職を占めるようになった。（鄭在貞、前掲、649-650 頁）

13 鄭在貞、前掲、164 頁。
14 南満洲鉄道株式会社工務課『南満洲鉄道安奉紀要』東京、1913 年。(鄭在貞、前掲、376 頁再引用)
15 朝鮮総督府『国語読本』巻七、1923 年、42-47 頁。第十三課「鴨緑江の鉄橋」で紹介されている。
16 鄭在貞、前掲、163 頁。
17 京元線は日露戦争直後軍用鉄道として敷設することを決定した。湖南線は朝鮮人の自力建設運動が最も活発であった。(鄭在貞、前掲、140-143 頁)
18 咸鏡道の地下資源と水産物の搬出のみならず、吉会鉄道と連絡させることで満州内陸とシベリアの接続も円滑になることで、軍事的・経済的側面において、第 2 の縦貫幹線鉄道であるといわれる。(鄭在貞、前掲、145 頁)
19 1920 年代の経済政策としては、三つ挙げられる。①産米増殖計画（1 期：1920 ～ 1925、2 期：1926 ～ 1934）は、朝鮮米を増産し日本へ大量移出するものの日本の米価下落により 1934 年に中断される。②朝鮮国有鉄道 12 年計画である。軍事的・経済的理由から政策順位は上位にあったとされる。③第 2 次水力調査（1922 年～ 1929 年）は、総督府の独自的な政策で、日本内の民間資本が結合。河川水系を人為的に変えて落差を利用した流域変更の新技術により電源開発の展望が高まったためである。(金落年『日帝下の韓国経済』図書出版ヘナム、2003 年、167-169 頁)
20 金景林「日帝下朝鮮鉄道 12 年計画線に関する研究」『経済史学会』1988 年、65 頁。
21 「三線連絡連貨」は鉄道院線、韓国縦貫鉄道線、満鉄線の 3 線の間に締結された運賃のことで、1914 年 5 月 1 日から 1 年間日本発満州行き貨物 11 種と朝鮮米に対して、安奉線運賃を 30％引き下げた。(鄭在貞、前掲、135 頁)。貨物運賃は 1945 年まで何度も改正されることになる。
22 金景林、前掲、66 頁。
23 鄭在貞、前掲、165 頁。
24 朝鮮総督府『産業調査委員会会議録』1921 年、34 頁。
25 東亜日報「朝鮮鉄道促進期成会」1926 年 4 月 22 日。
26 金景林、前掲、72 頁。
27 同上、74-78 頁と鄭在貞、前掲、151 頁を参照 。
28 「本線は鉄道建設十二箇年計画とは別筒に北鮮森林開拓を目的」とし、1932 年第 62 回帝国議会において提案され、6 ヵ年間に完了する計画であった。恵山線の白岩と茂山をつなぐ線で広大な森林地帯を横断する鉄道であった。(朝鮮総督府鉄道局『朝鮮鉄道四十年略史』大空社、2004 年、273 頁）
29 金景林、前掲、92-93 頁。

30 朝鮮総督府『朝鮮産業経済調査会諮問答申書』1936年、1頁。
31 同上、25-30頁。
32 朝鮮総督府『朝鮮總督府時局對策調査會諮問答申安試案』1938年、181頁。
33 鄭在貞、前掲、643頁。詳しい項目においては、米は1915～1919年に全生産高の14％、1930～1934年には46％が日本へ移出された。その代わり満州産粟は1927年に35万トン余り、1930年代後半からは平均15万トンが輸入された。石炭は1930年代以降朝鮮内の消費量で工場用が50％を超え、工業化の推進をうかがわせる。セメントの生産と消費は急激に増え朝鮮内の土木工事が盛んであったことがわかる。鉄鋼は1920年代には殆どが日本へ移出されたが、1940年代には30％程度に留まり、その他は兼二浦製鉄所で鋼鉄などに製錬され日本へ移出される。肥料は日本質素の興南工場の生産開始時点より増加し1942年には57万トンに及ぶ。殆どは朝鮮内で消費されたことから、産米増殖計画により農業における化学肥料の依存度が高くなったことがわかる。1940年代には軍用品の輸送量が全体の10～14％に及ぶ。主な行き先は満州であった。また、1930年代以降鉄道関連の貨物が増えているが、これは鉄道網の拡大とも密接な関係にある。（鄭在貞、前掲、644-647頁）
34 鄭在貞『帝国日本の植民地支配と韓国鉄道1892～1945』明石書店、2008年、168頁と179頁より再引用。（日本語）
35 鄭在貞、前掲（韓国語版）、636頁。
36 同上、637-638頁。
37 同上、638-639頁。
38 同上、640頁。
39 小運送業統制政策は次のように展開された。承認運送店制度実施（1908年）→運送合同の推進（朝鮮運送株式会社の設立、1930年）→集約合同の実現（免許制度の導入、1940年）→朝鮮運送株式会社への一元的統合（1駅1店制度の実現、1942年）→海陸小運送業の一括合同（朝鮮海陸運輸株式会社への改編、1943年）。（鄭在貞、前掲、651-652頁）
40 鄭在貞、前掲、651-653頁。
41 同上、638頁。
42 『東亜日報』1927年4月9日。
43 『東亜日報』1932年12月19日。1933年5月19日。
44 『東亜日報』1931年6月2日。
45 同上。
46 『東亜日報』1932年12月19日。
47 『東亜日報』1934年4月30日。
48 『東亜日報』1934年7月22日と1936年5月18日。
49 許粹烈「朝鮮労働力の強制動因の実態」車基壁編『日帝の韓国植民統治』正音社、1985年、297頁。
50 日本統治下朝鮮の地理教科書は『尋常小学地理書補充教材』1920年、『普通学校地理補充教材』1923年、『初等地理書』（巻一 1932年、巻二 1933年）、『初等地理』（巻一・巻二、1937年）、『初等地理』（巻一・巻二、1940年）、『初等地理』（巻一・巻二、1942年）、『初等地理』（巻一・巻二、改訂版、1943年）、『初等地理』（第五学年・第六学年、1944年）からなる。時期ごとの特徴に

ついては、拙稿「朝鮮地理教科書『初等地理書』と国定地理との比較研究」科学研究費補助金に基づく研究成果報告書『日本植民地・占領地の教科書に関する総合的比較研究—国定教科書との異同の観点を中心に—』2009年、237-251頁を参照されたい。
51 教科書の原文にはカタカナ表記の巻もあるが、ここではすべて平仮名表記に改めた。
52 朝鮮総督府「初等地理書（巻一）編纂趣意書」1932年5月。
53 朝鮮総督府「教科書編輯彙報」第7輯、地理特輯、1940年、24頁。
54 同上、3-4頁。
55 5大幹線鉄道は「国語読本」1913年版にすでに記述されているが、「5大幹線鉄道網の地図」（4頁）は1923年版巻5に掲載されている。鉄道の写真を掲載しているのは地理教科書1944年版「急行列車」（108頁）のみである。
56 朝鮮総督府「初等地理書（巻一）編纂趣意書」1932年5月、16頁。
57 朝鮮総督府「教科書編輯彙報」第7輯、地理特輯、1940年、17頁。

「昭南島」における日本映画
「近代化モデル」のメディアとしてのフィルム

松岡昌和＊

はじめに

　日本占領下シンガポールでは、映画もまた、「娯楽」として、同時に住民の「教育」やプロパガンダの道具として用いられた。ここでは、シンガポールにおける日本側による映画興行がどのようなものだったのか、明らかにしていきたい。1941年11月、日英開戦の直前に出版された『アジア映画の創造及建設』において、同書の著者であり大陸文化協会専務理事・市川映画経済研究所長である市川彩は、「南方アジア」に対する「映画に依る文化工作のコツ」は次の点にあるとしている［市川1941: 22］。

　　今日東洋の諸国は何れも民族的自覚の下に、現代文明国を目指して進んでゐるのであるが、日本の経て来た経路は彼等に取つて、将に一つの指導であり模範であらねばならない。

　市川によれば、東南アジアにおける映画工作は単なる娯楽の提供ではなく、近代化のモデルとしての日本を現地社会に示すこと、つまり現地住民の教化・教育のメディアとしての活用としての側面が強いと言えよう。このような「南方映画工作」論は開戦前から戦時期にかけて映画雑誌をはじめとした多くのメディア上で展開された。では、日本が南方占領地で実際に展開した映画工作はこの目的にかなうものであったのだろうか。日本は映画を通じて「あるべき近代化モデル」を示すことができ

＊一橋大学大学院言語社会研究科特別研究員

たのであろうか。

本稿では、南方映画工作の一事例として、「昭南島」と改称された日本占領下シンガポールを取り上げたい。シンガポールは戦前から映画興行が盛んな地として知られ、戦後においても、映画は人々の主要な娯楽となっている。また、戦時期においては映画配給を担った国策会社である映画配給社の南方総支社が設置され、南方占領地における映画工作において重要な地位を占めていたと言えよう。本研究は、帝国日本の「外地」において映画工作が社会教育の一環としての機能を果たし得たのかという問題を追求していくものとしてのみならず、「昭南島」における映画興行の歴史研究の第一歩として、同地における日本映画の上映について明らかにしていく。

以下、戦時期の南方映画工作とシンガポールにおける映画興行の見取り図を、日本映画が十分に導入されていなかった時期、日本映画が一般向けに公開されるようになった時期に分けて示す。続いて、実際にどのような映画が上映されたか、現地で刊行された英字紙をもとに上演フィルムについてまとめてみたい。さらに、英字紙では映画特集記事も度々組まれていたことから、これらの記事の傾向を示していきたい。史料としては、日本内地で刊行された映画雑誌、シンガポールで刊行された英字紙 *Syonan Shimbun*（1942年12月までは *Syonan Times*、以後1943年12月までは *Syonan Sinbun*）を主に利用する。

第 1 節　南方映画工作の概況とシンガポールにおける映画興行

日本の南方における映画工作は、1940年12月に設立された南方映画協会がその先駆けである。1940年に日本軍が進駐した仏印を主な対象とした南洋映画協会はその後東南アジア各地に支社を設立し、配給映画の選定、日本映画の現地向け編集、他地域への映画輸出などを手がけた［加藤 2003: 205］。

その後、1941年12月に日本は対英米戦争に突入し、東南アジア各地を軍事占領する。それら占領地での映画工作について、1942年9月に「南方映画工作要領」が策定された[1]。そこでは、南方占領地での映画

工作の内地の機構との連携と強力な統制が謳われ、南洋映画協会に代わり、現地の映画製作については社団法人日本映画社（以下「日映」と略記）が、映画配給や映画興行などについては社団法人映画配給社（以下「映配」と略記）が担うことになった。日映、映配ともにシンガポールに総支社が設置され、バンコクや香港を含む東南アジア各地に支社・支局が設立された。

　1942年12月には内閣情報局第3部局内に南方向映画選定委員会が設置され、翌年「対外映画選定委員会」と改称した。同委員会では占領地に送るべき作品の選定を行っており、ここで選定された作品は、映配のネットワークを通じて南方各地の興行に供されることが期待されていた［加藤 2003: 209］。選定された映画は劇映画にとどまらず、文化映画、外地向け短編映画、ニュース映画、中華電影・満映などの作品も含まれていた。

　シンガポールでも前述の南方映画工作要領に従って映配を中核とした映画興行が行われるようになる。映配は1942年10月1日に昭南支社をオーチャード・ロード275に開設しているが、内海信二総支社長のシンガポール到着が同年11月30日、昭南支社員の到着は同年12月18日である［田村 1943: 67］。映配が実際にシンガポールにおいて機能し始めるのは1943年1月ころと考えられる。*Syonan Sinbun* の映画広告欄には同月から映配の配給であることを示す㋞のロゴが使用されるようになる。

　1942年2月にシンガポールが日本軍によって占領された後、シンガポールの劇場は日本風の名称に改められた。当時の南方映画事情を内地に報告していた字幕翻訳家で後に映画配給社南方局業務部長を務める田村幸彦によれば、戦前のシンガポールでは38の映画館があったが、記事執筆時点（シンガポール占領満6ヶ月とあるので1942年8月と推測される）で11館が開館、2館が近日開館、25館が閉館とのことである。田村の記事をもとに表1に映画館の一覧と旧名、上映内容を示す。

　これらの他に舞台劇専門の劇場として銀星座（旧名 Sunlight Hall、粤劇）、南座（旧名 Alexandra Hall、潮州劇）、聚楽座（旧名怡園戯院、潮州劇）が開館していた。

表1 日本占領下シンガポールの映画館（1942年8月）[田村 1942: 23]

劇場名	旧名	上映内容	備考
昭和劇場	Alhambra	洋画	
芙蓉劇場	Pavilion	洋画	日本軍兵士専用
南洋劇場	Queen's	マレー劇	
馬来劇場	Garrick	マレー劇又は洋画	
印度劇場	Royal	インド映画	
大和劇場	Palace	広東語映画	
東方劇場	Palacegay	北京語映画	
興亜劇場	Jubilee	インド劇	
太陽劇場	Sun	潮州劇	
富士劇場	Roxy	洋画	
潮劇場	Marlborough	洋画	
大東亜劇場	Cathay		近日開館
共栄劇場	Capitol		近日開館

　日本の占領開始後、市民に対して映画上映が再開されたのは、陸軍報道班員の北町一郎によれば1942年4月5日のことである。この上映会は現地新聞の従業員とその家族に対象を限定した上映であり[2]、劇場での一般公開は最初の天長節に当たる同年4月29日以降のことである[北町 1942: 13-14]。同年5月になると、新聞において各劇場で上映される作品が紹介されるようになる。当初、日本映画はほとんど上映されず、戦前と同様にアメリカの作品を中心にその他広東語やマレー語、インド諸言語の作品が上映されていた。正確な上映回数などは確認できていないが、紙面での上映プログラムを見る限り、アメリカの作品が他を圧倒している。

　対英米戦争にあってもアメリカ映画がただちに上映禁止とならなかった背景として、既存映画市場に対する工作において、現地住民教化のみならず治安維持が大きな目的となっていたことが指摘されている。現地の映画市場がアメリカ映画の配給市場となっている南方占領地では、平常通り観客を来場させ興行を継続させるにはアメリカ作品の上映が不可欠であり、それが市民生活確保のバロメーターとなっていた[加藤 2003: 206]。シンガポールでは、『風と共に去りぬ』など未封切大作をはじめとして約2000本[3]、約2年分のアメリカ作品のストックがあると言われており、補充できる日本映画が少ないという本音ゆえ、「南方民族をして日本人の寛仁大度を諒解せしめる工作」という建前のもと、「敵性映画」が上映され続けた[加藤 2003: 212]。

当然、軍政遂行上大きな支障となり得る作品については軍政当局による検閲が行われたが、その基準は曖昧であったようである。ペナンでプロパガンダに携わった寺崎浩は、ペナンとシンガポールで上映が許可される映画が異なっていることを指摘している［寺崎 1943: 18］。
　1942 年時点ではシンガポールにおける日本の劇映画は極めて少なく、現地住民向けに上映可能な現地語版はさらに限られていた。日本のニュース映画は各劇場で上映されていたようであるが、一般向けの劇場における日本の劇映画の上映はこの時期には確認できない。田村幸彦は『映画旬報』における記事のなかで、1942 年 8 月時点において「マレーに対しては、残念ながら未だ日本の劇映画は一本も提供されていない」と述べている［田村 1942: 23］。南洋映画協会が公表した 1942 年 8 月 10 日時点での現地在庫一覧によると、昭南島支社のニュース映画を除く在庫は『孫悟空』（東宝、日本版）、『純情二重奏』（松竹、日本版）、『将軍と参謀と兵』（日活、日本版）、『南海の花束』（東宝、日本版）、『北極光』（新興、日本版）、『熱砂の誓』（東宝、日本版）、『地下鉄の出来るまで』（寺田、英版）、『田園交響楽』（東宝、英版）、『西住戦車長伝』（松竹、邦版）である［「南方映画工作座談会」: 22］。これらの作品は Syonan Times に掲載されたプログラムによれば、1942 年 9 月以降、日本軍兵士専用の芙蓉劇場で上映されたようである。
　1943 年になり、映配が映画興行を統制するようになった後も、アメリカ作品中心の上映はしばらく続く。劇場ごとの上映内容については大きな変化は見られないが、日本軍兵士専用であった芙蓉劇場は『支那の夜』（東宝、1940）、『一乗寺決闘』（日活、1942）、『男の花道』（東宝、1941）、『婦系図』（東宝、1942）、『水戸黄門漫遊記』（大都、1937）など前年の南洋映画協会の在庫になかった日本の劇映画を上映するようになる。また、1942 年 12 月ころには 1942 年 8 月時点で準備中であった大東亜劇場も開館しており、芙蓉劇場と同じく日本軍兵士専用の劇場となった。ここでも芙蓉劇場と同様、『大阪町人』（大映、1942）、『間諜未だ死せず』（松竹、1942）、『婦系図』などの日本の劇映画、そして、『東洋の凱歌』（日映、1942）といった文化映画が上映されている。芙蓉劇場と大東亜劇場での上映プログラムは 1943 年 2 月を最後に新聞紙面では紹介されておらず、その後の上演内容については不明である。大東亜

劇場とともに準備中であった共栄劇場も 1942 年 12 月には再開しており、こちらは洋画を上映する劇場となった。共栄劇場、昭和劇場、潮劇場、馬来劇場ではアメリカ作品が上映され続けた。

　1943 年 8 月 31 日をもって、シンガポールでは英米の作品の上映は禁止されることになる。それまでの時期においては、日本軍兵士専用の映画館で日本の劇映画が上映されたり、特別な機会に一般向けに日本の作品が上映されることもあったが、検閲を経たとはいえ、日本占領下シンガポールにおいて上映される映画の多くはアメリカの作品であった。そうした映画興行のあり方は、映配という南方映画工作において強力な統制力を期待された組織が映画興行を担ってからも同様であった。日本軍がシンガポールを占領してから 1 年半、南方映画工作の方針策定から 1 年の間、シンガポールにおける映画工作はアメリカ映画の圧倒的な力に頼らざるを得なかったといえる。

第 2 節　日本映画の上映

　1943 年になると、シンガポールの一般向け劇場においても日本映画が上映される機会が現れた。英米の作品が禁止され、日本映画がそれに取って代わるようになるのは 1943 年 8 月 31 日のことであるが、それ以前にも、祝日や記念日の機会に日本映画がスクリーンに映し出された。

　1943 年 2 月には、シンガポール陥落一周年を記念して、日本軍のマレー半島侵攻を記録した陸軍省監修の文化映画『マレー戦記』（日映、1942）が共栄劇場と昭和劇場で上映されている。両劇場は戦前英米作品の封切館となっており、シンガポールの劇場の中でも特に多くの座席数を誇っている。翌 3 月には陸軍記念日を機に、フィリピンのバターン・コレヒドールでの日本軍の戦闘を描いた比島派遣軍報道部指導による文化映画『東洋の凱歌』が屋外上映されている。4 月には天長節を記念して、海軍省後援、大本営海軍報道部企画、山本嘉次郎監督、そして円谷英二の特殊技術により真珠湾攻撃とマレー沖海戦における英艦撃沈の様子を描いた劇映画『ハワイ・マレー沖海戦』（東宝、1942 年）が共栄劇場と大和劇場で、中国戦線において斥候として出動した 5 人の日本軍兵

士を描いた田坂具隆監督による劇映画『五人の斥候兵』（日活、1938 年）が昭和劇場で上映されている。特に、日本軍のシンガポール侵攻と直接関連するストーリーを扱った『ハワイ・マレー沖海戦』については天長節当日の新聞紙上で大きく告知されている。5 月には海軍記念日を機に、海軍省監修による開戦後の日本海軍について記録した文化映画 2 作が上映されている。共栄劇場で『海軍勝利の記録』（日映、1942）が、昭和劇場で『海軍戦記』（日映、1943 年）がそれぞれスクリーンに映し出された。6 月 2 日の新聞紙上での映画プログラムには、6 月 5 日に東京で山本五十六の国葬が営まれ、当日は劇場が閉館となることが告知されている。このことと関係するかは不明であるが、その前後に共栄劇場で、市川猿之助が林則徐に扮し、イギリスの中国侵略をスペクタクル風に描いたマキノ雅弘監督による娯楽作品『阿片戦争』（東宝、1943 年）が上映されている。

　7 月以降、記念日や祝日とは直接関係ないとみられる日本映画の上映も行われている。7 月には共栄劇場と昭和劇場で、国民学校の訓導を取り巻くロマンスを描いた五所平之助監督の劇映画『新雪』（大映、1942）が、次いで潮劇場で『海軍勝利の記録』が上映されている。『新雪』は同月下旬に馬来劇場でも再上映されている。8 月には、共栄劇場で『希望の青空』（東宝、1942）が、その翌週には中国の戯曲を音楽喜劇として演出したエノケンの作品『水滸伝』（東宝、1942 年）が、同月下旬には『海軍戦記』が上映されている。

　1943 年 9 月以降は、英米の作品が全面的に上映禁止となっており、それらに代わって日本映画中心のプログラムが組まれるようになった。中国映画、マレー語映画、インド映画はこの後も継続して上映されている。劇場ごとの上映内容はおおむね共栄劇場・昭和劇場：日本映画、潮劇場（潮文化映画劇場と改称）：文化映画・ニュース映画、大和劇場：中国映画、印度劇場：インド映画、馬来劇場：日本映画・マレー語映画・中国映画・マレー劇となった。特徴的なのは、潮劇場が文化映画専門劇場となったことである。1943 年 8 月 31 日の *Syonan Sinbun* によれば、南方占領地で最初に設けられた文化映画専門劇場とのことである。潮のほか、同月に遊技場である大世界（Great World）の劇場（*Syonan Sinbun* では「大世界文化」と表記）もまた文化映画専門劇場に加わっ

た。また、1943年11月1日には旧 Empire Theatre が日本映画を上映する帝国館としてオープンした。

これらのほか、映配による映画プログラムの告知にはほとんど掲載されないものの、日本映画を含め、映画が上映されている劇場があったことが劇場情報を見るとわかる。富士劇場で中国映画・マレー語映画を、日本映画、南洋劇場ではマレー劇を中心としてその他に中国映画・マレー語映画・インド映画・日本映画を、遊技場の新世界（New World）内の太陽劇場ではインド映画を、大世界内の大陸劇場では日本映画・インド映画が上映されていた。

これらの劇場のうち、共栄劇場と昭和劇場ではしばしばシンガポールで初上映となる日本映画が上映されるほか、映配による新聞紙上の告知でも特に大きく扱われることが多いなど、シンガポールにおける封切館としての役割を担っていたと考えられる。これは、戦前におけるそれぞれの前身の劇場と同様の機能を引き継いだものと言える。潮文化劇場と大世界文化劇場の上映内容については、当初その題目が新聞紙面では特定されていなかったが、1943年11月以降、題目が紹介されるようになった。

シンガポールにおいて、日本の劇映画は占領当初から一般向けに公開されたのではなく、占領開始から1年が経過した1943年2月からであると見られる。その後も、同年8月末に英米作品が禁止されるまで、日本の劇映画の上映は特別な機会に行われるものとしての性格が強かったと言えよう。同年9月になると、英米作品に代わって日本映画が映画興行の中心となり、また、文化映画も専門劇場が設けられた。なお、1944年6月以降、新聞紙面が小型化し、情報量は少なくなる。映画上映に関する情報も、特に1945年になると目に見えて少なくなる。

第3節 「昭南島」で上映された日本映画

日本映画がシンガポールにおける映画興行の中心となった1943年9月以降、どのような映画が上映されたのであろうか。そこでは、戦争や戦時の生活にかかわるいわゆる「時局もの」が多く扱われていたが、そればかりではなかったこともまた確認できる。ここでは、上映された多

数の映画の中から新聞紙上で特集記事・論評などが掲載されたものなど、特に大々的に宣伝された作品、さらに何回も繰り返して上映されたことが確認できる作品などを取り上げて見ていきたい。

まず、新聞紙上で特集記事が組まれた作品としては、『シンガポール総攻撃』、『愛機南へ飛ぶ』、『翼の凱歌』の3作品が確認できる。そのなかでも最も大きく取り上げられたのが1943年9月23日に共栄劇場と昭和劇場で同時に公開された劇映画『シンガポール総攻撃』である。同作品はマラヤでの現地ロケを行ってマレー作戦を劇映画化した大映作品である。監督は島耕二で1943年4月に日本内地で公開されている。

1943年9月11日の *Syonan Sinbun* では Movie Supplement という別冊特集が組まれ、2ページに渡って、同作品の紹介を行っている。紙面には「観客へのアドバイス」として「『シンガポール総攻撃』が上映される際には本別冊特集を劇場へお持ちになることをお勧め致します。そうすれば同作品のストーリーをより詳細に追うことができるでしょう」と記されている。現在の映画パンフレットに相当するものとして発行されたものではないかと考えられる。

この別冊は2ページからなっており、1ページ目の半分は映画の見どころについての紹介文が、2ページ目の半分は主題歌《走れ！日の丸銀輪部隊》の楽譜・日本語歌詞・ローマ字歌詞と監督島耕二のメッセージがそれぞれ掲載されている。残りの約1ページ分は、物語の背景となったマレー作戦についての解説文となっている。冒頭では、「1942年2月15日にかつてイギリスの要塞の島であったシンガポールが力強き日本の戦闘力に降伏したことで頂点を迎えるマレー作戦のすべてを記録した劇的なフィルム、それは日本の映画作品『シンガポール総攻撃』に鮮やかに描かれ、全マラヤの封切りはまもなく共栄劇場と昭和劇場にて」と記されている（傍点は原文では大文字で表記）。マラヤ最大の都市であるシンガポールで、イギリス軍を降伏させた日本陸軍の力を誇示するという目的が示されている。

映画の見どころを紹介した文章においては、10ヶ月に渡る現地ロケが行われたこと、敵の物質文明に対して日本の精神が勝利したこと、ストーリーは実際の戦記に基づいていることなどが述べられている。本文によれば、最大の見所はブキ・ティマの戦いとのことである。また、元

軍人が出演していることも強調されている。さらに、映画ではイギリス統治時代のマラヤと日本占領下でのマラヤが対照的に描かれており、日本の新秩序のもとで日本人・マレー人・インド人・華人・ユーラシア人の子どもたちが笑顔で楽しく遊んでいるということが記述されている。個々の登場人物の描写や作品の技術的・芸術的価値などよりも、日本による支配の正当性を主張することに重きが置かれていると言って良いだろう。

　監督である島耕二のメッセージにおいても、映画作品としての芸術的価値や技術的価値については触れられていない。島はまず「大東亜共栄圏の人々にカメラを通じて無敵の日本軍の真の精神を示すには、第一に良き日本人であること、第二に映画人であること」と述べている。そして、「『シンガポール総攻撃』を撮るにあたり単なる技術は十分ではなく、〔……〕真の日本人として国に奉仕する真摯な精神を仕事に捧げる」とも語っている。映像作品としての価値を訴えるというよりは、日本精神で日本の力を示すという点に力点が置かれている。

　1943年12月5日には「大東亜戦争2周年記念」として *Syonan Sinbun* で再び別冊特集 Movie Supplement が組まれた。9月11日のものと同様2ページからなっているが、1ページ目では12月5日に共栄劇場と昭和劇場で封切られた『愛機南へ飛ぶ』を取り上げ、2ページ目では同月帝国館で封切られた『翼の凱歌』を大きく取り上げたほか、住民を啓蒙する手段としての映画の意義について述べる記事などを掲載しており、これら両作品とも『シンガポール総攻撃』ほどは大きく扱われていない。なお、『愛機南へ飛ぶ』については開戦2周年記念週の期間チケットの価格が半額にされている。

　1ページ目、松竹の『愛機南へ飛ぶ』は、佐々木康監督、陸軍航空本部監修の航空兵礼賛映画であり、1943年9月に日本内地で公開されている［田中 1976: 139］。

　同作品の解説文ではまず、「本作品では、観客のみなさんは初めて偵察機の実際の活動をスクリーンで見ることになるでしょう。さらにその映像は、航空機制作過程から実際の敵軍との空中戦に臨む『荒鷲』の活動まで、日本が航空産業において偉大な歩みを遂げていることを実質的に示しています」と記されている。同作品の上映にあたって、日本の

「高度な」航空技術と航空部隊の活動を誇示することに力点が置かれていたことがわかる。

その後の解説文では、登場人物の能力と勤勉さ、そして何よりも強い愛国心が強調されている。また本文の終わりでは、日の丸が「平和、正義、正しさの象徴」とされており、日本精神の高揚が強く謳われていることがわかる。

2ページ目で取り上げられている『翼の凱歌』は、山本薩夫監督、外山凡平・黒澤明脚本による東宝の作品で、1942年10月に日本内地で公開されている。テスト・パイロットの生活を中心に、新鋭機隼号を登場させて、空中場面を豊富に取り入れた時局映画である［田中 1976: 97］。

同作品の解説文では、日本の航空戦での優位性が強調されている。作品の意義について述べている文章では、「大東亜戦争の一局面においてアメリカ空軍が誇っていた空飛ぶ要塞と呼ばれたB17一機が日本によって捕らえられました。『翼の凱歌』の一シーンでは、巨大な航空機と日本の戦闘機のスリリングな空中戦、そしてその『要塞』が撃ち落とされる様子が映し出されます」と始まる。そして、内容紹介の最後の段落では「大東亜戦争中、日本の荒鷲は厳しい空中戦の末、アメリカの空飛ぶ要塞B17を撃墜するという偉大な成果を挙げました」と、改めて日本の航空戦での「戦果」が強調される。

1943年12月5日のMovie Supplementで取り上げられた2作品については、いずれも航空戦における日本軍の「強さ」を誇示する形で紹介が行われている。登場人物の描写にも言及されているが、それらはいずれも命を国家のための戦争に捧げるという滅私奉公の軍国精神という点に集約されており、そうした日本の精神性の「正しさ」が強調される。映画作品としての芸術的価値や技術的価値よりも日本の精神や力を強調するという点において、これら2作品についての記事は『シンガポール総攻撃』を取り上げた記事と共通している。

これらの特集記事のほか、*Syonan Sinbun*においては英米の作品が禁止されてから、たびたび映画評論の記事 Movie Review が掲載されている。表2に筆者が確認できた記事一覧を示す。

表2 *Syonan Sinbun / Syonan Shimbun* に掲載された Movie Review

掲載日	内容	掲載日	内容
1943年8月31日火曜日	英国崩るるの日	1943年11月2日火曜日	スポーツの一年
1943年9月1日水曜日	英米作品禁止と日本映画について	1943年11月4日木曜日	漫画映画（桃太郎の海鷲）
1943年9月6日月曜日	田園交響楽	1943年11月5日金曜日	燃ゆる大空
1943年9月7日火曜日	田園交響楽	1943年11月6日土曜日	海鷲
1943年9月10日金曜日	田園交響楽	1943年11月12日金曜日	世界に告ぐ
1943年9月10日金曜日	田園交響楽	1943年11月25日木曜日	愛機南へ飛ぶ
1943年9月16日木曜日	文化映画（潮文化劇場）について	1943年11月29日月曜日	愛機南へ飛ぶ
1943年9月22日水曜日	シンガポール総攻撃	1943年12月3日金曜日	翼の凱歌
1943年9月23日木曜日	シンガポール総攻撃	1943年12月12日日曜日	青空交響楽
1943年9月24日金曜日	シンガポール総攻撃	1944年1月2日日曜日	決戦の大空へ
1943年9月25日土曜日	シンガポール総攻撃	1944年1月19日水曜日	決戦の大空へ
1943年9月28日火曜日	シンガポール総攻撃	1944年1月27日木曜日	鉄扇公主
1943年9月29日水曜日	支那の夜	1944年2月5日土曜日	ニュース映画について
1943年10月1日金曜日	支那の夜	1944年2月10日木曜日	海に翻る日章旗
1943年10月2日土曜日	支那の夜	1944年2月11日金曜日	陸軍航空戦記
1943年10月9日土曜日	南海の花束	1944年3月15日水曜日	南の願望
1943年10月14日木曜日	男	1944年3月16日木曜日	世界に告ぐ
1943年10月15日金曜日	青春の気流	1944年3月31日金曜日	新しき土
1943年10月16日土曜日	男	1944年4月1日土曜日	熱風
1943年10月20日水曜日	ニュース映画（潮文化劇場）について	1944年4月11日火曜日	あの旗を撃て
1943年10月26日火曜日	愛の一家	1944年4月12日水曜日	出征前十二時間
1943年10月27日水曜日	愛の一家	1944年4月15日土曜日	あの旗を撃て
1943年10月29日金曜日	愛の一家	1944年4月22日土曜日	海軍
		1944年5月17日水曜日	公衆衛生に関する文化映画について

　多くの場合、特定の作品に焦点を当てた批評となっており、また日本の劇映画が中心的に取り上げられていること、さらに一つの作品が複数回取り上げられることがしばしばあることが読み取れる。特に多く取り上げられているのが、『シンガポール総攻撃』（5回）、『田園交響楽』（4回）、『支那の夜』（3回）、『愛の一家』（3回）などである。文化映画やニュース映画については、題名が特定されているものは、1943年11月2日掲載の『スポーツの一年』（製作会社、製作年不明）、1944年2月10日掲載の『海に翻る日章旗』（文部省、製作年不明）、1944年2月11日掲載の『陸軍航空戦記』（日映、製作年不明）の3作品である。それ以外、1943年9月16日、1943年10月20日、1944年2月5日、1944年5月17日に掲載された文化映画・ニュース映画については、テーマ

が示されていることもあるものの（1944 年 5 月 17 日掲載：公衆衛生）、複数の文化映画・ニュース映画を取り上げたものであり、個々の作品についての解説はほとんどなされていない。これら映画批評記事の中心はやはり日本の劇映画にあると見ていいだろう。

　特に多く取り上げられた劇映画について見てみよう。1943 年 9 月 11 日に特集記事も組まれた『シンガポール総攻撃』がやはり最も多く 5 回取り上げられている。本作品を大々的にシンガポールにおいて宣伝しようとする方針がうかがえる。5 回の評論のうち、最初の 3 回が映画のストーリーについて説明している。その中で強調されているのはマラヤがイギリスの手から日本の手にわたって平和と調和がもたらされたこと、そして日本軍の力が敵を圧倒したという点である。最後の 2 回については、9 月 24、25、28、29 日に共栄劇場において同作品の上映前に開催された昭南放送楽団によるコンサートについての解説文である。そこでは日本精神を高揚する目的で《愛国行進曲》、《大南方軍の歌》そして映画の主題歌である《走れ！日の丸銀輪部隊》などが演奏されたようである。

　1943 年 9 月 23 日公開の『シンガポール総攻撃』に先立って 1943 年 9 月 9 日には共栄劇場と昭和劇場において『田園交響楽』が上映されており、同作品について 4 回にわたって評論が掲載されている。同作品は、フランスの作家アンドレ・ジッドによる盲目の少女と牧師の物語を、北海道に舞台を移し、原節子演じる盲目の少女雪子とクリスチャンの小学校校長日野東作一家の物語として描いたものである。アーノルド・ファンク監督の『新しき土』に出演し、ドイツからアメリカまでの洋行から帰国した原節子を、東宝が監督山本薩夫に撮らせた作品である。日本内地では 1938 年 6 月に公開されている。

　同作品は 1943 年 9 月 6 日から同月 10 日にかけて 4 回にわたって評論されている。最初の評論は「魂を揺さぶる日本作品」との副題で、作品の内容について紹介している。特徴的な点としては、東作が雪子を引き取ったことを「課せられた任務」と表現し、それを賞賛する評論をしている点が挙げられる。この表現は小見出しにも使用されている。9 月 7 日以降の 3 回は、出演者の演技や映像作品としての出来の良さを賞賛する記事となっている。特に、盲目の少女雪子を演じた原節子について

は「傑出した演技」と評されている。原節子はこの後、シンガポールでも上映されることになる『指導物語』(東宝、1941年)、『ハワイ・マレー沖海戦』、『決戦の大空へ』(東宝、1943年)、『望楼の決死隊』(東宝、1943年)において「軍国の女神」とも言える役柄を演じている[四方田 2011: 80-96]。

1943年9月29日から10月2日にかけて、3回にわたって『支那の夜』が取り上げられている。『白蘭の歌』(東宝、1939)、『熱砂の誓ひ』(東宝、1940)とともに李香蘭の「大陸三部作」の一つとされ、他の二作と同様に、「大陸に派遣される日本人青年と恋に落ちる中国人女性」を描いた「常套的なメロドラマ形式」の作品である[晏 2010: 100]。日本内地では1940年6月に公開された東宝作品で、監督は伏水修、日本人青年を長谷川一夫、中国人女性を李香蘭が演じた。同作品は、「アメリカ映画的」であるとして日本内地における南方映画工作論ではしばしば批判の対象となっていた[「大東亜戦争と日本映画南下の構想 座談会」]。

9月29日と10月2日は物語の解説を、第2回となる10月1日は出演する李香蘭と長谷川一夫を副題にあげて強調しつつ、映像作品としての価値について述べている。物語の解説では、同作品が恋愛物語であることを強調しつつも、日本と中国が文化を共有している点や「日本の理想や日本の真摯な善意」が長谷川一夫演じる船員によって表現されている点などに特に言及している。ここで興味深いのは、物語の解説の際に、エキゾチックな上海の華美な夜、そしてキャバレーのジャズの音色などに言及して紹介している点である。こうしたアメリカニズムを想起させる文化的要素はシンガポールにおける文化政策やプロパガンダにおいて厳しく批判されてきたものであった。また、それらは日本内地においても同作品を批判する際の根拠となっていた。

1943年10月26日から29日にかけては、3回にわたって『愛の一家』が取り上げられている。1941年9月に日本内地で公開されたこの日活作品は、ドイツの児童文学作家アグネス・ザッパーの作品を原作とし、春原政久監督によって日本を舞台とする作品として製作された。ある音楽家一家の日常を描いた作品である。

記事では、単に家族の愛情の物語が語られるのではなく、教育的な作

品として紹介されている。10 月 26 日には「人生の試練と苦難がいかにして克服されるかを示した作品」として紹介され、10 月 27 日と 29 日には「教育的な映画」として取り上げられている。また、27 日の記事に記された解説では、両親が「帝国の有用な市民として子どもたちを育て上げる」物語として語られ、一つの家族の物語が国家や帝国の物語に昇華した形となっている。この作品の共栄劇場と昭和劇場での上映にあたっては、子ども料金が無料となった。

　新聞で特集記事が組まれたり、数回にわたって批評記事が掲載されたりした作品の多くは、日本占領期間中たびたび上映されたが、それらの作品の他にもたびたび上映されるものがあった。筆者が確認した限りで、延べ 5 週以上上映された映画は上述の作品も含め、以下の通りである（五十音順）。『愛機南へ飛ぶ』（6 週）、『愛の一家』（5 週）、『愛の世界』（東宝、1943、5 週）、『あの旗を撃て』（東宝、1944、6 週）、『英国崩るるの日』（大映、1942、6 週）、『男』（東宝、1943、6 週）、『海軍戦記』（5 週）、『結婚命令』（大映、1943、5 週）、『支那の夜』（6 週）、『シンガポール総攻撃』（6 週）、『姿三四郎』（東宝、1943、7 週）、『青春の気流』（東宝、1942、6 週）、『戦ひの街』（松竹、1943、7 週）、『翼の凱歌』（5 週）、『田園交響楽』（7 週）、『奴隷船』（大映、1943、5 週）、『南海の花束』（東宝、1942、7 週）、『西住戦車長伝』（松竹、1940、5 週）、『二刀流開眼』（大映、1943、5 週）、『母子草』（松竹、1942、5 週）、『萬世流芳』（中華、1942、5 週）、『望楼の決死隊』（5 週）、『微笑の国』（日活、1942、5 週）、『若き日の歓び』（東宝、1943、5 週）である。映画上映の詳細については不明な点も多く、新聞紙面から読み取れる情報には限界があるが、おおよその傾向はつかめるのではないかと考えられる。日本軍を取り上げた文化映画や戦争を題材とした劇映画が多いものの、必ずしも時局を反映したとは言えない作品も見られる。

　1943 年 9 月以降、日本映画がシンガポールの映画興行の中心となると、『シンガポール総攻撃』など南方占領地を舞台とした作品や、『翼の凱歌』など日本軍の力を誇示する作品が多く紹介されるようになった。一方で、『田園交響楽』や『支那の夜』、『愛の一家』など戦争を直接描いていない作品も大々的に新聞紙上で紹介され、たびたび上映されているが、これらの作品についても、日本人の精神性を強調したり、国家や帝

国の物語と結びつけたりするなど、現地住民の教化を意識した解説がなされていると言える。

第4節　南方映画工作の中の「昭南島」：特徴と受容

　シンガポールにおける日本の映画工作・映画興行はどのような性格を持つものだったのであろうか。1942年秋に策定された南方映画工作の方針と関連、そして現地での受容について考えてみたい。

　日本内地で策定された南方映画工作の方針によれば、映配が現地での映画興行を管理し、その後に対外映画選定委員会によって選定された映画を上映することになっていた。対外映画選定委員会によって選定された映画の一覧と実際に上映された映画、また特集記事や評論が新聞に掲載された映画を対照させると以下のことがわかる[4]。まず、選定映画について、劇映画57作品のうち、最低でも32作品、つまり少なくとも56%は実際にシンガポールにおいて上映された。1945年の上映内容など新聞からは読み取れない情報もあるので、実際にはさらに多くの選定映画が上映された可能性も大いに指摘できる。

　しかし、シンガポールにおいて大々的に新聞で紹介されたり、何度も繰り返し上映が行われたりした映画は選定映画ばかりではなかった。もちろん、非選定映画の中には香港陥落を扱った『英国崩るるの日』や南方進出を描いた『南海の花束』など、時局や地域性を反映させたと考えられる作品も含まれる。だが、『愛の一家』や『田園交響楽』のように日本軍の力や戦争の正当性を訴えるものではない非選定作品も多く上映されているばかりか、日本内地の映画興行や南方映画工作に関する議論でたびたび批判の対象となっている『支那の夜』なども繰り返し上映され、また新聞でも大きく取り上げられている。さらに、南方の住民に日本の「近代性」に関して誤解を与えかねないとされていた時代劇[5]である『二刀流開眼』も繰り返し上映されている。

　もっとも、そうした作品であっても、新聞で紹介される場合は現地住民の教化に沿う形で解説がなされている。「外地」で比較的受けが良かったとされる『支那の夜』や南方の観客に理解されると言われてきた

チャンバラものなどを出すにあたって、日本の精神性を示すという体のいい理由をつけただけとも考えられるが、あくまでも筆者の推測の域を出ない[6]。

　一方で、現地住民は日本側の映画工作についてどのような態度を示していたのであろうか。シンガポール国立文書館のオーラル・ヒストリー・コレクションに収められたインタビューの中には、当時の日本の映画工作についての証言がある。その中で特徴的なのは、当時上映された映画について題目がほとんど言及されていないことである。時間の経過による忘却とも考えられるが、戦時期の日本映画の印象はその時間の経過に耐えうるものではなかったのかもしれない。唯一、『支那の夜』について言及している証言が確認できるが、音楽について語った個所でのことであり、映画そのものを想起しての証言かどうかははっきりしない。また、映画に関する証言で最も多く言及されるのが日本のプロパガンダ映画である[7]。ここでは、戦争や日本の支配の正当性を示すものばかりが言及され、日本の近代性や文化については言及されない。どの証言においても映画の題目が特定されていないので、これらが文化映画か劇映画か、またそれぞれの作品の前に上映されたニュース映画かはわからない。しかし、少なくとも戦時期の映画についての記憶の多くが日本のプロパガンダというイメージによって支配されていることは確かであろう。その他、少数ながら日本の漫画映画[8]、「古い中国映画」[9]についての言及がいくつか確認できる。当時は娯楽が少なかったようで、高価な娯楽ではない映画には多くの観客が詰めかけたようである[10]。また、学校での授業が満足に行われず、クラスで映画を毎週見に行ったという証言もある[11]。現地住民にとって、戦争を扱ったり、日本の支配の正当性を示すプロパガンダ映画の印象が圧倒的に強かったことがわかる。

　シンガポール映画史における記述では、戦時期に見られた溝口健二、小津安二郎、黒澤明らの作風が1950年代から60年代のシンガポールにおける映画製作の技法にわずかながら影響を及ぼしていると言われている［Uhde and Uhde 2010: 3］。しかし、少なくとも上映された映画について現地住民に対して発せられた宣伝文句は、その芸術性や技法の素晴らしさではなく、日本軍の力や日本人の精神性、国家や帝国の住民としてのあるべき姿であった。

シンガポールにおける映画工作は、必ずしも日本内地の南方映画工作の沿ったものではなかった。それは、現地側の判断によって行われたものとも考えられる。しかし、実際に現地においては日本の映画工作や上映された日本映画のプロパガンダ性が特に強調されて記憶されている。

おわりに

日本占領下シンガポールでの映画工作・映画興行について、限られた情報によるものながら、いくつかの点が明らかになった。第一に、1943年8月31日に英米作品が上映禁止になるまで、シンガポールにおける映画興行の多くを占めていたのが、戦前からあったアメリカ作品であったこと、第二に、日本の劇映画は、英米作品上映禁止まで一般向けには多く上映されておらず、英米作品の禁止とともに急に映画興行の中心となったこと、第三に、シンガポールで上映された日本映画は日本軍の力を誇示するものか、日本人の精神性を強調するなど現地住民教化の解説を伴ったその他の作品が多いこと、そして、シンガポールにおける映画工作は必ずしも日本内地の政策と一致するものではなかったということである。

ここで指摘できるのは、圧倒的なアメリカ作品の強さである。日本が占領した3年半のうち、半分近くの期間、シンガポールの劇場ではアメリカ作品が多く上映されていた。占領を開始して直ちに日本映画を全面的に放映するほど、日本映画には量的にも質的にも力がなかったとも言える。実際、少なからぬ日本人が南方映画工作にあたってアメリカ映画の強さと日本映画の貧弱さを語っている[12]。

英米の作品が禁止された後も、映画におけるアメリカ的要素や西洋的要素が全く排除されたわけではない。シンガポールにおける映画興行で特に強調された作品の一つが、そのアメリカニズム的要素を強く批判された作品『支那の夜』であった。また、フランスの文学作品をもとにした『田園交響楽』や、ドイツの文学作品をもとにした『愛の一家』も特に大々的な宣伝を伴って上映された。

このようにして行われたシンガポールでの映画工作・映画興行ははた

して南方占領地における社会教育の機能を果たしていたのであろうか。モデルとしての日本の近代化はそこで効果的に示されたのであろうか。この点については情報が限られており、歴史学的にはわからないという判断を下すしかない。しかし、そこに推測を含めれば、それらの疑問には極めて疑わしいと答えることができよう。現地の人々が記憶している戦時期の映画の印象は、戦争を題材としたプロパガンダである。人々の印象の中に日本の近代性や文化を植え付けることに成功したとは言いがたい。

イギリス植民地としての歴史を持つ近代都市シンガポールと、同地のスクリーンを席巻していたアメリカニズムの前に、日本の近代化モデルを示そうとする映画工作は当初より限界をはらんでいたのだと言えよう。

付記：本校作成にあたっては、南方映画工作について独自に調査を行っている以下のウェブサイトを参考にし、筆者が改めて調査を行った。ウェブ上で情報を共有していただいた両氏には記して感謝したい。
「模型慕情：南方映画史メモ」
　http://tokyostory.exblog.jp/i58/（2017 年 2 月 5 日最終アクセス）
「まぜるなきけん：原びじつかんへ再び行ってきました　補遺」
　http://senkichi.blogspot.jp/2011/08/blog-post_14.html（2017 年 2 月 5 日最終アクセス）

【註】
1　国立公文書館所蔵「南方映画工作要領ニ関スル件」（内閣情報局　情 00062100）。また、同要領については太田弘毅による研究がある［太田 1989］。
2　1942 年 4 月 5 日の上映会では娯楽作品ではなく、各現地語の吹込みによる日本紹介の映画であった。『日本の瞥見』、『留日華僑の生活』、『日本海軍の偉容』などのタイトルから文化映画であったと考えられる。当日の詳細については北町一郎［1942: 13］の記述を参照。
3　『映画旬報』1942 年 5 月 1 日号の「南方通信」によれば、日本軍がシンガポールに入ってから押収したフィルムは劇映画 2146 本、短編 2169 本、ニュース映画 642 本に上る［同盟通信 1942: 38］。
4　選定映画の一覧については『日本映画』改新 12 号に掲載された「対外映画

選定委員会選定映画一覧表」(436-438 頁) を参照。
5 日本の映画統制に関わった内閣情報局の不破祐俊は、日本がスクリーンの中のような状態であると誤解されることを防ぐため、時代劇は「絶対に排撃したい」と述べている [「大東亜戦争と日本映画南下の構想 座談会」: 1942]。
6 映配現地社員からは、南方占領地の実情を理解しない日本内地における映画製作や映画批評に対する不満が表明されており、対外映画選定委員会の不要論も語られている [「南方映画工作の現段階 座談会」: 1943]。それゆえ、日本内地の方針とは異なった方針で映画興行を行っていた可能性は大いにある。
7 「みんなプロパガンダだった」という証言も見られる [Marcus, Philip Carlyle, Accn. No. 000183, p. 50]。
8 Tan, VTC, Accn. No. 000483, p. 32.
9 「彼ら (日本人) が全部上海で作って日本語で複製したもの」とあるので [Chia, Felix, Accn. No. 001553, p. 30]、おそらく『支那の夜』、『萬世流芳』などを指しているか。
10 Chia, Felix, Accn. No. 001553, p. 30.
11 Tan, VTC, Accn. No. 000483, pp. 31-35.
12 村尾薫 [1944: 7] はディズニー映画の技術的優秀さに大いに感心を示しており、また、徳川夢声 [1943: 65] は「日本の娯楽映画で、現在そのまま現地人に見せられる作品が、一体どのくらゐ有るか〔……〕そのまま見せられる映画は、恐らく一本もないのかもしれない」と日本映画に対する不安を表明している。

【参考文献】
Syonan Times / Syonan Sinbun / Syonan Shimbun
Uhde, Jan and Yvonne Ng Uhde. 2010. *Latent Images: Films in Singapore*. Ridge Press.
晏妮. 2010.『戦時日中映画交渉史』岩波書店.
市川彩. 1941.『アジア映画の創造及建設』国際映画通信社.
太田弘毅. 1989.「陸軍南方占領地の映画製作——ジャワの場合を中心に——」『政治経済史学』276: 29-49.
加藤厚子. 2003.『総動員体制と映画』新曜社.
北町一郎. 1942.「昭南と映画」『映画旬報』1942 年 7 月 1 日号: 13-15.
田子内進. 2012.『インドネシアのポピュラー音楽ダンドゥットの歴史: 模倣から創造へ』福村出版.
田中純一郎. 1976.『日本映画発達史 III: 戦後映画の解放』中公文庫.
田村幸彦. 1942.「マレーの映画界」『映画旬報』1942 年 10 月 1 日号: 23-24.
———. 1943.「南方映画工作の現状」『映画旬報』1943 年 4 月 11 日号: 67-69.
土屋齊. 1942.「南方映画事情」『映画旬報』1942 年 4 月 1 日号: 22.
寺崎浩. 1943.「マライで見た映画」『映画評論』1943 年 4 月号: 16-19.
同盟通信. 1942.「南方通信」『映画旬報』1942 年 5 月 1 日号: 38.
徳川夢声. 1943.「昭南映画界管見」『映画旬報』1943 年 4 月 11 日号: 63-66.
村尾薫. 1944.「南方から見た日本映画」『映画評論』1944 年 7 月号: 5-7.

四方田犬彦 . 2011.『李香蘭と原節子』岩波書店 .
「対外映画選定委員会選定映画一覧表」. 1944.『日本映画』改新 12 号 : 436-438.
「大東亜戦争と日本映画南下の構想 座談会」. 1942.『新映画』1942 年 2 月号 : 34-45.
「南方映画工作 座談会」. 1942.『映画旬報』1942 年 10 月 1 日号 : 15-22.
「南方映画工作の現段階 座談会」. 1943.『映画旬報』1943 年 7 月 1 日号 : 19-25.

〈シンガポール国立文書館オーラル・ヒストリー・コレクション（transcript）〉
Chia, Felix, Accn. No. 001553. In English.
Marcus, Philip Carlyle, Accn. No. 000183. In English.
Tan, VTC, Accn. No. 000483. In English.

南洋群島の公学校教育における「文明化」「近代化」
—— その1　第四次『国語読本』編纂背景・
「文明化」の変容を考える ——

小林茂子＊

はじめに

　本稿では、その1で第四次『国語読本』編纂の時代背景を未発行の第五次本までを視野に入れて論じる。その2では第四次本の教育内容について第三次本との比較をとおして分析、考察する。

　第一次世界大戦開戦後、日本は当時ドイツ領であった赤道以北の太平洋諸島を占領し、海軍による統治を行った（1914-1922年）。1919年国際連盟はこの地域を、日本を受任国とするC式委任統治地域に指定した。これを受けて日本は1922年4月にパラオ諸島コロール島に南洋庁を設置して、委任統治行政を開始し、1935年に連盟を脱退した後も第二次世界大戦の敗戦まで統治した（1922-1945年）。日本は軍政から数えて約30年間この地域を支配した。

　受任国は現地住民の物質的・精神的幸福の増進、地域の安寧秩序の維持、軍事訓練及び軍事基地建設の禁止などのほか、さらに年次報告書を国際連盟の常設委任統治委員会（Permanent Mandates Commission）（以下、P.M.C.と略記）に提出する義務を負っていた。つまり、委任統治受任国には、「未ダ自立シ得サル人民」の「文明化」が課せられていたのであり、南洋群島は台湾や朝鮮のような日本の領土ではなかった。

　ここでいう「文明」とは西洋近代文明のことであり、「文明化」には「野蛮」から西洋近代文明へと導くというベクトルが内在されていた。こうした「文明化」と「植民地的近代」との関わりについて、駒込武は次のように述べている。

＊中央大学非常勤講師

「重要なことは、西洋近代文明の構成要素とされたものの中で実際に普及したものと、普及が抑止されたものとの間に大きな不均衡が存在してことである。このアンバランスこそが「植民地近代」を特徴づけるものとなる。植民地において被支配者は経済的には容赦なくグローバルな資本主義システムに巻きこまれながら、政治的には従属化を運命づけられた状態に置かれた。」[1]

　南洋群島において、日本は当初から現地住民を「非文明人」とみなしており、委任統治受任国として「文明化の使命」を負っていた。しかし法・制度上では原則として国籍を与えず、現地住民を劣位の地位においた。経済的には自給自足のみでなく貨幣経済は浸透しつつあったが、燐鉱採掘など日本人主導の経済開発を補助する労働者として、あるいは役所の給仕や日本人商店の雑用といった、あくまでも日本人の利潤追求のための末端労働力としてであり[2]、現地住民はグローバルな資本主義経済システムの外におかれていたといえる。そしてさらに日本は、非西洋の文明国として委任統治を受任しており、西洋文明国と同等の地位と評価を得るために、国際社会にその統治能力を積極的にアピールする必要があった。

　このようにみると、南洋群島における「近代」には駒込が指摘したような、台湾やその他の植民地研究にみられる「植民地的近代」とは異なる側面を有していたといえるであろう。南洋群島の委任統治における「文明化」「近代化」、すなわち「委任統治的近代」ともいうべき独自性が認められるのである。この「委任統治的近代」において教育はどのような意図をもって行われたのであろうか。その具体像を南洋庁から発行された現地児童向け教科書『国語読本』を手がかりに考えていきたい。『国語読本』の内容については本稿その２で詳述するが、特に第四次発行（1937年）の背景には、日本の国際連盟脱退という政治的動向が影響している。連盟脱退により南洋群島の領土化はより進んだと考えられ、第三次（発行1932年）と第四次の『国語読本』の内容変化を捉えることで「委任統治的近代」に内在する教育的な意味がより鮮明に探れるのではないかと考えた。第四次『国語読本』に注目した所以である。

　以上のような問題意識に関わる主な先行研究では、南洋群島の教育を

論じたものとして、まず宮脇の教科書研究[3]をあげることができる。宮脇は『国語読本』を復刻し、国定教科書との比較をとおしてその異同を論じた。また、教育政策を中心に南洋群島の教育を論じたものに、矢内原[4]、ピーティ[5]、今泉[6]、須藤[7]などの研究がある。しかし、これらの研究は教科書の編纂と教育政策をそれぞれ別個に論じており、教科書の記述内容と教育政策の内容との関連性について直接問うことはなかった。また、教科書編纂時期による差も論じられていない。本稿ではこうした先行研究に対して、委任統治政策の取り組みが教科書のなかでどのように表出されているか、その記述内容に着目し、「委任統治的近代」の実相とその教育的意図について考察することを課題とする。さらに、発行には至らなかった第五次本の編纂構想、戦時体制下での教育と現地住民の動向をみることで、第四次本以後の状況も視野に入れて「委任統治的近代」の意味を敷衍的に考えたい。

第1章　南洋群島における現地住民の捉え方

1-1　法・制度上の規定と教育制度

　南洋群島の「土着民」の法律上の地位は、1934年度委任統治年報において次のように定められている。

　　「統治地域ノ住民ハ之ヲ島民（"Inhabitants of the islands"）ト称シ日本帝国臣民トハ其ノ身分ヲ異ニス而シテ帰化、婚姻等其ノ意思ニ依ルノ外日本帝国臣民タルノ身分ヲ取得スルコトナシ」

　つまり、南洋群島の現地住民は、日本帝国憲法上の臣民ではなく、帰化や婚姻等により、「正規の手続を履まなければ、日本帝国臣民たる身分を取得することが許されない」[8]とされた。

　したがって、現地住民には「国民教育を施さず」[9]、日本人の教育と分けて別の教育体系を制定した。この点について、「之は島民に対し教育上の差別的待遇を為すものでなく、日本人に対する国民教育と、特殊の地位にある島民に対する教育とは、其の根本趣旨に於て差異があるの

を認めるからに他ならない」[10]、というのが南洋庁側の見解であった。

　南洋庁時代、現地児童の教育は日本人児童とは別に、「南洋庁公学校規則」（1922年）が定められた。公学校は「生活ノ向上改善ニ必須ナル知識技能ヲ授」け、入学年齢が満8歳以上、修業年限3年の「国語ヲ常用セサル児童ニ普通教育」を施す所とした。また、各支庁所在地の6公学校には、修業年限2年の補習科が設けられた。卒業後本科から補習科へ進んだ者は、2割から3割ほどであった。現地児童に対する中等普通教育機関はなく、公学校補習科を卒業した16歳以下の男子に対し、修業年限2年の木工徒弟養成所（1926年）があるのみであった。ここに入学できるのは、各島から選抜された少数の優秀者だけであった[11]。1939年4月現在、公学校は26校あった（『南洋庁統計年鑑　昭和十四年』）。

　しかし、公学校を卒業しても就ける職業は限られており、男子は最高のものとして巡警、助教員、南洋庁や支庁のボーイくらいであり、そのほか荷役人夫、農場の日雇い労働、商店の小間使いなどの仕事しかなかった。女子は、病院での看護補助や日本人家庭のメイド、店の売り子などのほかに就職の機会はなかった[12]。

1-2　企業家、学者、教師の現地住民観

　南洋群島の産業の中心は製糖業であり、南洋興発株式会社がサイパン島、テニアン島、ロタ島において独占的な製糖事業を展開していた。南洋興発の経営の特質の一つは、その労働力がほとんど日本人移民（平均して6割くらいが沖縄移民）であったという点である。台湾糖業はほとんど現地住民である本島人が担っていたのとは対照的である。

　南洋群島の現地住民には、スペイン系の混血であるチャモロとそれ以外のカロリニアンがいた。チャモロはキリスト教の感化をうけ、衣食住ともに西洋化していた。一方カロリニアンは、「文化の程度」が低いとされた。現地住民といっても居住地域、生活・文化の慣習は異なり、日本の教育に対する受容は一様ではなかったと思われる。

　南洋興発株式会社の創業者である松江春次は、現地住民に対し、次のような見方をしていた。

　　「島民は緑陰月明を踊り暮し歌ひ明して今日に至り、完全な惰民と

なり終わつて居るのである。…科学的に正規な産業労力の列伍に加
へる様にすることなどは、頗る困難なことで、…（以下略）」[13]

つまり、現地住民は近代産業の労働力としては使えないと当初より判
断していたのである。
　また、矢内原忠雄も南洋興発株式会社が現地住民を使用しないのは、
社会的理由より技術的理由によるとして、次のように述べた。

「島民は元来賃銀労働者を知らない。（中略）時間勤務の規則的継
続的労働に適せず、…継続的規則的労働の供給を島民より期待する
は尚更困難である。」[14]

現地住民の能力を低位なものと捉え、産業における労働力とはみなさ
ず、また、訓練をして労働力として組み入れようとする考えもなかった。
教育においても現地児童の行動・性格を日本人教師の多くは、「記憶力
はあつても忘れ勝なのか、それとも人間が狭いのか今日した事でも明
日は忘れてしまふ。維持心が全く無い」[15]などといった見方をしていた。
このように現地住民の「無知で怠惰」な「人間以前」の段階を、「人間」
の状態に引き上げる「人間化」がまず必要とされた。そこに「文明化」
の使命があるとされ、委任統治の政策が進められた。

第2章　委任統治政策の「文明化」と実際

2-1　連盟提出の「年次報告書」の内容
　それでは、委任統治の状況は、国際連盟のP.M.C.に提出された年次
報告書では、どのように記されていたのだろうか。
　ここでは、今泉の論文に依拠しつつ述べる。P.M.C.は国際連盟理事
会の下部組織で、委任統治の監督機関であった。審査は、詰問や厳しい
追及は行われなかったが、真摯な議論が重ねられたという[16]。また委任
統治条項の遵守には、強制や罰則はなかった。年次報告書とは、「日本
帝国委任統治地域行政年報」との名称で、1920年から1938年まで毎年

日本政府が作成し国際連盟へ送付した。P.M.C. の審査は大部分これに依拠して行われた。

　行政報告書の項目は、行政、法制、産業、交通、労働、教育、医療、軍事等多岐にわたるが、今泉は1926年度から設けられ、内容が大幅に変更された「島民ノ福祉」の章に着目する。この章は、「福祉増進ニ関スル施設」と「直接島民ノ為ニスル経費」の2項目から構成される。特に前者の項目は、1) 教化・教育政策の①公学校教育の浸透拡大、②首長など有力者に対する部落「改善」の奨励、③産業の奨励と、2) 医療・衛生政策の④現地住民部落の「改善」施設の設置、⑤社会団体による福祉活動、に大きく分類される。こうした独立した章として掲載されたのは、日本が積極的に主張する政策であったと考えられるとしている[17]。

　このようにみると「島民ノ福祉」の章の「福祉増進ニ関スル施設」のうち、学校における教育活動に関する記述で、直接現地児童に関わり、『国語読本』に見られる「文明化」の意図と関連性がみられるのは、③と④といえるのではないか（①は公学校卒業生についての記述、②は首長などの有力者について、⑤は社会団体の活動についてである）。つまり、③産業の奨励では、農業について農産物品評会や農産物に関する内容が教科書に載せられており、これらを知識として知り、実習作業をとおして広く伝えることで、農業への関心を高め、生産量の向上を少しでも図ろうとし、④現地住民部落の「改善」施設の設置では、住居や洗濯場、便所の設置などの衛生面、あるいは時鐘の設置などによる生活面の改善などが教科書で説明され、これらの内容を知ることで生活向上を図り、「文明化」へと導こうとしたのではないかと考えられる。

　では、実際現地住民の生活はどうだったのか。それに対し、どのような取り組みが見られたのか。次項では④の衛生面の生活改善を中心に「文明化」の実際についてみていく。

2-2 「文明化」の実際と教育的取り組み

　衛生面については、その2で詳述するように第四次本のなかで「洗濯」の仕方、「石鹸」の使い方などを教えている。しかし、実際の児童の生活はどうだったか。

　パラオのある公学校の教師は、「着物を着せよと学校からせめられる

と、一枚の着物を買つて着せるはよいが（女子は今では裸の者は絶無であるが）其の着物が垢付き汚れ汗づいて汚点が出来ても、洗つてやると言ふ親切な母はなく、汗と垢とで幾度か変色する、臭気は教室に瀰漫する」といった様子を述べている[18]。南洋庁も島民改善奨励金を使って、家屋の改造や共同洗濯場の設置、生活改善の講習会を開いたりするが、急速な効果は期待できないとした[19]。

こうした現状のなか、マキ公学校教師・田中準一は洗濯を実際に次のように教えた。児童たちを近くの川へ連れて行き、
「まずぼくが自分のシャツを脱いでパンツ一枚になり、シャツを一旦水に浸して石鹸をこすりつけ、両手でクシャクシャ洗って見せる。（中略）／何しろ彼等は初めての経験故、…ワイワイ騒ぎながら洗い始めた。彼等に洗濯の経験がないのは無理からぬことだ。学校にいる時間以外は、年中褌一本で暮していて、その褌も汚れて破れるまで洗うことはなく、使用に堪えなくなると新しいものと取替えるらしい。（中略）／『さあ各自洗ったものを絞るのだ。絞り方はこうやるのだ、よく見ておけ』ぼくは自分のシャツを取りあげて絞って見せたが、これは洗う以上に彼等にとって難作業らしい」[20]と、実演しながら教えていった。

こうした実践がどれほどの学校で行われたかはわからないが、衛生上の生活改善は『国語読本』を読んで教えただけでは、容易には子どもたちに伝わらないことがたくさんあったのではないだろうか。

衛生面の住居改善についても、例えば現地住民は昔から、海岸や草むらの中に排便をする習慣があり便所をつくることはなかった。特に海辺では引き潮のときに砂浜などで用を足しておけば、満潮がもっていくので「海水便所」は便利だった[21]。伝染病を恐れた南洋庁は、これを改善するために、島民改善奨励金または補助金を交付して共同便所を建設し、その使用を勧奨してきた。「かくてサイパン島海岸の如きは、排便するものなきに至り、…一般邸宅内に便所を設くるものを見るに至つた」[22]との報告がある。しかし、地域によって差がみられ、例えばヤップ島の医師は、「支庁では適当な村に立派な共同便所を設備してやつても、誰一人之を使用する人はありません」[23]といっている。また、ポナペの公学校教師は、何度注意しても学校の便所を使わず、裏山で用を足す子どもたちを見て、日本人の道徳観にあてはめてはだめだと悟り、「彼等の

生活風習の中から、求め来つて（近づいて－引用者注）導く可きだと気付いた」[24] と述べている。蚊や蝿の駆除につながる便所の使用などの住居改善は、掃除や洗濯同様すぐに変えることは難しかったであろう。しかし蚊や蝿は病気の原因となり、日本人移民の健康にも大きく影響するため医療・衛生対策として力を入れられた。

　学校衛生については、1926年に学校医設置規定を設け、各小学校、公学校ともに南洋庁から任命された校医をおき、各小学校、公学校は毎年1回児童身体検査を行った。そのほか寄生虫駆除検査や救急薬品の配置なども各小学校、公学校で実施された。学校衛生に関しては、実施状況、校医の配置、検査の記録などにより改善が確認できる[25]。これは増える日本人児童への教育対策のひとつでもあり、そのため学校衛生は比較的取り組みは進んだものと思われる。

　このように「文明化」、とくに生活の改善については学校でも教えられ、南洋庁でもその取り組みが推進されたが、実際には容易に進められなかったであろうと思われる。日本人移民が多く在留するサイパン島やテニアン島、あるいはパラオ諸島と、そのほかの離島の島々とでは地域差が大きかったのではないか。また、チャモロとカロリニアンの間でも改善の程度に違いがあったろうと考えられる。

第3章　未発行・第五次本と戦時体制

3-1 第四次本発行前後の時代状況

　1938年国家総動員法が南洋群島にも適用されることにより、日本は連盟との協力関係を終止することを決定し、年次報告書の提出も1938年度をもって打ち切られた[26]。

　一方、1934年「南洋群島開発調査委員会」が拓務省に設置され、連盟脱退以後の南洋群島の統治・経営に関する基本方針が審議され、翌年拓務大臣に答申書が提出された。この答申に基づいて、日本はその後の南洋群島統治を進めることとなった[27]。この答申は主に5つの分科から構成されている。このうちのひとつである「南洋群島統治方策」では、現地住民に関して「島民撫育方策」が示されており、「島民ヲシテ普ク

皇化ニ浴セシメ」、「益々帝国ニ依倚スルノ意識ヲ強固ナラシムル」と述べられている。この方策なかで特に教育に関連がある条項としては、

・「学校教育及社会教育ヲ普及徹底セシメ…国語ノ普及ト職業教育ノ徹底ニ留意スベシ（以下略）」
・「島民旧来ノ悪風習ヲ漸次改善シテ勤労愛好ノ精神ヲ涵養シテ以テ群島ノ経済的開発ニ資セシムベシ（以下略）」

といった部分であろう。

　こうした方針は、「委任統治時代の政策が全面的かつ急激に改変されたのでなく、それを強化、発展させるものとなった」[28]と言われている。その２でみるように第四次本の内容についてもそうした傾向が指摘できる。その後第五次『国語読本』の編纂計画が立てられた。「今や大東亜共栄圏の確立は皇国必須の国是となり、島民に対する国語の普及徹底と皇民化とは一層緊要事となつた」[29]との認識からである。そのとき教科書の編纂に当たり、教科書編修書記として南洋庁に任ぜられたのが、作家・中島敦であった（写真1）。

　中島が南洋群島に滞在したのは、戦争勃発をはさんで1941年6月28日から翌年3月17日までの8か月余りであった。短い滞在期間であり、帰国後中島が辞表を提出し、また戦局の悪化により第五次本は実際には発行されることはなかった[30]。しかし、この短期間に中島は全島をまわり、現場の公学校教師から教科書についての聞き取り調査を行っている。

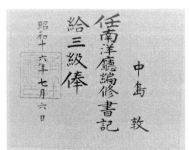

写真1　編修書記任命辞令（左）と依頼免職辞令（右）
（出所：川村湊『中島敦　父から子への南洋だより』集英社、2002年、p.1とp.238）

『中島敦全集3』（筑摩書房、2002 年）所収の「昭和十六年使用のポケット日記」（pp.437-452）や「断片二十三」（pp.361-363）には、聞き取りの際に取ったメモや第四次本に対する中島のコメントなどが記されている。それらを読むことにより、断片的だが、中島がどのような第五次本を構想していたのか、その輪郭をしることができる。こうした資料を手がかりに次項では、中島の第五次本の構想をみていく。

3-2　未発行・第五次本の構想

　その2で詳述するごとく、第四次『国語読本』は本科用 6 冊、補習科用 4 冊が発行され、「道徳」「歴史」「地理」「理科」「文学」（「韻文」「散文」）「生活」「公民」の 7 種の方面から構成された総合的な教科書であった。「国語」以外のそのほかの「修身科」「算術科」「地理科」「理科」などについては「教授要目」だけが制定され、教科書が作られなかった。こうした状況に対し、第五次本編纂の基本方針として中島は、次のように述べている。

　　　「其等教科書が少クトモ早急ニハ（四五年中ニハ）デキナイモノト見テ、ソノ上デ、編サンスル。従ツテ、カナリ他学科教材ガ多イワケダ。…タトヘ直後ニ、地理、理科ノ教科書ガ出ルトシテモ、ソレラヲ国語読本ヨリ取除ク必要ハナイツモリ。」[31]

　第五次本も第四次本と同様、総合的な教科書としての性格を踏襲する姿勢が窺える。
　また、現地児童に対する「国語」の指導方法については、日本人児童とは別の指導法を考えていた。

　　　「島民児童ニ向ツテハ先ヅ、語（傍点は原文付き）（家庭ニ於テツカハレザル）ヲ吹込ムコトヨリ始メザルベカラズ。……（中略）下学年ニ於ケル言語教授ノ方法ニツイテハ、大イニ異ラザルヲ得ズ。」[32]

　とくに、下学年の言語教授法の改正について思案しており、「今回ハ、更ニ、下学年ニ於ケル語学的傾向ヲ一層強メントスルナリ」[33] との考え

をもっていた。

　中島がここで言っている「語学的傾向」とは、語彙の強化とともに下学年の話方の指導法についても考えているものと思われる。話方教科書編纂への要望は以前から聞かれており、「話方には教科書もなければ指導要目も明示されてゐない…」といった現場の状況があり[34]、また中島は現場の公学校教師からの聞き取りの際に、会話読本の要望がかなりあがっていたのを知っていたからである。中島は話方教材に対する構想を次のように考えていた。

　　「小会話読本編輯 ＝＝ 大体ノ建前トシテハ、国語読本だけで通すつもりなれど、分量等の関係上会話読本を分離させた方が良い場合には、さうして差支へないものかどうか。それとも又（国語練習所成人部の教科書のことも念頭に置いて）初めから、一冊の会話読本（一年の二学期から二年一杯用ひられるもの）を独立させる方針で進んだ方がよいでせうか？（以下略）」[35]

　これらのことから、第五次本は会話が多い、話方を重視した内容のものになったであろうことが推察できる。上に述べられている「国語練習所」とは1940年以降に設置された、成人や未就学の現地住民を対象とした学校外での日本語学習機関で、主に公学校教師らが中心になって教えた。台湾においては1936年に「国語講習所」と改称された、成人先住民の日本語学習機関があり、専用の教科書を使って教えていた[36]。台湾との関係は不明だが、南洋群島でも「国語ノ普及」をねらい成人用教科書が作られようとしていたことが、中島のメモから窺える。

　では中島は第四次本の内容に対し、いかなるコメントをつけて第五次本の編纂を構想したのだろうか（コメントの引用は前述の「ポケット日記」による）。

　中島文学の研究者・浦田義和は、中島の第四次本に対するコメントについて分析・分類を試み、中島の構想意図を探った。中島のコメントは第四次本のすべての巻に付けられており、浦田によると全部で360個ある。浦田はこれを5つに分類している。すなわち、〈日本語の表現〉、〈島民児童への配慮〉、〈文章としての疑問〉、〈表記への疑問〉、〈絵

へのコメント〉である[37]。これをまとめると表1となる。本科、補習科とも同傾向がみられ、割合の大きい順に（表に従い分類名称を略して記す）〈表現〉42.8％、〈島民〉27.8％、〈文章〉15.6％、〈表記〉9.4％、〈絵〉4.4％となっている。例えば表記については、「あ・り・ま・し・ょ・う・か　ありますか」、「と・申・す　不可」（いずれも傍点は原文付き）、「島民㋩→㋕」といった細かな点までも指示し、表現については、「此の課、書き直すこと」とか「マズイ結ビダナ」といったダメ出しも目立つ。作家としての繊細な言語感覚でこの教科書の日本語表現や文章と向き合っていたことがわかる。二番目に多かった〈島民児童への配慮〉とは、例えば、「島民少女らしき色彩は出ぬものか、之では内地少女と変わりなし」、「島民古来の航海術に触れる要なきや？」などのコメントである。日本人編纂者の立場からでなく、現地児童の目線に立って身近な生活のなかから教科書を作り出そうとする中島の独自の姿勢が感じられる。こうした観点について、「南洋群島の「島民」児童が抱くはずの違和感を抑圧する形で展開されていく教育のあり方自体に一応疑問が見出されてもいた」[38]、といった中島の批判性の含意を指摘する見方がある。いずれにしても中島は作家としてだけではなく、自らの教職経験を土台に、南洋での教育に対峙する独自の視線を有していたといえる。

　さらに浦田は、中島のコメントのうち教材の内容に関わるものを取り上げ、8種の方面にそって分類した。それが表2である。これによると、本科と補習科では傾向が大きく違っている。本科では文学教材（韻文、散文あわせて）へのコメントが38.1％、生活教材が33.3％、道徳教材が19.0％となっているが、補習科では地理教材と道徳教材が、それぞれ25.8％、22.6％となっている。

表1　第四次本に対する中島のコメント数

	巻一	巻二	巻三	巻四	巻五	巻六	小計	％	補一	補二	補三	補四	小計	％	合計	％
絵	4	5	1	1	1	1	13	6.1	1	1		1	3	2.1	16	4.4
表記	1	1	8	1	1	9	21	9.7	6	2	4	1	13	9.0	34	9.4
表現	4	6	24	17	19	29	99	45.8	8	12	25	10	55	38.2	154	42.8
文章	3	1	6	4	9	7	30	13.9	8	5	8	5	26	18.1	56	15.6
島民		3	4	12	21	13	53	24.5	20	11	9	7	47	32.6	100	27.8
合計	12	16	43	35	51	59	216	100	43	31	46	24	144	100	360	100
一巻平均							36						36			

（出所：浦田義和『占領と文学』法政大学出版局、2007年、p.154より引用）

表2　第四次本に対する中島の教材別コメント数

	巻一	巻二	巻三	巻四	巻五	巻六	小計	%	補一	補二	補三	補四	小計	%	合計	%
道徳教材				3		1	4	19.0	3	1	3		7	22.6	11	21.2
歴史教材					1		1	4.8		1	3		4	12.9	5	9.6
地理教材	-	-	-	-	-	-			2	1	4	1	8	25.8	8	15.4
理科教材					1		1	4.8	3			1	4	12.9	5	9.6
文学教材　韻文					1		1	4.8	1				1	3.2	2	3.8
文学教材　散文	3	1	1	1	1		7	33.3							7	13.5
生活教材		1	3	1		1	7	33.3	1	1	2		4	12.9	11	21.2
公民教材	-	-	-	-	-	-				1		2	3	9.7	3	5.8
合　計	3	2	4	5	3	4	21	100	10	5	11	5	31	100	52	100

(出所：浦田義和『占領と文学』法政大学出版局、2007年、p.155を一部改作)

このような特徴に対し浦田は、「時事的なことへの指摘が多く、…島民児童教育への「熱意」も感じられる」[39]とするが、それだけではなく時代的背景の影響もあるものと思われる。つまり、1941年はもはや戦時体制に入っており、補習科卒業生は即労働力として捉えられていた時期である。統治者とって戦局に活用しやすい人材養成は緊急であった。そのため「島民撫育政策」のなかでも、「島民」は「群島ノ経済的開発ニ資セシムベシ」と記されていたのである。こうしたことを考えると、地理教材に関する「東亜などといふ教材は如何？」、「両アメリカの地図必要」といったコメントは、戦局下でのより広い空間認識の養成をねらっていることがわかる。道徳教材に対する「最後に国旗の万国に冠する所以を説くべし」、「絵に国旗を入れては？」、「海軍記念日のことにふれる必要なきか？」などは皇民化を志向した、中島の南洋庁役人としての立場からのものであったといえる。とくに文学教材（韻文）の本科巻六16「クリスマス」に対する「政策的に考慮すべし」といったコメントは、当局側の重要な政策に触れている部分である。この時期当局側はキリスト教宣教師の動向に対して細心の注意を払っており、場合によってはスパイ視された宣教師を厳しく取り締まっていた。そうした時に現地児童の心をキリスト教に傾斜させることは危険であるとみなしていたのである。また、公民教材の補習科巻二14「警察」に対するコメント、「警察の文化面保護面を強調すべし」も統治政策にそった時局的なものである。このコメントの裏には警察は厳しく、強権的である状況があり、現地住民の反発が潜在していたことが窺える。戦局にあわせこ

の状況を懐柔しようとしたものと考えられ、やはり中島の役人としての立場がはっきりでているコメントであるといえる。

このようにみると第五次本は編纂者中島の意向を反映した[40]、いくつかの特徴を有した教科書になったであろうことが推測される。まず作家として、日本語の表記や表現について、言語教育的意識を持って取り組んだ側面、次に教育者として、現地児童に分かりやすい身近な内容、南洋独自の教材を追求しようとした側面、さらに南洋庁の役人としての立場から「皇民化教育」の強調、戦争遂行策の反映といった時局にそった側面などが打ち出されたものとなったのではなかろうか。

先の「断片二十三」には、第五次本に収録を予定していたと思われる課名のメモが残されている。そのなかには、「島民の祭り」といった課名のタイトルがみられる一方、「日本とドイツとイタリィ」「支那と満州」「我が海軍」「南洋神社」などのものも列記されていた。第五次本の特徴をよく表しているといえるであろう。

3-3　戦時体制下での現地住民の教育とその影響

日中戦争が始まった 1937 年ころから、第四次本ではそれほど明白でなかった「皇民化教育」が徹底されるようになった。

公学校では日の丸を掲揚し、毎朝現地児童は君が代を斉唱した。さらに現地児童たちは、「私は天皇陛下の赤子です。私たちはりっぱな日本人になります。私たちは日本に忠義を尽くします」と「皇国臣民の誓詞」を朗読させられ、国家行事のたびに、北を向いて「宮城遥拝」を義務づけられた[41]。

また、皇民化政策を進めるため、南洋群島には日本の統治期間中 27 の神社が作られた。なかでも南洋神社は南洋群島の総鎮守府として、パラオ諸島コロール島に 1940 年「紀元 2600 年」の紀元節に建立された。南洋神社は天照大神を御祭神として祀り、官幣大社という最上の格をもつ神社と位置づけられた。南洋神社は皇民化のシンボルとして南洋群島において大きな機能を果たした[42]。

1941 年 12 月 8 日、日本はアジア太平洋戦争に突入する。この時期、南洋群島は東南アジア地域への進出拠点として軍事的重要性が急速に高まり、そこではもはや、委任統治政策の「文明化」の理念から現地住民

を捉えることはしなくなった。つまり、現地住民を労働力として考えるようになったのである。戦時には緊急に軍事転用できる労働力が必要とされたが、その数は絶対的に不足していた。1939年から飛行場や要塞などの建設に着手し始めるが、戦争が始まると、軍は重要な島々での軍事基地建設に本格的に取りかかっていく。

南洋群島の人口統計をみると、沖縄人の人口は、1938年の41,201人から1942年には54,854人に増加している[43]。これらの人たちの多くは飛行場建設や鉱山の採掘などに従事した。また、朝鮮人も大量動員された。形式的には募集の形態がとられたが、その数は1939年に1,968人だったが、1942年には6,407人に急増した[44]。彼ら労働者の賃金は日本人は一日4円、沖縄人や朝鮮人は2円75銭、現地住民は75銭と体系化されており、これがそのまま社会的な階層差につながっていた。人々のなかには、「一等国民・内地人、二等国民・沖縄人／朝鮮人、三等国民・島民」という階層意識が明確にあったといわれている[45]。

このような南洋群島の戦時体制のなか、現地の人たちはどのような形でこの体制下に組み込まれていったのか。

現地住民は徴兵制の対象とはならなかったが、1940年に南洋群島大政翼賛会が結成されると、その傘下のもと青年団や島民警防団、島民婦人会などに参加させられた。男性は道路・港湾工事などに、女性は軍の食糧調達のための農業などに、それぞれ「勤労奉仕」させられた。1942年からは南洋庁の権限も軍の指揮下におかれ、1943年ころからは、満洲などの陸軍10数万人が南洋群島に次々に進駐してきた。この時期日本からの補給が断たれてしまったので、極端な食糧不足となり、軍は兵隊の食糧調達のために現地住民を総動員させた[46]。

かかる戦時状況のなか、公学校を卒業して青年団に参加する現地青年たちのなかに、軍の飛行場建設や戦場で働くことを進んで志願する者たちがいた。例えば、パラオでは62名の青年が「パラオ調査隊」を結成し、「南太平洋に第二のパラオを建設する」として1943年2月3日から6月7日まで、ニューギニア（今の西パプア）のマノクワリに派遣されたが、2名が病死、残る者は帰国した。また、同年9月12日に「パラオ挺身隊」が結成され、やはり同じ目標を掲げ、29名がニューギニア戦線に送り込まれ、終戦までに7名が死亡。残った者は戦後2年後に帰

国した[47]。あるいは 1942 年 7 月に結成された「ポナペ決死隊」は、「日本人になりたい一心」で応募した 20 名（途中 3 名が病気で断念）がニューギニアのブナに向かい、日本兵と同じく戦闘に参加して全員戦死した[48]。

　さらには日本国籍の付与を大臣に願い出るという行動をおこした者たちも現れた。1938 年 9 月 11 日付で「南洋群島サイパン島居住チャモロ族有志一同代表ホセイ・パンヘリナン印　以下百八拾名署名」として外務大臣あてに嘆願書が提出された。それには「天皇陛下の赤子として、…日本国臣民たらん事を希求し、こゝにわれら南洋群島土着の民に日本帝国の国籍を附與せられんことを歎願するものなり（以下略）」[49]と記されている（写真 2）。これは進んで戦争に協力するために兵士になる権利を要求し、「日本人」と認められたいとする現地住民の気持ちの表れと読むことができる。まさに「皇民化教育」の「結実」した現象ともいえよう。ただこの動きには「平等を獲得する手段として忠誠を捉え」ている、とする見方もある[50]。

　こうして軍に動員された者のなかには、戦後日本政府に対して戦後補償を求める運動を起こした者もいた。「パラオ挺身隊」の生還者であるヤノ・ケベコル・マリウルさんもその一人である。マリウルさんはパラオの旧植民地補償特別委員会の被害者代表としてこの運動に取り組んでいる[51]。

　南洋群島においては、統治政策や「皇民化教育」に対して、他の植民地にみられような現地人らによる表立った抵抗はほとんど見られなかった。しかし、あるパラオの老人からの聞き取りには、「天皇陛下や皇居を見たこともないのに、先生が恐いから一生懸命拝んだ。今思うと笑っ

写真 2　現地住民による国籍付与嘆願書の最初（右）と最後（左）の部分
(出所：アジア民衆法廷準備会編『写真図説　日本の侵略』大月書店、1992 年、pp.128-129)

てしまう」[52]といった証言がある。また、戦時体制中の公学校のチャモロ少年が「ひもに通した十字架を首にかけているんです。十字架はシャツの下にあって、彼ら（日本人）には見えない。お辞儀をする時には手を十字架に当てているんです」[53]といった記事がアメリカの雑誌に残っている。当時の人たちの日本の教育に対する、潜在していた思いを垣間見るようなエピソードである。

おわりに

　委任統治政策における「文明化」は、日本が一等国として国際社会から評価を得るため、衛生意識、時間規律など現地住民の生活改善をめざし、学校教育をとおして普及させようと取り組んだ。その背景には、現地住民を能力の低い「非文明人」であることを自明とする住民観があった。しかしながら、公学校の教師のなかには、小学校と公学校で各児童の知能測定を実施し、その結果をみて、「第一に驚いた事は公学校の児童が相当の学力を有して居ることである。これは極度に野蛮な世界と思つて来た即ちヤップに対して確かな認識を持つて居なかつた結果でもある」[54]と、反省とともに現地児童の能力を評価する教師もいた。けれども、こうした現地児童の能力は経済的に生かされることはなく、1938年以降連盟への年次報告書が中止されると、林壽夫南洋庁長官がいうように「島民統治の方針は、周囲を顧慮することなく（傍点は引用者）帝国独自の立場に於て」[55]、領土化が進められていった。戦時体制下ではもはや「文明化」の理念で現地住民を捉えることはなく、戦争遂行のために必要な労働力として、日本軍に戦争協力し、戦場での危険な労働を進んで行う現地青年を多く生み出していった。ここでは駒込が述べていた近代文明において実際に「普及したもの」、つまり「野蛮から文明」へ引き上げるという「文明化」が、日本の統治をより受け入れ、戦争に進んで協力する人材養成へと変容していったといえる。そこには強力な「皇民化」の実施とともに、他の植民地とは異なる南洋群島住民の法的位置づけがあった。すなわち現地住民を「島民」の地位においたまま、「日本臣民」として戦争協力に駆り出すという大きな矛盾が隠されてい

たのである。内務部長・堂本貞一はこの矛盾を正当化するように、次のように述べている。

「今や島民は我が皇民である、陛下の赤子である、臣民であるといふ考を以つて、島民も吾々と手を握つて相共に進む迄に育てるといふ精神を以つて臨まなければならないのであります。」[56]

　結局「委任統治的近代」には、平時では現地住民を「国民教育」の外においたまま、国際社会の評価を気にしつつ、日本の「文明化」統治政策に馴致させていき、戦時体制になると、住民らの能力を戦時に役立つ労働力として利用していこうとした、支配者の政策的意図が読み取れるのである。そこでは現地住民は、常に「非文明人」「野蛮人」のままであり、法・制度的にも経済的にも教育的にも劣位におかれていたが、軍事的には「日本人として」活用していくとの位置づけであった。第四次本の傾向を引き継ぎ、未発行の第五次本もおそらく、日本の統治の優位性を知らしめ、日本のために戦時を支える人材を養成するという部分は大きく組み込まれていったのではなかろうか。
　このような「文明化」「近代化」を具現化したものとして第四次本を取り上げ、精査・分析したのがその２の清水論文である。

【註】
1　駒込武「台湾における「植民地的近代」を考える」『アジア遊学』第48号、2003年２月、p.5。
2　飯高伸五「経済開発をめぐる「島民」と「日本人」の関係－日本統治下パラオにおける鉱山採掘の現場から」吉岡政徳編『オセアニア学』京都大学学術出版会、2009年、pp.346-348。
3　宮脇弘幸監修『南洋群島国語読本全８巻』大空社、2006年。
4　矢内原忠雄「南洋群島の研究」『矢内原忠雄全集　第三巻　植民地政策研究Ⅲ』岩波書店、1963年。
5　ピーティ，マーク『植民地－帝国五〇年の興亡』浅野豊美訳、読売新聞社、1996年。
6　今泉裕美子「南洋庁の公学校教育方針と教育の実態」法政大学沖縄文化研究所紀要『沖縄文化研究』22、1996年、pp.567-618。
7　須藤健一「ミクロネシア史」『新版世界各国史27　オセアニア史』山川出版社、2000年、pp.314-349。

8 『委任統治領南洋群島』前編(「外地法制誌」第五部)、条約局法規課、1962年、pp.58-59。なお、「島民」という呼称については、今泉裕美子「太平洋の「地域」形成と日本－日本の南洋群島統治から考える」『岩波講座　日本歴史　第20巻　地域論(テーマ巻1)』2014年、pp.278-279を参照。
9 『南洋庁施政十年史』(20世紀日本のアジア関係重要研究資料3、復刻版単行図書資料　第5巻)龍渓書舎、1999年、p.126。
10 同上。
11 『南洋群島教育史』南洋群島教育会、1938年(1982年復刻)、pp.197-209。
12 前掲、須藤「ミクロネシア史」、p.332。
13 松江春次『南洋開拓拾年誌』(『沖縄県史研究叢書』13、沖縄県教育委員会、2002年復刻)、南洋興発株式会社、1932年、p.13。
14 前掲、矢内原「南洋群島の研究」、p.106。
15 東春渓「公学校雑感(2)」『南洋教育』第6巻第2号、南洋群島教育会、1939年、p.113。
16 今泉裕美子「国際連盟での審査にみる南洋群島現地住民政策－1930年代初頭までを中心に－」『歴史学研究』第665号、青木書店、1994年、p.27。
17 同「南洋群島委任統治における「島民ノ福祉」」『日本植民地研究』第13号、アテネ社、2001年、p.43。
18 光谷常三「公学校児童と家庭」『南洋教育』第3巻第3号、1936年、p.71。
19 前掲、『南洋庁施政十年史』、1999年、p.251。
20 田中準一『カナカの子らと共に－続風来坊先生滞南記－』和師翠交会、1988年、p.69。
21 須藤健一「日本の南洋群島統治の今日」石井正巳編『南洋群島の昔話と教育－植民地時代から国際化社会へ』東京学芸大学、2011年、p.25。
22 前掲、『南洋庁施政十年史』、p.256。
23 藤井保「ヤップ島民の衛生思想」『南洋群島』第1巻第4号、1935年、p.22。
24 東春渓「公学校雑感」『南洋教育』第6巻第1号、1939年、p.111。
25 前掲、『南洋群島教育史』、p.767。
26 等松春夫「南洋群島の主権と国際的管理の変遷」浅野豊美編『南洋群島と帝国・国際秩序』慈学社、2007年、p.42。
27 同委員会は、1934年12月14日の閣議決定を経て拓務省内に設置され、翌年に廃止された(川島淳「戦間期国際社会と日本の南洋群島の統治・経営方針－－一九三五年における南洋群島開発調査委員会の答申の紹介を中心に－」『駒沢史学』第73号、2009年9月、p.53)。
28 今泉裕美子「南洋群島委任統治政策の形成」『岩波講座近代日本と植民地』4、1993年、p.75。
29 麻原三子雄「南洋群島に於ける国語教育」『国語文化講座』第6巻、朝日新聞社、1942年1月(1998年復刻)、p.96。
30 この間の中島の動向については、川村湊『中島敦　父から子への南洋だより』集英社、2002年、岡谷公二『南海漂蕩』冨山房インターナショナル、2007年を参照。
31 「断片二十三」『中島敦全集3』筑摩書房、2002年p.361。
32 同上。
33 同上。

34 吉田清「公学校話方教科書の編纂を望む」『南洋教育』第6巻第1号、1939年、p.76。
35 前掲、「断片二十三」、p.361。
36 中野裕也「教科書から見た台湾先住民族に対する日本語教育」『日本語教育史論考』凡人社、2000年、p.75。
37 浦田義和『占領と文学』法政大学出版局、2007年、p.100。
38 橋本正志「中島敦の教科書編修－旧南洋群島における『公学校国語読本』の第5次編纂について－」『日本語教育』123号、2004年10月、p.83。
39 前掲、浦田『占領と文学』、p.154。
40 「第5次編纂は決して中島一人だけで進められたのでなく、中島メモには多くの公学校関係者の意見が含まれている可能性もあることに留意すべきではなかろうか」という意見もみられる（前掲、橋本論文p.77）。
41 前掲、須藤「ミクロネシア史」、pp.327-328。
42 井上亮『忘れられた島々「南洋群島」の現代史』平凡社新書、2015年、p.59。
43 今泉裕美子「沖縄移民社会」『沖縄県史』各論編第5巻近代、2011年、p.351。
44 同上。
45 前掲、須藤「日本の南洋群島統治の今日」、p.30。
46 前掲、須藤「ミクロネシア史」、p.334。
47 荒井俊児「ニューギニアに派遣された「パラオ挺身隊」（解説）」編集・発行：反核パシフィックセンター東京『月報　反核太平洋パシフィカ』第12期第7号、1991年8月号、p.8。
48 前掲、井上『忘れられた島々』、p.168。
49 アジア民衆法廷準備会編『写真図説　日本の侵略』大月書店、1992年、pp.128-129。
50 キース・L.カマチョ『戦禍を記念する　グアム・サイパンの歴史と記憶』岩波書店、2015年、p.53。
51 ヤノ・ケベコル・マリウル「ニューギニアに派遣された「パラオ挺身隊」、前掲『月報　反核太平洋パシフィカ』pp.4-5。なお日本は1969年にアメリカとの間で通称「ミクロネシア協定」を結び、アメリカは500万ドル、日本は同額相当の物資とサービスをそれぞれ提供するとしたが、この交渉にはミクロネシアの人たちは参加せず、額もわずかなものだった。日本政府は「ミクロネシア協定」により、ミクロネシア側からの請求権を一切認めていない（註47、荒井論文、pp.7-8）。
52 前掲、須藤「ミクロネシア史」、p.328。
53 前掲、キース『戦禍を記念する』、p.55。
54 及川淳太郎「ヤップ島学童の知能測定」『南洋教育』第3巻第1号、1936年、p.23。
55 林壽夫（南洋庁長官）「開発十カ年計画実施と施政の大綱」『南洋群島』第2巻第5号、1936年、p.5。
56 堂本貞一「時局と群島の教育」『南洋教育』第6巻第2号、1939年5月、p.9。

＊本稿は「『南洋群島国語読本』にみる「文明化」の描出－〈衛生〉〈農業〉〈時間〉関連の記述に注目して－」『日本植民地・占領地教科書にみる植民地経営の「近代化」と産業政策に関する総合的研究』2016年科研報告書（課題番号25285208）pp.87-99を大幅に加筆修正したものである。

南洋群島の公学校教育における
「文明化」「近代化」
——その2 第四次『国語読本』編纂を中心に——

清水知子＊

はじめに

　本稿では、南洋群島の公学校教育における「文明化」「近代化」の姿を探るため、南洋群島で編纂された第四次『国語読本』を第三次本と比較しつつ考察する[1]。第四次本の編纂、発行（1937年）の背景には日本の国際連盟脱退があり、連盟脱退により南洋群島の領土化はより進んだと考えられる。委任統治支配からより直接的な統治へという政治的動向は、教科書編纂にどのような影響を及ぼしたのか。また、朝鮮史研究で提起され、台湾史研究にも適用される「植民地的近代」[2]は、委任統治地域である南洋群島にも適用しうる概念なのか。こうした点を、第四次本が第三次本（発行1932年）からいかに変化したかに着目して考えたい。
　教科書分析の先行研究には、『国語読本』を復刻し、国定教科書との比較をとおしてその異同を論じた宮脇の論[3]があるが、教科書の記述内容と現地で施行された政策との関連性や、教科書編纂時期による内容の差については十分に論議されていない。本稿では、その1の小林論文で検証したような委任統治政策の取り組みが教科書のなかでどう表出されているか、教科書の記述内容に着目して考察する。教育的意図の実相と変化を第四次本から読み取ることが本稿の目的である。なお、教科書、および教授書本文は復刻版[4]に依り、編纂期、巻数、課数の表記は「Ⅲ四-2」（第三次本・本科用巻四・第2課）、「Ⅳ補2-3」（第四次本・補習科用巻二・第3課）という形での略記を適宜用いることとする。

＊東京農業大学・横浜国立大学（非常勤講師）

第1章　第四次本と第三次本の関係

1-1　第四次本の位置づけ

　第四次本の編纂者・梅津隼人は、1933年8月に和歌山県立中学校の校長職を辞して南洋庁パラオに赴き[5]、1937年2月まで南洋群島の各島視察、国語読本ならびに同教授書の編纂にあたった[6]。まさに日本国が国際的立場を変化させる時期の編纂である。表1に、第一次からの第五次までの『国語読本』関連情報をまとめておく。

表1　第一次～第四次『南洋群島国語読本』概要（第五次は計画段階で頓挫）

	第一次	第二次	第三次	第四次	第五次
発行年	1917～1919年	1925～1927年	1932～1933年	1937年	発行されず
巻	1～4	本科用1～3、補習科用1,2	本科用1～6、補習科用1～4	本科用1～6、補習科用1～4	
編者	杉田次平　守備隊司令部付教育主任	芦田恵之助　文部省図書編輯官	岩崎俊春　マルキョク公学校長	梅津隼人　元和歌山県立中学校長	（中島敦）南洋庁内務部地方課国語編修書記
発行者	臨時南洋群島防備隊司令部	南洋庁	南洋庁	南洋庁	（南洋庁）
所収教材の分類	なし	なし	修身、歴史、地理、理科、文学、実業、公民	道徳、歴史、地理、理科、生活、文学（韻文・散文）、公民	
教授書	なし	芦田恵之助著	なし	梅津隼人著	
教育体制	軍政時代(1914-1922)　小学校4年　↓(1918年に変更)　島民学校3年　補習科2年以内	南洋庁時代（1922-戦時下）　公学校本科4年　公学校補習科2年			

（『南洋群島教育史』pp.264-298、および宮脇監修による復刻本・巻1 pp.8-23をもとに筆者が作成）

　南洋群島において出版された教科書は国語読本だけであったが、教授科目は国語に限らず、南洋庁時代の公学校では修身、国語、算術、図画、唱歌、体操、手工、農業及家事の科目と定められ、1928年の改正により理科、地理が加わって教授時間数も改められた[7]。第三次編纂はこの規則改正と、時勢の変化に合わせるためであったといい[8]、表1に示したように、教材を7種に分類している[9]。続く第四次編纂は「現行國語

讀本」の「其の根本的に教育上適切でない」点を修正し、「未だ編纂されて居ない算術教科書を新たに編纂」する案が採択された[10]結果であったものの、結局、算術教科書は刊行されなかった。編纂趣意書は、改纂の理由を「過去十數年ニ亙ル國語教授ノ經驗ニ鑑ミ、讀本ヲシテ兒童心意發達ノ程度ト、時勢ノ進運ニ適應セシメントスルニ在リ」とし、公学校長の意見を取り入れて編纂を進めたと記している[11]。第四次本の教材は表2の基準によって分類され[12]、編纂者・梅津による教授書も發行された。同様に教授書を持つのは、芦田恵之助の編纂による第二次本である。本稿ではこれらの教授書や教材分類、さらに次項で述べる教材の出所なども参照し、編纂時期の異なる『国語読本』間での異同に着目した考察を行う。

表2　第四次本の教材分類基準

イ	道徳的方面	島民ノ道徳的意識ヲ開發シ、教育ニ関スル勅語ノ御精神ヲ不知不識ノ間ニ感得セシムルニ足ルガ如キ材料ヲ選ベリ。
ロ	歴史的方面	國史ノ中ニテ、日本ノ國體及ビ國民性ヲ理解セシムルニ足ルガ如キ材料ヲ選ベリ。
ハ	地理的方面	南洋群島及ヒ内地ヲ中心トシテ、自然ト人文ノ大要ヲ知リ、國家愛、郷土愛ノ情操ヲ涵養スルニ足ルガ如キ材料ヲ選ベリ。
ニ	理科的方面	南洋群島ニ於テ直觀スルコトヲ得ル動植物其ノ他ノ自然現象ノ中ニテ、兒童ノ心理ニ適合シ、正確ナル知識ヲ啓發シ、從來島民ノ間ニ流布シタル迷信ヲ打破スルニ足ルガ如キ材料ヲ選ベリ。
ホ	生活方面	家庭生活、學校生活ノ中ニテ卑近ニシテ兒童ノ興味ヲ喚起シ、且生活ヲ向上セシムルニ足ルガ如キ材料ヲ選ベリ。
ヘ	文學的方面	平易ナル童謠、醇朴ナル傳説、教訓ニ富ム寓話、興味アル物語等凡テ兒童ノ心理ヲ純正ナラシムルニ足ルガ如キ材料ヲ選ベリ。
ト	公民的方面	産業、經濟、政治等ニ關スル初歩的知識ヲ啓發シ、國家生活、社會生活ニ順應スル基礎的能力ヲ養フニ足ルガ如キ材料ヲ選ベリ。

(出所：「教材の内容」『南洋群島教育史』p.284)

1-2　第四次本が第三次本から採用した課

第四次本の出典を示す「各巻ノ目次並ニ教材ノ出所」では、南洋庁の旧国語読本を出所とする課に「舊」の印を明記している[13]。本節ではこれを拠り所に、第四次本のうち第三次本と同一の課（同一課）、第三次本に改変を加えた課（改変課）を抽出し、内容上の分類にも注目して第四次本の全体像を概観する。

1-2-1. 同一課

　教材の出所に「旧」(以降、「舊」の印を新字体で記す)とある第四次本の課、全51課を抜き出し、課名と本文を突き合わせてその出所となる旧課を特定した。ただし、第三次本補習科巻三は現存しないため、課名(『南洋群島教育史』に記載)からの類推である。結果は稿末資料1としてまとめたが、51課中48課が出典を第三次本に見いだせ、段落の切り方や表現、挿絵まで、出所となる課とほぼ同一であることがわかった。ただし、「早起じいさん(Ⅳ補1-7)」と「みかえるじいさん(Ⅲ補1-5)」、「大太郎(Ⅳ補2-10)」と「たいたの(Ⅲ補2-4)」のように、課名が全く異なる同一課もあった。第三次本に数多く見られる現地風の人名を、すべて日本風に変えたことによるもので、この改変方針は第四次本全体に及んでいる。現地住民にあまねく日本名を名乗らせようという強い意図が感じられるが、当時、日本名を名乗る現地住民の程度は島によって差があった[14]という。直接統治へ向け、支配者側の態度が変化した表れと見ることもできよう。

　第三次本に出所を求め得なかった残る3課は「朝會」(Ⅳ六-6, Ⅱ三-1)、「土」(Ⅳ補1-22, Ⅱ二-19)、「たしかな紹介」(Ⅳ補4-24, Ⅱ補2-5)で、いずれも第二次本からの採択である。「朝會」は学校の朝会での校長先生の訓話を記す作文、「土」は「草とゆう草　木とゆう木、一本一本　土からはえる。花とゆう花　実とゆう実、それがのこらず　土におちる。土の中には　何がある。ほってもほっても　土ばかり。」という童謡で、第二次本では本科用だった課を第四次本では補習科へ動かし、教授書は「自然を神秘的に見るまでには、兒童の頭がまだ進んでゐないかも知れぬ」点を指摘する。第四次編纂趣意書に言う「兒童心意發達ノ程度」に適応させた措置の一例と言えるだろう。「たしかな紹介」は紹介状なしで店員採用面接を受けた少年が面接中の振る舞いを認められて採用されるという話で、第二次教授書が「修養の奥義」を説くとするのに対し、第四次教授書は「社會に立つて行くには身だしなみが大切」と強調する。

　注目すべきは、51個の「旧」のうち「旧改作」という印が一つだけあることである。日本人の体験記「ウツクシイ心」(Ⅳ六-13)がそれで、出所は第三次本、第二次本双方に求め得る(Ⅲ五-8、Ⅱ三-11)が、挿

絵などから第三次本を出典としたことがわかる。図1としてその挿絵箇所を示す。

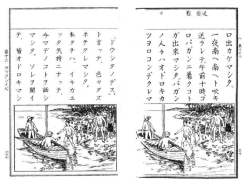

図1「ウツクシイ心」挿絵比較（左：Ⅳ六-13、中：Ⅲ五-8、右：Ⅱ三-11）

　第二次教授書に「これは實際あつたことで、一種の漂流談である。アグリガン島で死ぬか生きるかの境にあつた二人の日本人が愈々困つた果、死を決してバガン島に渡ると、そこの島民たちが非常な同情と親切とを以てこの二人を歓待し世話したのである」とあり、第二次本編纂者・芦田恵之助の取材による実話だとわかる。第四次本は、例えば「パガンノ人々ハオドロキカツヨロコンデクレマシタ」という第三次本の記述を「船ガ島ニ近ヅクコロカラ、島ノ人々ハ、海岸ニ出テ来テ、大ヘンサワイデイマシタ。私タチガ島ヘ上ルト、大ゼイヨッテ来テ、「ドウシタノデス。」ト言ッテ、色々タズネテクレマシタ。（中略）ソレヲ聞イテ、皆オドロキマシタガ、パガン島ヘ来タコトヲ大ヘンヨロコンデクレマシタ。」と詳細化し、日本人と南洋群島の「島民」との交流をより生き生きと描出している。

1-2-2. 改変課

　本項では、筆者が「改変課」と認定した課について論じる。「改変課」とは、前節の「旧改作」のような改変を施した課を指し、具体的には次の①～③いずれかに該当する課と規定して第二次、第三次本を調査した。
　①第四次本と同一の課名を持つ（課名の表記法、内容を問わない）[15]。

ただし、課数の多い「手紙」は一課ずつ内容を検討した)。②課名のキーワードが第四次本の課名と共通し、課の形式や内容が類似する。③課名が異なっても内容が同一と判定できる。

その結果、第三次本を出所とする計62課を「改変課」と認定し、稿末資料2にまとめた[16]。

1-2-3. 同一課・改変課と内容分類との関係

1-1.で述べたように、第四次本の課は内容面で7種（文学の下位分類・韻文、散文も数えると8種）の方面に、第三次本では7種に分類されている。ここで同一課、改変課の分布状況を上記の教材の分類とともに示す。第四次本の分類に沿ってまとめたものが表2、出所となる第三次本側の分類に沿ったものが表3である[17]。

表3　四次本の内容構成と、三次本との同一課、改変課の分布

教材分類基準	道徳教材	歴史教材	地理教材	理科教材	韻文教材	散文教材	生活教材	公民教材	合計
四次本の課数	25	8	25	40	37	47	54	11	247
(教材の占める%)	(10.1)	(3.2)	(10.1)	(16.2)	(15.0)	(19.0)	(21.9)	(4.5)	(100)
三次本同一課数	7	1	4	4	10	11	12	2	51
分類内同一課%	28.0	12.5	16.0	10.0	27.0	23.4	22.2	18.2	20.6
三次本改変課数	7	2	8	14	2	4	17	8	62
分類内改変課%	28.0	25.0	32.0	35.0	5.4	8.5	31.5	72.7	25.1
同一課+改変課分類内%	56.0	37.5	48.0	45.0	32.4	31.9	53.7	90.9	45.7

表4　三次本の内容構成と、四次本に採用された課の分布

教材分類基準	修身教材	歴史教材	地理教材	理科教材	文学教材	実業教材	公民教材	合計
三次本の課数	37	22	19	33	78	8	21	218
(教材の占める%)	(17.0)	(10.1)	(8.7)	(15.1)	(35.8)	(3.7)	(9.6)	(100)
四次本・同一課数	10	1	5	4	22	1	4	21.6
分類内同一採用課%	27.0	4.5	26.3	12.1	28.2	12.5	19.0	22.0
四次本改変採用課数	7	4	4	14	18	4	10	61
分類内改変採用課%	18.9	18.2	21.1	42.4	23.1	50.0	47.6	28.0
同一課+改変課分類内%	45.9	22.7	47.4	54.5	51.3	62.5	66.7	49.5

まず、表3の最上段で内容構成を見ると、第四次本での新設である生活教材が最多で全体の約22%を占め、次いで文学教材のうちの散文

19％、理科教材 16％と続く。直接統治へ舵を切るといえば、皇民化教育を目指す課の増加という構図が浮かびやすいが、少なくとも教科書の教材分類からは、この方向への明白な変化は読み取れない。表3の第三次本の構成と見比べても、「勅語の精神」と関連する道徳教材や、「日本の國体」と関連する歴史教材はむしろ割合を落としている。

次に、第三次本からの採用のありかたを見てみよう。同一課と改変課をあわせると、第四次本の課の半数近くが第三次本を下敷きとして編纂された（第三次本の課の約半数が第四次本に影響を与えた）ことがわかる。第四次本で新設された生活教材も、中身を見ると第三次本からの採用が 54％を占める。公民教材に至っては 9 割以上が第三次本を下敷きとし、第三次本の 7 割以上が第四次本に採用されている。そこで、次章では生活教材を、第5章では公民教材を取り上げて考察する。

第2章　第四次本・生活教材の特徴

第四次本で新たに「生活ヲ向上セシムルニ足ル」内容を扱う生活教材と分類された課は 54 課あり（第四次本全体の 22.2％）、8つの方面の分類中最大の割合を占める。うち 12 課が同一課、17 課が改変課である（同一課・改変課合わせて生活教材全体の 53.7％）。課名を列挙すると次のようになる。第三次本での分類名と、その分類での課数合計を（　）で示した。

同一課：タイソウゴッコ、ナカヨシ、ゆびのな、がくげいかい、私ノウチ、私タチノ文庫、展覧会、卒業式（文学8）、郵便（公民1）、カイモノ（実業1）、古机（修身1）、朝会≪第二次本より1≫

改変課：トモダチ、ウンドウカイ、ユウハン、ニュウガクシキ、とけい、私ノ一ニチ、てがみ、オジサンノ家、手紙、手紙、手紙（文学11）、イモウト（修身1）、大掃除、級長選挙（公民2）、木の高さ、磁石（理科2）、鰹釣（実業1）

2-1 第三次本との同一課

　第四次本生活教材の22%（12課）が、出所を「旧」と明記された同一課である。うち、第三次本の旧分類での文学教材は、「タイソウゴッコ（Ⅳ二-10)」「ナカヨシ（Ⅳ四-5)」「私ノウチ（Ⅳ六-2)」と家庭生活での児童、「私タチノ文庫（Ⅳ補1-19)」「展覧會（Ⅳ補2-16)」「卒業式（Ⅳ補4-28)」といった学校生活、学校行事の場面を描く。旧公民教材「郵便（Ⅳ五-17)」は「にいさん、内地の先生へだす葉書を、ポストに入れてきました。あの葉書は、いつごろむこうへつきますか。」、旧実業教材「カイモノ（Ⅳ二-5)」は「ゴメンクダサイ。」「イラッシャイ。」と、ともに会話で、旧修身教材「古机（Ⅳ五-24)」は「私ハ古机デス。私ガコノ学校へ来マシテカラ、モウ十五年ニナリマス。」という机の独白から始まる。手紙を出す、店で買い物をする、学校の机を大事に扱うというように「生活ヲ向上セシムル」行動を促す内容となっており、まさに生活教材の面目躍如といった感がある。

2-2 第三次本からの改変課

　筆者の調査により、生活教材の32%（17課）を、第三次本に改変を加えて採用した改変課と認定した。ここではその改変の形を見る。

2-2-1 改変度の低い課

　まず、第三次本と類似性の高いものを比較してみよう。
　①文学→生活教材「手紙」（Ⅳ六-5 Ⅲ六-10「補習科入学」)
　本科卒業前の3年生が補習科の先輩に情報を求めて送った手紙で、内容もほぼ一致するが、第四次本では課名が変わり、トマスからホセイへの手紙という設定が、一郎から島吉へと一新されている。第三次本の冗長さの削除、段落の入れ替え等も見える。補習科入学に備えて勉強するよう助言する返信には、「とりわけ、国語の力をじゅうぶんつけておくことが、大事だとおもいます。」という一文が新たに加筆されている。日本の国体論にリンクする「国語の力」を強調する加筆は、直接統治を強く意識した「時勢ノ進運ニ適應セシメントスル」改変と見ることができるだろう。
　②公民→生活教材「大掃除」（Ⅳ六-17、Ⅲ六-25)

本科巻六所収、課名も同一の類似性の高い課で、大掃除の様子を報告する生活作文としての内容もほぼ一致するが、冗長な表現を排す改変が多々見られ、挿絵の図柄も変更されている。掃除でとるべき行動に焦点を当て、より具体化して見せようという意図による改変・変更と見られる。

図2「大掃除」挿絵比較（左：Ⅳ六-17、右：Ⅲ六-25）

改変の中で最も印象的なのは、後半部に次の一段落が加筆挿入されていることである。

　　夕方早く掃除がすむと、巡査さんがけんさにこられました。家の内外をすみずみまで見て、「きれいに出来ましたね。」と言って、けんさずみのしるしを渡して行かれました。

第四次教授書に「家の内外を清潔にする方法を教へ、大掃除の衛生上、公徳上必要であり又、私生活を愉快にする所以であることを知らしめる」とあるが、巡査が大掃除の具合をチェックし、検査済証を交付したと記す新段落は、まさに公徳を強調するものであろう。「巡査さん」は、日本人の警察官吏としては一番下の階級に属し、その下に巡警とい

う身分の現地住民警察官がいた[18]。南洋群島での警察の業務は「衛生及行刑ノ事務」とあり[19]、衛生業務の一つとしての大掃除検査済証交付は、現実の反映である可能性も高い。第四次編纂では、こうした衛生、公徳への焦点化が目指されたのではないか。第四次本には独自の書下ろしによる課「ジュンササン」（Ⅳ二 -21）もあり、生活教材に分類されている。ここでの巡査は「トキドキワタクシタチノムラヲ、ミマワリニ」来て子供たちと会話を交わし、「コドモタチガ、コクゴデアイサツ」することを喜ぶ人物として描かれている。

　③実業→生活教材「鰹釣」（Ⅳ補 1-14、Ⅲ補 4-6）

　第三次本では「先日農林省のきんし丸が入港しましたので、昨日は日曜を幸、便乗させてもらいました」と始まる、成人による「水産調査船」きんし丸搭乗実録であったものを、第四次本では「私ハ、鰹船ニノセテモラッテ、鰹釣ヲ見ニ行キマシタ。船ハ大漁丸トイウ発動機船で」と始まる、現地児童の大漁丸乗船体験作文に改めている。教授書には「鰹釣には如何なる船が必要かどの位の船員が必要か、如何なる場所で釣るか、其の方法は如何、釣り終つて歸る時の有様はどうか等、鰹釣りに關する一通りのこと」を含めたとある。海を生活圏とする南洋群島の児童に対し、「生活の中に卑近」で「生活を向上せしむるに足る」知識を提供すべく、親しみやすく書き換えたのであろう。

2-2-2 改変度の高い課

　次に、原型を留めない新たな課に書き換えられたものを取り上げる。

　④文学→生活教材「とけい」（Ⅳ三 -18、Ⅲ四 -4）

　第三次本が「皆さんはとけいの見方を知っていますか。皆さんはとけいに書いてある字がよめますか」と、時計の読み方を知識として授けようとするのに対し、第四次本は「わたくしのうちでは、このごろおうきなはしらどけいをかいました。あさからばんまで「かっちん、かっちん」とうごいています」と始まり、時計を買って生活を変えようと語り合う家族の姿を描く。教授書も「生活的材料として、現代生活に最も必要な時計を選んだ」「之によつて家族生活を向上させるのが要旨である。」と述べている。第四次本がまさに生活教材の目的「生活ヲ向上セシムル」をストレートに打ち出していることがわかる。

図3 「とけい」挿絵比較(左:Ⅳ三-18、右:Ⅲ四-4)

⑤文学→生活教材「オジサンノ家」(Ⅳ六-19、Ⅲ四-22「おじさんのうち」)

第三次本では「山一つ向うの村におじさんのうちがあります。私は昨日弟と二人でふろしきづつみを持って、おつかいに行きました。」と始まる生活作文であったものを、第四次本では「オジサン、ヨイオウチガ出来マシタネ。」「長イ間、タテヨウト思ッテイタ家ガ、ヤット出来上ッテ、大ヘンウレシイ。コレカラ時々アソビニオイデ。」と始まる、少年と叔父の会話文に改め、全く新たなストーリーに仕立てている。「オジサン」は「役所ノ方ニオタズネシテ」村はずれの場所に「改良住宅」を建てたことを喜び、町が開発される将来を語るのである。教授書には「新築した叔父さんの家について改良住宅に對する關心を惹起せしめるのである。島民の現在の住宅は、あまりに原始的で、あまりに非衛生的であるから、之に氣づかせ、住みよき家を建てることの希望にあこがれさせるのである」とある。改良住宅という言葉は、1934年度の「日本帝国委任統治地域行政年報」第7章「土民ノ社會的、道徳的及び物質的状態」の住宅の項目に見られる。ヤップ島カナカ族の住宅の「衛生上ノ悪影響多大ナル」ことから、「千九百三十三年度ヨリ補助金ヲ下附シ實ロ強制的ニ極力之カ改善ヲ促セシ」とある。「役所ノ方ニオタズネシテ」とは、この改良住宅建設に対する補助金制度を使ったことを指すと思わ

れる。1933 年に開始された制度を、同年 8 月から編纂を開始した教科書にいちはやく取り入れたことがわかり、教科書編纂が群島統治の政治的意図と固く結びついていることが窺える。

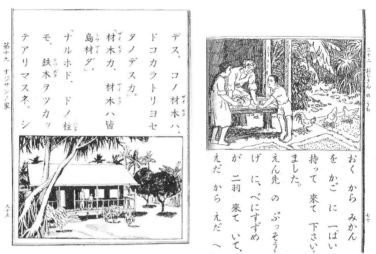

図4 「オジサンノ家」挿絵比較（左：Ⅳ六 -19、右：Ⅲ四 -22）

2-3 生活教材総括

　生活教材では、現地児童自らが作文の書き手となり、会話文の中の一人となって行動する内容を扱うものが大多数を占める。教材中の現地児童は、学校生活において礼儀正しく振る舞い勉学に励み、時間意識や衛生意識に目覚めて家庭生活の改変を目指し、卒業後の社会生活を疑似体験する。

　第三次本からの改変には、知識注入の説明文や傍観者の記録を、現地児童が当事者として行動する形に描きなおすという方向性、また現地の実情を反映させようという方向性が指摘できる。教材分類基準にあるとおり、身近な生活場面を取り上げ、「生活ヲ向上セシムルニ足ル」模範的行動の当事者へと現地児童を導く教材である。具体的には時間厳守、身だしなみ、衛生意識、礼儀正しさ等を身につけさせようとする生活教材は、まさに現地児童を「野蛮から文明」へと引き上げようとする「文

明化」の意図を具現化したものといえるだろう。

　さらに、第四次本で新たに加筆された人物を見ると、子どもを導く教師や家族の他に、掃除の検査に訪れる「巡査さん」や、改良住宅を勧めてくれた「役所ノ方」に感謝する「オジサン」が登場することが特徴的である。現地児童を媒介として統治新政策（巡査による掃除検査、改良住宅の推進）を現地社会に普及させようという意図が見え、南洋庁、つまり支配者が作り上げたシステムに現地児童を取り込もうとする改変といえる。これは、現地住民を社会システムの一員として教育しようという意図といえ、いわば一種の「近代化」教育とも言い換えうるのではないか。

　では、第四次本の教材分類基準に「國家生活、社會生活ニ順應スル基礎的能力ヲ養フニ足ル」とある公民教材には「近代化」がどう反映されているのか。次章で詳しく見ていく。

第３章　第四次本・公民教材の特徴

　第四次本の公民教材は課数が少ない（全11課、第四次本全体の5％。第三次本では全21課、第三次本全体の10％）。第三次本からの採用は10課で、うち2課が同一課、8課が改変課（合わせて公民教材全体の9割以上）である。旧分類は、同じ公民教材8課、旧実業教材2課で、前章と同様に列挙すれば次のようになる。

同一課：貨幣、人頭税（公民2）
改変課：郵便貯金、支庁、法院、物の價、南洋廰、裁判の傍聽（公民6）、品評会の話、分業（実業2）

　また、教材の収録法に大きな変化が見られる。第三次本の公民教材が本科、補習科の双方に収録されていたのに対し、第四次本では補習科用のみへの収録となっているのである。

3-1　第三次本との同一課

　まず、同一課を見よう。「貨幣」「人頭税」の2つである。
「貨幣（Ⅳ補2-8）」は「日本ノ貨幣ニハ、金貨・銀貨・ニッケル課・青

銅貨ガアリマス。」始まる説明文で、教授書は、貨幣の使用により「共同的經濟生活が能率的に行はれ、人類の幸福を増進して」いることを教えるとし、「南洋群島全体が同じ日本の統治下にあつて島民は今後文明の生活をして行かねばならぬ」から、「各群島共通に日本の貨幣を使用すべきことを教へる」との記述も見える。

「人頭税（Ⅳ補3-15）」は父に子が「人頭税トハ何デスカ。」と尋ねる対話で、16歳以上の男子が納める義務を負うが、老人や生活困窮者については役所が「オサメナクテモヨイコトニシテクダサル」こと、期日までに納めないと村長さんや役所に迷惑をかけること、税金の額、種類、用途などを説明して「サア、アマリオソウナラヌウチニ、行ッテコヨウ。」で課を閉じる。教授書は「國家に租税を納めることは、國民の義務であることを知らしめる」という。第1章で見たように、現地住民には日本国民の身分を認めなかったにもかかわらず、教授書は「國民の義務」と書いてはばからない。ここには矛盾が露呈している。

3-2　第三次本からの改変課

次に改変された課についてそのありようを見る。
⑥公民→公民教材「郵便貯金」（Ⅳ補1-8、Ⅲ補2-3「貯金」）
得たお金を使わないでためておいた子に、父が貯金の仕組みを説明して勧めるという内容は同一で、類似性が高い。
大きな改変は、「オフサ」が豚や鶏の世話をしてもらったお金をためたという第三次本の設定を、第四次本では「二郎」が「練習生としてよその家で」働いて得たお金を貯金するとした点である。練習生とは、補習科に進んだ児童が放課後に2時間半ほど日本人の家庭へ行って家事手伝いをする制度を指し[20]、現地の実情を映している。さらに、第三次本で「オフサ」がお金を入れていた「着物箱」を第四次本では「箱」に変え、挿絵も第三次本で「パラオ島　コロール村　フランシスコ」となって本文の「オフサ」と乖離していた通帳名義を、第四次本では「パラオ島　コロール村　二郎」名義として本文と一致させている。つまり、第三次本では内地の親子の対話として描かれた内容を第四次本ではパラオの親子に変え、お金を得る手段も現地の事情に合わせたのである。
利子の説明では、第三次本が「預ケタ金ヤ、貸シタ金ニツクオ礼ノヨ

ウナ金デス」とした部分を、第四次本では「国が預かるのだから、大へん安全だ。その上、利子と言って、預けた元のお金には、少しずつお金をつけて下さるので…」と、「国が預かる」「お金をつけて下さる」という表現を加筆して為政者・支配者としての日本の権威を強調している。教授書は「貯金に關する一般的常識を授け、特に郵便貯金に就きて其の意義手續等を知らしめて貯金の實行を奨勵し、漸次島民としての經濟生活を向上せしめんとする」と述べるが、加筆箇所は一般常識に関わる部分ではなく、場面の現地化と、支配者側の権威強調に関わる部分であった。

⑦**実業→公民教材「品評会の話」（Ⅳ補1-28、Ⅲ補2-20「農産物品評会」）**

　元実業教材で、課名、内容ともに改変度が高い。第四次教授書は「品評會に關する知識を與へ、其の有益なること、興味のあることを知らしめ出品せんとする希望を起させるのが目的」とする。第三次本は「この前の日曜日におとうさんに連れられて農産物品評会を見に行きました。」と始まる生活作文だが、第四次本は「今年は、品評會をおひらきになると聞きましたが、それはどんなことでございますか。」という村長に、「支廳の人」が「村のものがふだんつくっている農作物や、飼っている家畜などを、ひとところに集めて、その出来ばえをしらべ、皆の人に見せるためです。」と助言することから始まる会話文となっている。品評会の出品物は「野菜・果物・穀物・家畜・細工物・製造品など、なんでも、自分がよく出来たと思う物」で、それぞれのカテゴリーについて具体的に説明し、「なるほど、お聞きしてみると、出したいものがたくさんあります。」と村長が納得し、出品意欲を示して終わる。第三次本では、父が「ああ、有難い。こんな賞品や賞状を戴いたのは、家中の者が心を合わせて働いたおかげだ。」と家族に感謝して終わるのとは大きく異なる。

　生活作文から大人同士の対話文へと内容が一変しているとともに、最後に提示する視点が家族から社会システムへと大きく転換していることがわかる。この転換は、まさに「近代化」教育を前面に打ち出すものといえるのではないか。生活教材とは異なり、ここでは行動する現地児童の姿は描かれない。代わりに登場するのが支庁の人という支配者側の人物と、現地児童にとって身近な存在と思われる村長である。この教材は、

支配者に従い、教化されることによって近代化されていく「島民」という図式、つまり社会システムを如実に示してみせている。

⑧実業→公民教材「分業」(Ⅳ補2-19、Ⅲ補2-19)

ともに補習科巻二の19番目に収録され、課名も内容もほぼ同一である。第三次本は「マッチハ一包十箱ガ十銭グライデ、買ワレルヨウナ物デアル。」第四次本は「マッチハ、火ヲツケルニモットモ便利ナものデ、今デハドコノ家デモ、ナクテハナラナイ物ニナッテイマス。」と始まり、ともにマッチ工場での職工の働く様子を描写し、手分けをして働くことが「分業」で、誰か一人でも手際が悪いと全体の出来栄えが悪くなると説く。

第四次教授書は「分業は現代経済生活の一特徴である。あらゆる生産品は總て分業に依つて完成されるのである。分業は多人数の人の連關せる業務であるから全く社會的のものである」「分業發達の程度は、文化發達の程度を現はす」「此の課は、分業の意義を分らせるのが目的である」と熱く語る。しかし、本文理解に入ると「南洋にはマッチの製造工場がないから、繪畫又は教師の説明によって想像させるより仕方がない」と素気ない。改変は冗長な箇所の削除・書き換えが主で、分量も第三次本の5頁から3頁に減っている。

現地児童を分業の担い手として養成しようという意識は薄いといえよう。そもそも第三次本の「実業」という分類を排して「生活」を採用したこと自体、将来の産業の担い手としての「実業」力をつけるという発想を捨てたことの現れと見ることもできる。

⑨公民→公民教材「裁判ノ傍聴」(Ⅳ補4-22、Ⅲ補4-20「裁判」)

改変度が特に大きく、全くの別教材ともと考えうるが、課名中の「裁判」という語句と、補習科巻四の後半という採録位置の共通性から、第三次本の課名に影響を受けた課と捉えた。

第三次本は「この世の中は、大勢の人が集って共同生活をしているのであるから、人々の中に、約束を守らなかったり、人に害を加えたりする物があった場合に、これを其のままにしておいては、我々は安心して生活することができない。」と始まる、裁判にまつわる一般常識を授ける課で、「裁判は実に大切な事である。」で終わる。それに対し、第四次本は「私ドモハ、今日、先生ニツレラレテ、地方法院ニ行キ、裁判ヲ傍

聴シマシタ。」で始まる体験作文で、判事、検事、書記、被告人、通訳等の姿が描写され、「私ドモハ、今マデ、法院ハ、タダオソロシイ所ダトバカリ、思ッテイマシタガ、今日傍聴シテ、判事サンノヤサシイシラベヤ、検事サンノ筋道ノ通ッタ意見ナドヲ聞イテ、ワルコトサエシナケレバ、法院ハ、ケッシテオソロシイ所デナイコトガ、ワカリマシタ。」で終わる。最後の一文が大変印象的で、この一文を伝えたいがための課ではないかとさえ思われる。ここでも、第三次本を参考に南洋庁側の権威にあたる日本人を登場させ、それに感銘を受ける「島民」を描く方向で改変を加えている。

教授書は「前に授けた法院と連絡すべき公民教材である。法院近くの學校では、此の科を授くる前になるべく適當な裁判を傍聴させるがよい。」と言う。「前に授けた法院」とは、「法院（Ⅳ補 3-29）」を指し、「南洋群島デハ、裁判ヲスル役所ヲ法院と言イ、地方法院ト高等法院ト二ツニ分ケテアリマス」で始まる課で第三次本「裁判」後半部との共通点が多く、「裁判ノ傍聴」とともに出所を「裁判（Ⅲ補 4-20）」と認定した。第三次本の一課から複数課が編集された例といえるだろう[21]。

3-3 第三次本からの非採用課

第三次本の補習科用改纂趣意書「教材ノ類別」には「特ニ公民的教材ノ配當ヲ考慮セリ」[22]との記述があり、第三次本でも公民教材の扱いに配慮していたことがわかる。ここで、その第三次本側の公民教材に目を向け、第四次本では公民教材とならなかった課を抽出する。

まず、公民以外の分類で第四次本に収録された旧公民教材を列挙しよう。（　）内の記述は以下のとおりである。（第三次本の巻数と課数→第四次本の巻数と課数、第四次本の新分類、同一課◎、改変課△）

　　宮城（Ⅲ四-1→Ⅳ四-1 道徳△）、
　　種痘（Ⅲ五-7→Ⅳ補1-13 理科△）、
　　郵便（Ⅲ五-18→Ⅳ五-17 生活◎）、
　　大掃除（Ⅲ六-25→Ⅳ六-17 生活△）、
　　級長選挙（Ⅲ補3-8→Ⅳ補3-2 生活△）、
　　平和なる村（Ⅲ補4-24→Ⅳ補4-16 道徳△）

公民以外に分類しなおして第四次本に採用されたのは上の6課である。

注目すべきは、補習科用教材でありながら分類が変更された「級長選挙」「平和なる村」である。前者は学級活動での選挙を、後者は模範的な村の様子を描き、後者の教授書は「町村の自治的團體的生活の向上をはかる」ことの重要性を指摘する。選挙や自治を扱う点で、ともに政治的な性格を帯びる[23]が、公民教材とはされない。これは、第四次本の公民教材、特に「政治」分野が担う範囲が絞られたことの表れではないか。ここで、第四次本の公民教材を「産業、経済、政治等ニ關スル初歩的知識」という教材の分類基準から、さらに産業、経済、政治に分けてみると、次のようになる。

・産業：品評会の話、分業
・経済：貨幣、郵便貯金、物の價、
・政治：人頭税、支庁、法院、南洋廳、裁判の傍聴

第四次本の公民教材が扱う政治とは、南洋庁が直接運営する機関、システムそのものの仕組みを論じる課と定義できるだろう。「級長選挙」「平和なる村」がここに組み込まれないのも当然である。

次に、上記以外の第三次本公民教材、つまり第四次本に入らずに消えた教材を巻数とともに挙げると、以下の8課となる。第四次本に比べ、第三次本の公民教材が雑纂的であったことは明白であろう。

天長節（Ⅲ三）、十一月三日（Ⅲ四）、届と願（Ⅲ補1）、拾物（Ⅲ補1）、電報（Ⅲ補1）、青年団（Ⅲ補3）、統計（Ⅲ補4）、赤十字社（Ⅲ補4）

3-4　公民教材総括

第四次本の公民教材は、第三次本を下敷きに精選され、補習科に進んだ児童だけを対象に教授された。内容的には、貨幣経済の理念を教えて納税や品評会参加を促し、役所や社会の仕組みについて知識を授けるといったもので、南洋庁の具体的なシステムが扱われた。

第三次本からの改変では、説明文を体験文に変え、場面設定を現地に合わせ、「村長」を指導する「支廳の人」や、裁判所で働く「判事サン」「檢事サン」等の人物を加筆するといった、生活教材と同様の方向性が指摘できる。本文には「お金をつけて下さる」「（税金を納め）ナクテモヨイコトニシテクダサル」「品評會をおひらきになる」等、支配者側の権威を強調する表現が目につき、教授書には、「島民」に対して「國民」

の義務を説くという矛盾も見える。支配者側が提供する社会システムの仕組みに従う現地住民を育成しようという教育的意図が明らかである。

　公民教材の目指したものは、結局は南洋群島政庁のシステムになじみ、お上の思惑どおりに行動する民の育成であったと総括できるだろう。

おわりに

　以上、南洋群島の第四次『国語読本』について、第三次本からの教材採用のあり方、ならびに生活的方面、公民方面に分類される課を中心にみてきた。その結果、次のようなことが示唆された。
「生活ヲ向上セシムルニ足ル」ものを扱う四次本の生活教材は、時間厳守、衛生意識、礼儀正しさ等に目覚める児童生徒を描く内容で、現地住民を「野蛮から文明」へと引き上げる「文明化」教育を担う教材と位置づけられる。さらに、三次本からの改変には、大掃除の検査に訪れる「巡査さん」や、改良住宅を勧める「役所ノ方」といった人物を加筆するという方向性が見いだせ、登場する現地住民の名前もすべて日本風に改められた。ここには、児童生徒を媒介に南洋庁の統治政策（巡査による掃除検査、改良住宅の推進、現地住民名の日本化）を普及させようという目論見が指摘できる。

　統治政策普及の意図は、「産業、経済、政治等ニ關スル初歩的知識ヲ啓發シ、國家生活、社會生活ニ順應スル基礎的能力ヲ養フ」公民教材にさらに顕著である。補習科用読本のみに収録する方針に変わった公民教材は、貨幣経済の理念、南洋庁が定める納税や品評会のシステム、省庁の組織や運営を教え、補習科に進んだ現地児童を近代社会システムの一員にふさわしく教育しようとする。これは、「近代化」教育と言い換えうるものであろう。

　さて、「植民地的近代」という概念を取り扱うに際し、西洋近代文明の中で実際に普及したものと普及が抑制されたものとの間の不均衡に目を向けると、現地住民は「経済的には容赦なくグローバルな資本主義システムに巻きこまれながら、政治的には従属化を運命づけられた」[24]という文脈で捉えられる。この文脈で南洋群島の住民を捉えようとするとき、第四次本に「グローバルな資本主義」を見出すことは難しい。工場

労働を描く公民教材「分業」を重要視する編纂意識は薄く、南洋庁の政治システムに従う以上のことを行動に移す児童の姿は描かれない。本稿では考察対象としなかった理科教材の「オヤウシトコウシ」「ぶた」等、家畜を扱う課で農業生産力の増大を促したとも考えうるが、理科教材では衛生がより重視されたという見方もできる[25]。一方、「政治的」側面については、現地住民の従属化を効果的に推し進めようという意図のもと、第四次本では実に用意周到に第三次本の教材を取捨選択し、加工した上で取り入れていることが明らかになった。

　南洋群島の住民が苦しんだ不均衡は、第四次教授書が「國家に租税を納めることは、國民の義務であることを知らしめる」と書いてその矛盾に気づかぬように、日本国民という身分は付与されないまま、国民と同様の義務を負わされたところにあったのではないか。第四次本が刊行された1937年当時、潜在化していたその不均衡は、本稿その1の小林論文が論じるように、第五次編纂準備段階、戦時体制となるにつれて露呈していくといえよう。

【註】
1　清水知子「第四次『南洋群島国語読本』に見る近代化の意図——旧編纂本からの改変に着目して——」『日本植民地・占領地教科書にみる植民地経営の「近代化」と産業政策に関する総合的研究』2016年科研報告書（課題番号2528208）pp.101-116）の一部を大幅に改稿・加筆した。
2　駒込武「台湾における「植民地的近代」を考える」『アジア遊学』第48号、2003年2月、p.5。
3　宮脇弘幸監修『南洋群島国語読本全8巻』大空社2006年等。
4　前掲『南洋群島国語読本全8巻』、『南洋群島国語読本補遺』大空社2012年。
5　『南洋群島教育史』南洋群島教育会1938年、p.278。
6　前田均「南洋庁第四次教科書編纂者　梅津隼人のこと」前掲『南洋群島国語読本補遺』p.10。
7　前掲『南洋群島教育史』pp.197-209、pp.218-224。
8　同上 p.264。
9　同上 pp.267-270、 pp.275-276「教材ノ類別」。
10　同上 p.278。
11　同上 p.283。
12　同上 p.284「教科ノ内容」、p.293-297「各巻教材ノ分類」。
13　同上 pp.289-293 教材の出所としては「文」（文部省の小学国語読本）、「文唱」（文部省の尋常小学校唱歌）という印も記載されている。
14　土岐哲「旧統治領の調査から それぞれの公学校卒業後（1）」『月刊日本語』

2001 年 10 月アルク p.70 等。
15 同名課は、内容類似性が低い場合も旧課名からの影響が否定できないと考えた。
16 当初 67 課を抽出したが、第二次本からの 2 課、ならびに第四次本の韻文のうち第三次本で文学以外に分類された 3 課を、影響関係のない同名課と判定してはずした。
17 ％は小数点第二位を四捨五入した。清水 2016(前掲)p.103 と異同があるが、本稿が正しい。
18 「日本帝国委任統治地域行政年報」1934 年度版 p.33。
19 同上。
20 荒井利子『日本を愛した植民地 南洋パラオの真実』新潮選書 2015 年 pp.150-153。当時の学校関係者の記録にも「兒童の國語の習熟を目的として、主として官廳職員の家庭の申込みに應じて、上級の男女兒を家事實習生として派遣してゐる」という例が見える。(ジヤポール公學校研究部「ヤルート支廳管内島民の國語」『南洋教育』第 3 巻 4 号 1936 年 2 月南洋群島教育會 p.36。
21 唯一、第三次本に出所を持たない公民教材「警察（Ⅳ補 2-14)」も、冒頭部が第三次本「裁判」と似ており、第三次本「裁判」を下敷きに加筆された可能性がある。もしそうであれば、第四次本の公民教材すべてが第三次本を底本とすることになる。
22 前掲『南洋群島教育史』p.274。
23 合津美穂 2016「台湾公学校「国語科」教科書にみる「近代化」の内実―政治的教材を観点として―」『日本植民地・占領地教科書にみる植民地経営の「近代化」と産業政策に関する総合的研究』2016 年科研報告書（課題番号 2528208) pp.9-24) では、台湾読本所収の政治的教材として「開票の日」「平和な村」「平和な庄」を取り上げている。
24 前掲、駒込 2003 年、p.5。
25 前掲、清水 2016 年、p.111。

南洋群島の公学校教育における「文明化」「近代化」 127
―その2　第四次『国語読本』編纂を中心に―

稿末資料1　四次本における三次本、二次本との同一課一覧
（『南洋群島教育史』「各巻ノ目次並ニ教材ノ出所」pp.290-292 に基づき筆者が調査）

	四次巻	課	課名	四次分類※	三次分類※	編纂※※	巻	課	旧課名（異なるもの）
1	二	5	カイモノ	生	実		二	15	
2	二	10	タイソウゴッコ	生	文		二	10	
3	二	24	オヤウシトコウシ	理	理		二	20	オヤ牛ト子牛
4	三	3	テンチョウセツ	道	公		三	5	天長節
5	三	5	ナミコ	道	修		三	6	
6	三	10	ふじのやま	文i	文		三	24	ふじの山
7	三	13	ねずみのちえ	文s	修		二	13	ネズミノチエ
8	三	19	コウモリ	文s	修		三	21	こうもり
9	四	2	うちの子ねこ	文i	文		三	4	
10	四	3	ナカヨシ	生	文		四	19	仲よしの島子さん
11	四	5	ゆびのな	生	文		三	7	
12	四	6	ナツオノヘンジ	道	修		三	14	おちよのへんじ
13	四	12	土の中のたからもの	文s	修		四	18	土の中のたから物
14	四	21	アリ	理	理		三	18	ありのす
15	四	25	がくげいかい	生	文		四	21	学芸会
16	四	26	四方	地	地		三	16	
17	五	8	波	文i	文		五	11	
18	五	17	郵便	生	公		五	18	
19	五	20	父の教	道	修		五	20	
20	五	24	古机	生	修		五	25	
21	五	26	水と体	理	理		六	12	
22	六	2	私ノウチ	生	文		補1	1	私のうち
23	六	4	虎と蟻	文s	修		六	7	
24	六	6	朝会	生		二次	三	1	
25	六	11	にじ	文i	文		五	16	
26	六	13	ウツクシイ心※※※	文s	文		五	8	美しい心
27	補1	2	子犬	文s	ナシ		補1	2	
28	補1	4	よく学びよく遊べ	文i	文		補1	7	
29	補1	7	早起じいさん	道	修		補1	5	みかえるじいさん
30	補1	19	私タチノ文庫	生	文		補1	16	
31	補1	21	アンガウル島便り	地	地		補1	14	
32	補1	22	土	文i		二次	二	19	
33	補1	24	世界	地	地		補1	15	
34	補1	25	航海の話	文s	地		補1	8	
35	補1	30	水兵の母	文s	歴		六	27	
36	補2	5	運動会	文i	文		補1	13	
37	補2	8	貨幣	公	公		補2	10	
38	補2	10	大太郎	道	修		補2	4	たいたの
39	補2	11	助け舟	文i	文		補2	13	
40	補2	12	胃と体	理	理		補3	17	胃とからだ
41	補2	15	わたしの村	文i	文		補2	9	
42	補2	16	展覧会	生	文		補2	16	
43	補2	17	コロンブスの卵	歴	文		補2	11	

44	補3	13	えんそく	文i	文		補3	19	遠足
45	補3	15	人頭税	公	公		補3	3	税
46	補3	16	ウラカス	地	地		補2	7	うらかす
47	補3	22	小猿	道	文		補3	18	
48	補3	30	小さなねじ	文s	文		補3	24	
49	補4	13	ふか	文s	文		補4	23	
50	補4	24	たしかな紹介	文s		二次	補2	5	
51	補4	28	卒業式	生	文		補4	26	

※ 教材の分類は以下の略号を用いた。(本文の表1、表2参照)
歴(歴史)、地(地理)、理(理科)、公(公民)、文(文学)、文i(文学韻文)、文s(文学散文)、修(修身)、実(実業)、道(道徳)、生(生活)
※※ 編纂の空欄は、三次本に出典を求めうることを意味する。
編纂「二次」は三次本に出典が見当らず、二次本のみに求めうることを意味する。
※※※ この課のみ「旧改作」と記されている。(本文1-2-1.参照)

稿末資料2　　四次本における三次本からの改変課一覧
(筆者の調査による。本文第3章参照)

	四次巻	課	課名	四次分類※	三次分類	巻	課	旧課名(異なるもの)	備考※※
1	二	4	シャボンダマ	文i	文	二	3		文
2	二	8	トモダチ	生	文	二	4		
3	二	11	ヨクノフカイイヌ	文s	修	二	7	犬ノヨクバリ	
4	二	12	ユウヤケ	理	文	二	8		
5	二	13	イモウト	生	修	二	12	シマコ	
6	二	15	ツキ	理	文	二	9	月	
7	二	16	ウンドウカイ	生	文	二	1		
8	二	18	ユウハン	生	文	三	8	ゆうはん	
9	二	20	ナゾ	文s	文	二	17		
10	三	1	ニュウガクシキ	生	文	三	1		
11	三	7	ヒヨコ	理	理	三	3		
12	三	11	ハエ	理	理	三	20	かとはい	
13	三	18	とけい	生	文	四	4		
14	四	1	キュウジョウ	道	公	四	1		
15	四	13	ぶた	理	理	四	16	豚	
16	四	18	私ノ一ニチ	生	文	四	14	私の一日	
17	四	24	てがみ	生	文	四	20	はがき	
18	五	1	天の岩屋	歴	歴	五	3		文
19	五	11	雨	理	理	五	13		
20	五	13	大江山	文s	歴	二	22		文
21	五	22	人形	文i	文	四	15	お人形	
22	六	5	手紙	生	文	六	10	補習科入学	
23	六	15	火	理	理	五	24		
24	六	17	大掃除	生	公	六	25		
25	六	19	オジサンノ家	生	文	四	22	おじさんのうち	
26	補1	5	南洋群島	地	地	五	12		

27	補1	8	郵便貯金	公	公	補2	3	貯金	
28	補1	13	種痘	理	公	五	7		
29	補1	14	鰹釣	生	実	補4	6		
30	補1	15	手紙	生	文	補1	20		
31	補1	17	木の高さ	生	理	補1	18		文
32	補1	18	乃木大将	道	修	補1	21	乃木大将の幼年時代	
33	補1	20	神風	歴	歴	六	17		
34	補1	26	磁石	生	理	六	15		文
35	補1	28	品評会の話	公	実	補2	20	農産物品評会	
36	補1	29	海	地	文	六	5		
37	補2	1	皇大神宮	道	修	補1	11		
38	補2	6	珊瑚島	地	理	補2	8		
39	補2	7	横濱	地	地	補1	6		
40	補2	18	じまん話	文s	理	六	3	薬鑵と鉄瓶	
41	補2	19	分業	公	実	補2	19		
42	補2	21	ヤルート島便り	地	地	補2	2		
43	補2	22	家畜	理	実	補2	12	家畜の効用	
44	補2	24	看病	理	修	補2	15		
45	補3	2	級長選挙	生	公	補3	8		
46	補3	3	まり子の家	道	修	補4	5		
47	補3	17	手紙	生	文	補2	6		
48	補3	18	太陽	理	理	補4	22		
49	補3	19	観光団	地	文	補3	5		
50	補3	20	支庁	公	公	補3	14		
51	補3	28	リンカーン	道	歴	補3	2	リンカーンの苦学	
52	補3	29	法院	公		補3	20	裁判※※※	
53	補4	1	明治神宮参拝	道	修	補4	1		
54	補4	4	東京	地	地	補4	17		
55	補4	10	星	地	理	補4	25	星の話	
56	補4	12	物ノ價	公	公	補3	21		
57	補4	14	洗濯	理	理	補4	10		
58	補4	15	電気	理	理	補4	14	電気の世の中	
59	補4	16	平和な村	道	公	補4	24	平和なる村	
60	補4	17	伝染病	理	理	補4	8		
61	補4	20	南洋庁	公	公	補4	7		
62	補4	22	裁判の傍聴	公	公	補4	20	裁判※※※	

※ 教材の分類は以下の略号を用いた。(本文の表1、表2参照)
歴（歴史）、地（地理）、理（理科）、公（公民）、文（文学）、文i（文学韻文）、文s（文学散文）、修（修身）、実（実業）、道（道徳）、生（生活）
※※ 備考欄の「文」は、文部省の小学国語読本を出典とすることを表す印である（『南洋群島教育史』pp.289-293）。
※※※ 三次本「裁判」をもとに、四次本の「法院」「裁判の傍聴」の2課が生まれたと判断した。

討論

シンポジウム
「植民地の近代化・産業化と教育」

　以下は、標題の報告後に行われた会場フロアーとの討論である。

　発言は録音音声を基にしたが不鮮明な部分もあり、一部省略し、文意が通るように編集した箇所もある。また、文末は本人の表現とは多少異なり、常体に近い形に修正した。便宜的に発言順に番号を振った。編集は、当日司会の井上薫が担当した。

　(1) 志村：奉安殿を調べるために国内、旧植民地、南洋群島もパラオ、テニヤンなどを訪れた。1つの政策をやろうとしたときに、それ以外にいろいろな側面があり、何よりも、自分たちがどう感じたかということが実は大事なのだと思う。つまり、それがそのまま貫徹するわけではなくて、おそらく、いろいろと紆余曲折がある。もし、できるならば、それぞれの島で、現存奉安殿を確かめながら、その当時受けてきた教育について、聞き取りでも、もうだいぶ年配の方でなければ難しいのかと思うけれども。その当時受けてきた教育について、今調べられた教科書をどう受けとめたかということが大事なのではないか。妥協、屈折とか、いろいろな表現ができると思うけれども、そのような座標をもう少し調べていくうちに厚みがでてくるのではないか。例えば、教科書にはちょっとしか出てこない、すごろくとか、紙芝居とか、奉安殿……　実際にやっていたのかどうか。私は、宮城遥拝までさせたのではないかと思える。実際に聞いてみたいが。……

　(2) 小林茂：国語教育の方で、当時の子どもたちの聞き取り調査はたくさんされており、残存日本語がどういうふうになっているかということと同時に、皇民化教育がどのように行われているかということもかな

り進んでいる。皇民化教育については、植民地どこでも皇民化が行われていたという認識があるが、少なくとも南洋群島については、時代と地域によって大きく違い、皇民化と言えるかどうかもかなり厳しく精査しなければいけないと思う。委任統治時代は、報告をしなくてはいけないので、本当は皇民化教育をしたいのだが、かなり抑えている。が、「皇運を上げる」という言葉があって、君が代や国旗掲揚はしていた、週1回、月曜。それくらいだったが、38年以降、委任統治をしなくなった後は、仰ったように、奉安殿をたくさん造ったし、神社にも遥拝、宮城遥拝は必ずしていた。それから、私は天皇の赤子だと毎日のように唱えさせられていた。ということで、時代によっても違う。それもサイパンやテニアンは多い。パラオ、南は違う。でもポナペとか、マーシャルとか、トラックとか、離れているところでは、もっとおおらかで、時代と地域と政策によって、いわゆる括弧付きの「皇民化教育」は、少なくとも、南洋群島については大きく違う。それは多分、他の地域においてもそうだと思うし、教科書によって反映の仕方も違っているのではないのか。そして、そこが重要ではないか。

（3）合津：南洋群島に関連して質問したい。清水さんの報告、「生活方面課の改変例1『大掃除』」で説明のあった「第四次本　後半部に挿入された新段落」というところで、こういうの（「夕方早く掃除がすむと、巡査さんがけんさにこられました。家の内外をすみずみまで見て、『きれいに出来ましたね。』と言って、けんさずみのしるしを渡して行かれました。」）が確か台湾読本にもあったとの記憶がある。そんなところからも、南洋独自の教材なのか、それとも先行する他の地域、例えば台湾などからの改変、または、改変ではなくそのまま移し取ったのかもしれない。もしご存知のことがあればお願いしたい。おそらく「大掃除」に限らず、衛生面に関してはかなりそういうところがあるのではないかと、台湾の国語読本の課名を追っていた時に他の地域との関連がかなりありそうだと思ったので、もしお調べになっていたら教えてほしい。もう1点、「第三次本から採用された、公民的方面の課」というところで、これを見ると、「すべて補習科の教科書に所収」となっているが、当時どのくらいの子どもたちが本科から補習科に進んだのか、補習科にまとめてしまうということがどういう意味を持ったのか、そういった進学率や

児童数との関連で、ご存知のことがあったら教えてほしい。

（4）清水：台湾教科書との関連については私も何かありそうだとは感じていろいろ見たのだが、残念ながら、まだこれぞというものには行き当たっていない。1つ「ふか」という課が共通するのでこれはと思ったが、実は国定教科書からの引用だった。ということで、台湾オリジナルとか、南洋オリジナルとかいう直接的な関連は、今のところはっきりと見つかってはいない。それから「分業」というのも両方にあるが、課名は同じだが書き方はずいぶん違っており、直接的に影響を受けたとは言えないと思った。今覚えているのは2つくらいだが、台湾との共通で出してくると、他にもいくつかあった。課名だけでも共通するものはあった。朝鮮と比べても、台湾と共通する方が多かったと思う。

補習科について、今手元に資料がないが、ただ、補習科はすべての公学校にあったわけではなく、補習科に入ると隣の島まで行って寄宿生活をするということもあったので、そんなに高いパーセンテージの人が進んだわけではないと思う。島から出して、寄宿舎生活で出すのだという覚悟を家族でしたということを描く課もある。練習生というシステムがあったり、警察の一番下である巡警には島民がいたので、ある程度は補助をさせようという意図があったのかもしれないという印象も持ったが、はっきりとこういう史料にあるとは言えない。

（5）小林：補習科は、今清水さんが仰ったように、巡警とか助教員という役人になれる。それだけで、それ以上にはなれない。そういう意味では補習科の人に、少ないが、なれるチャンスがあるので、そういう人にできるだけ権威を示そうという意図もあったと思うし、公学校を卒業して地元に帰って農業をする人が多いので、農業技術なども少し教えられるようになるという、地域の、リーダーまではいかないが、少し上に立つ人を養成したいという意図もあったのではないかと思う。

（6）合津：清水さんの説明にあった共通教材のことで、国定からの引用が台湾にもあり、朝鮮にもあり、南洋にもあるとしたら、それはとても大きな意味を持つものだろうと思う。私も2度の科研に参加させていただいたが、自分の担当した地域だけを見ることに精一杯で、もし、科研研究をこのあと発展させるとすれば、横の関連を見ていき、どういう重層性があったのかというところまで、見ていきたいという希望がある。

非常に面白いところだと思うので、是非ここを発展させていきたいと思う。

　それから、補習科にそういう進路があるとすれば、上に立つリーダーとなる人たちにだけ、公民という意識を教授するという方針だったのだろうか。そうすると、地元に帰って農業をするような人たちには公民的知識は特に必要ない、そう割切られたのかと思ったのだが、どうなのだろうか。

(7) 清水：というよりは、第三次本までは、それほど、公民とは何だということまで突き詰めてなかったと思う。そのシステムに馴染むシステム意識を持たせようとか……、第四次本の人たちにとってはそういう意識があったかもしれないが、第三次本を編纂する人たちまでには、それほど明確な意識がなかったのではないか。分類として「公民」とは出すが、そこまではっきりと、明確に公民とはこういうものを教えるもので、だから、補習科だけに教えればいいという明確な意識すらなかったのではないか、うまく説明できないが。例えば、「第三次本から採用された、公民的方面の課」の「同一課」で、全く同じ課は「貨幣」と「人頭税」のみ。資料の一番最後の頁に、元はどの課か、どんなふうに改変されたか、元はどうかを一覧表にしたが、「貨幣」は元々も補習科で、「人頭税」も補習科に入っている。稿末資料1の「第四次『南洋群島国語読本』旧読本（＝三次本）との同一課・一覧」というところで、それ以外の三次本の「公民」分類（3期分類）を見ると、例えば、3期の「テンチョウセツ」（天長節）は「公民」と入っているが、4期では「道徳」になっている。「郵便」は、3期では「公民」なのだが、4期は「生活」になっている。だから第4期は「郵便」、これは生活だろう、生活に密着した情報を知らせる課であろうと彼らは分類し直し、「天長節」は公民ではなくて道徳だろうと。教える内容はそれほど変わっていないと思うが、分類の使用法を変えることによって、「公民」というのは、組織的に島民を位置付けることだという発想を取り込んで、教育姿勢をはっきりさせたということか。実際の教育内容は変化したとは言えないが、実際の編纂者の意識がすごく組織立ったということか、と私は感じた。

(8) 白柳：今回西尾先生の科研（『日本植民地・占領地教科書にみる植民地経営の「近代化」と産業政策に関する総合的研究』）で出された、近代化・産業化の報告書の中に陳さんが台湾の衛生について触れられて

いる。私は修身の方の衛生を担当して、関連のことを取り上げてわかったのだが、台湾の国語読本が5期あるうちの3・4・5期には「大掃除」が入っている。そして、3期の方は「掃除」と「大掃除」が入っていた。ですから、何らかの国語読本との関連があるかもしれない。もう1件、今、合津さんの方から出た台湾・朝鮮・国定の課の同一性だが、私が1つだけ宮脇科研(『日本植民地・占領地の教科書に関する総合的比較研究〜国定教科書との異同の観点を中心に〜』)の時に取り組んで気づいたのは、台湾の修身教科書に「心を一つに」という課があって、それは本来文部省の国定教科書の方では、元寇があった時に、村の人たちが自分も守りに行きたいんだと、国の、当時の鎌倉時代の人たちの心が一つになってまとまったということで、"心"を描いて、それが朝鮮の国語読本の方も全く同じ文章だった。ところが台湾の場合は、題名は「心を一つに」なのだけれども、そうではなく、召集にあたる形で行った台湾の親子、そのうちのお父さんが現地で死んでしまう、そういった文章で書かれていたもの。題名は同じなのだが、中身は全く違うというものもあり、課名の同一性の問題はなかなか難しいものだと感じて、台湾を対象とすることが多かった私も、本来は国定、台湾、朝鮮、南洋を含めて横断的に取り組む必要があるなと、科研の方向性としてそういったこともあろうと考えた。

(9) 志村：公民と皇国民。これは朝鮮などの教育史の中で「皇国臣民の誓詞」というものがあるが、はっきりこれは皇民化政策の中の一環だ。その後、日本人と同じように、朝鮮人を使って兵隊にさせることなのだが。つまり、南洋庁では労働力にならないということだから、そこまでは要求しなかったのか、それともしたのか、最終局面でですね。もうサイパンがダメになったとき、そこではやったのか、そのあたりが区別できるのかできないのか。そういう中で皇国民化するならば、一体どの時点でしたのか。これは戦局とかいろんな状況によるし、地域にもよるが、できない。しかし、できないというのは労働力としての機能がなかった、それだけの存在意義しか認めていなかったということですかね、……そのあたりが大事なのではないか、南洋諸島とかでは。これは仮説。そんなことを私は感じさせてくれるのかなと思う。

(10) 小林：労働力として、戦時労働力として、先ほども言ったように、

飛行場の建設や現地の労働に原住民を使ったとか、同時に、レジュメでは書かなかったが、そのあとポナペ挺身隊などという形で、準軍隊としても戦いに出した。島民という身分で、帝国臣民ではないのに軍事的なことまでやったので、この辺りの研究者は大きな矛盾だと言っているが、そこまでいっていた。それは、43年、44年、最後は敗戦間際、多くの原住民の方は亡くなっている。でもそういう史料もない。召集されたが帰ってきた人もいたため少し聞けるのだが、どのくらいの人たちが、どういう形で、誰が島民を召集したのか、はっきりしたものは、史料的にはまだ出てきていない。ただ、ポナペ挺身隊とか、皇国民として、いろいろな危ない島に現地住民を軍隊として出したということはあるので、現地の人は低い、能力がないと言いながらも、最終的には、そこまで、戦時動員までやったという事実はある。

（11）松浦：直接教育に関わることではないが、南洋には沖縄から移民として、砂糖の生産に渡った。その階級構成、あるいは現地の人たちと沖縄県民、移民として行った人たちとの関係、そういう序列的な構造があっただろうが、そういうことを個人的には知りたい。その階級的な関係が、結局、現地の人たちに対する教育にも、当然、反映するという感じがするのだが。

（12）小林：大切なところで、実は今、ブックレットでそこを書いているところで、確かにあった。一等民が日本人、二等が、実は朝鮮の人もいるのだが、朝鮮人それから沖縄。三等民が現地の島民。そういう序列がはっきりしていて、南洋興発の給与体系はバッチリそれでできている。ですから、沖縄の人は日本人から差別されているし、沖縄の人は現地の人を差別する、というような形で、沖縄の関係はかなり複雑。でも、沖縄の人たちは一緒になって現地の人たちと、本土の人よりは一緒になって交流しているという聞き取りもある。ですから一概には言えないが、そういう側面として、差別をされて、また差別をするという組み合わせ。ただし、いい交流ができているという話も中にはあるので複雑だ。教育について考えると、沖縄の人たちは日本人の学校に入る。そして、島民、現地の人たちは公学校に入るので、日本人学校の中で沖縄の人たちと本土の人との差別はあった。

（13）佐藤：「文明化」という言葉も新しく出たが、「文明化」それから

「近代化」と「産業化」という、例えば、この3つの概念の有効性、あるいは限界ということで、それぞれの地域に即して、どなたからでも良いが聞きたい。わかりやすいのは、清水さんと小林さんの南洋のところで、小林さんは「文明化」という視点で、例えば、トイレを使わないとか、最後、清水さんの方は、40年、第四次に入るとむしろ近代化の「システム」に順応する「システム化」というのが出てきたと、それはそれで面白いわけだが。それで、松岡さんが、アメリカの「近代化」に勝ち目はないというか、ヨーロッパの近代にはもう勝ち目がない、ではどうするのだ、と。おそらく、日本で言えば国内は近代の超克というか、西洋近代は腐りきっているので、そういう「近代」は超克するのだという、国内のイデオロギーがあったと思うのだが。では、植民地の現地では、近代に代わるもっと新しい、スローガンのような考え方があるのかないのか気になった。それから、朝鮮の方は、30年代は「近代化」でいいのかもしれないが、40年以降になって非常に戦時体制化が極まってくると、「近代化」というよりもっと別の概念でもって植民地、朝鮮植民地支配を遂行していかざるを得ないのではないかとか、それは台湾ではどうだったか、今回は台湾（の報告）はないのだが、そういうことをお聞きしたい。「近代化」という問題で、どこまで朝鮮を説明できるかという。どこかで限界があって、40年代に入って、「近代化」ではなくてもっと別のことなのか。そして、最後、よくわからないのだが、山本さんの占領地・中国になってくると、どういう概念がいいのか、青島が一つ出てくるけれども。「近代」という概念でいいのか、「文明化」であればそもそも中国に勝てない、わからないのですけれど、それぞれの地域であれば時期的なことを考えながら、「近代化と産業化」ということで、結構面白いものが見つかるのではないかと、我々そういうことで科研をやったと思うのだが、そのあたりで改めてどなたか何か考えがあれば、聞かせてほしい。

(14) 山本：今、南洋に集中していたので、ドイツの租借地だった青島という街をちょっと紹介したい。そうすると、基本、ドイツを強く意識せざるを得ないのが日本の占領下だった。（写真の紹介）これは何かと言うと、青島の中心部にあるドイツ総督府だった建物。1936年に撮影されたものとこの間私が撮ってきた写真なのだが、ほとんど変わってい

ない。ツタがなくなったそのくらい。ポールの位置や車を停める位置もほとんど変わっていない。こういったドイツが持ち込んできた括弧付き「近代」とどう向き合えばいいのか、特に第一次世界大戦中に青島を占領した日本の課題でもあった。これはホテルだが、日本で言えば、横浜の山下公園辺りのホテルのイメージ。水族館も中国側が作ったものなので中華風に造っている。これらは、今もある。僕が紹介していきたいのは青島神社。今は公園になっているのだが、鳥居があって桜並木がある。次が今というか、数ヶ月前の写真だが、桜の木が全部切り倒されてヒマラヤ杉になっている。これも様々な文献ではわからずに、伝え聞いたことでしかないのだが、確か、1940年代前半、木材が足りなくなったので桜の木を切ったという話を聞いたので、日本の敗戦後に中国人が怒って切ったということではなさそうだ。そして、鳥居の跡というのがあった。先ほどの志村先生のお話にあった奉安殿のようなものは、探してみたが、跡はなかったが、鳥居の跡、土台は、繁みの奥に隠れていて、それは取り壊しされていなかったようだ。青島神社ができたのは1917・8年だったと思うが、大正期、日本が占領した時に造ったもので、これも日本の敗戦時と同時に壊されたわけではなかったようだ。地元の人の話を幾つか聞かせていただくと、1970年代までは社屋があったとのこと。ただ、そこに測候所、観測する施設を作るので取り壊したという。日本の敗戦と同時に中国人が怒って燃やしたというのでもなさそうなので、意外と残っている、しばらく残っていた事例が、青島に限らず各地にあるのではないかと思う。先ほどの、「近代」の話で言うと、ドイツが持ち込んで来た近代を日本が継承せざるを得ないということがあった。先ほど紹介した市庁舎は、もちろんドイツが作ったものなのだが、この真ん中の建物の頭のところに立っているポールには、中華民国旗の五色旗が立っていて、ここが権力者によって旗が変わるという特色を持っている。逆に言うと、どの権力者が今、青島を支配しているかをアピールする場でもある。右の方は今の五星紅旗。つまり、今は共産党が支配しているという意味。こうした形で、今に至るまで、建物をどう引き継いでいくのかという意味では、ドイツがもたらしたものを日本が支配し、さらには中華民国、そして人民共和国へという形で引き継がれる部分というのを、建物を通して見ることができる。その事例としては、ほかにも

校舎、学校の建物もそうだ。これは、青島中学校という日本側の中学校の建物だが、見かけはドイツ的だ。今は大学になっているが、その学生たちに聞いても、「ああドイツ時代にできたものでしょ」と必ず言う。実はこの建物の入り口付近に、この建物の来歴のようなことが書いてある。そこにはっきりと「日本人設計の建物」とある。学生は、そこを見ていない。逆に言うと、今の青島という街は日本の色を全部消して、全てドイツから引き継いでいるというような意識を植え付けられている。なので、「近代」と言った時にも、どこの「近代」なのか、日本の「近代」ではダメで、ドイツの「近代」だからOKなのか。それこそ今青島が売れているのは何かと言いますと、言うまでもなく青島ビールなのだが、次に、家電メーカーのハイアールというのがある。あれがドイツのメーカーだったということをご存知だろうか？ 以前、ドイツの方と話をしていて、ハイアール赦せないと言ったとき、何がと聞くと、もともとドイツ企業だったにもかかわらず、中国人に乗っ取られたとのこと。なるほど、青島はと考えてみると、何回も、ドイツの近代は中国に乗っ取られているともいえる。ハイアールの本社があるのは青島。中国におけるドイツと関連が一番強い街は青島なのだが、そこに日本が入ってきて、先ほど少しだけ紹介した在華紡というのがあったよという。実は在華紡が入ったのは、ドイツ統治時代ではなく、日本統治時代に初めて入った。つまり、軽産業の綿を使った産業というのは、日本が入ってきたから作り始めたにもかかわらず、日本が入ってきた話を全部消して、今もそうした年号に置きながら、中国・青島では盛んになっている。そうすると、近代の基質部ということを考えると、やはりポストコロニアル的な問題であるかもしれないが、中国と日本という関係ばかりではなく、松岡さんの報告にあった、アメリカの映画とどう向き合っていくのか、そして、日本の敗戦後、またアメリカの映画に戻ったのかどうか、そして日本統治時代の記憶をどう消していったのか、消さなかったのか、引き継いだのかというところが問題になるのではないかと思う。補足は以上。

(15) 井上：なるほど。…… 少し話が大きくなってきたが、実は、先週末、西尾先生の退官シンポジウムがあって、私もそこに出たのだが、イギリス大英帝国関係のことを研究されている方が、似たような観点で、

「あれは日本が建てた『近代化』というふうに言うけれど、私が見れば全部『西洋化』だ」と話していたことがあり、これは日本がわざと日本を消して「近代」だというふうに称したか、そうしなくてはいけなかったか、その辺が複雑だが、日本を前面に出していくのは神社ぐらいだろうか、よくわからないが、その反発はありますけれども、そうでないところをあえて出しているようなところもあるかもしれないと思ったのだが。そこのところは印象で、正確なものではないが。

(16) 山本：また、補足を。神社は日本を示していたかもしれないが、それ以外は西洋を示していたかもしれないという観点に関して。青島の事例を上げると、先ほど示した学校建築はあたかもドイツ的だという話をしたかと思うが、実際に当時の記録を見ると、あくまでも外国人に向けてアピールするためにこんなに豪華な建物にしたのだ、というような記録がある。どういうことかというと、中学校や小学校、今回紹介しなかったが、日本人小学校の建物もすごく頑丈で立派な建物だ、内地にないくらいという評価がある。東洋一と必ず言う。当時、東洋一というのはいっぱいあるが。そうした形で外国人に向けたアピールの「外人」とは誰なのかといったときには、ドイツを引き継いだ日本をアピールする場でもあるので、例えば、国際連盟であるような列強諸国に向けてのアピールにもつながっていったのだろうと思う。こうした教育機関のような目立つ建物、文化施設を西洋「近代」を引き継いだ日本が"このようにうまく経営できている"というようにアピールしなければ、特に青島の場合には、隣にイギリスがいるので、乗っ取られるのではないのか、あまりにも経営が下手だったりすると、一次大戦の時は同盟国でしたから、しかも、青島の攻略にはイギリス軍にも手伝ってもらっているので、日本が占領しなくてもいいのでは？イギリスが占領してもいいのでは？と言われたらおわりなので、そう言われないような必死さというのもあったのではないかと思っている。

(17) 松岡：少し位相がずれるかもしれないが、先ほど、神社ぐらいしか日本的ものはなかったのかという話について。中華人のシンガポールの事例でいうと、今回のプロジェクトの研究ではそのことには触れていないのだが、「規律」というものがおそらくあげられる。おそらく当時の日本人文化人たち、シンガポールで教育に携わった日本人文化人たち

は、規律こそが日本的であるという発想に基づいていたのではないかと推測される。それは、はっきりとそういうふうに定義はしていないが、彼らの書いているものを総合するとそのように言えるのではないかと。イギリスが支配した、それまで海峡植民地としてシンガポールを支配したわけだが、その下で、華人にしてもマレー人にしてもインド系にしても、非常に躾がなってないということをいう。平気でピーナッツの殻は床に落とすし、休み時間になると突然、朝何もなかったのに売店ができて、皆買い食いする。こういうのはけしからん、と躾る。そういうのは一切ダメだと。イギリスの近代的な統治によって、彼らはダメにされた。近代こそがアジアの住民を退廃させたという言説を展開していく。そうではなくて、我々は日本精神に基づいて、彼らをしつけるのだと。立派なアジア人にするのだ、というようなことを言う。ただ、そこで振り返ってみると、そもそも時間の観念にしても、衛生観念にしても、日本的かというと、おそらくかなりの部分、近代になって作られた伝統なのではないのかという……、これは実証したものではないので、直感なのだが、そう言えるのではと思う。そういう意味で、中野聡先生もその本の最後の方でも書いているのだが、実際に東南アジアに行った人たちは、軍がどういう命名をするかどうかは別として、ものすごく「近代」というものに対して否定的にかかろうとする。そうでないと、自分たちの支配の正当性というものを示せないので。でも、それが矛盾に行き当たる。なぜ、矛盾に行き当たるのかというと中野先生はこう書いている。「早晩、前線の現実が明らかにしたのは、近代を否定するには、日本が近代にあまりにも多くを負い過ぎているという矛盾であった」と。これは、おそらく教育内容にしても、あるいはその他社会教育の諸側面においても、共通して言えることなのではないか。それがおそらく、青島だとか、東南アジアの大都市のようなところでは、非常に鮮明な形で現れているのではないか、そういうふうに考える。

(18) 山本：支配した側は、支配された側？

今の問題で特に大事だと個人的に思ったのが、日本が支配したというところなのだが、日本が支配した側の都市の方が、日本より文化レベルが高い場合どうするのか。（松岡：青島がまさにそうだった。）青島は、ドイツが作って、明らかに文明度が高い。内地よりもっと立派なものを

作らなければいけないという必死さも現れている。それこそ、シンガポールもそうだろうし、ジャワ、ジャカルタなどもそうだろう。東南アジアへ行けば、土民が遊んでいるに違いないと思っていたらそうではない。全然そんなことはない。立派だったし、尻尾巻いて逃げるほかない。土民をしつけてやるのだと思っていたら、こっちがしつけられてしまう。そういうところで、躾がなっていないと、逆に言わざるを得ないのではないか。自分たちと文化が違うので、それを分けて、こっちが文明化側だと言わざるを得ない。その背景は、あくまでも軍事力でしかない。その程度であったにもかかわらず、1940年代を中心に、東南アジアへ軍事力をもって、日本が支配して行った時に、一番困ったのはおそらく日本側だったのではないだろうかと個人的には思っている。

(19) 松岡：今回全くどの発表にも出なかった話だが、おそらく入れなくてはいけないのは、人種認識ではないか。潜在的に、あるいは、それが東南アジアで顕在化するが、青島でもそうだと思うが、白人、西洋人に対する人種コンプレックスの大きさ、というのは、おそらく、近現代の東アジアにはある。おそらく普遍的にあるのではないか。特に、支配・被支配という関係が生じると、必ずそれは頭の中のどこかに出てくるのではないか。中国などでは、同文同種に入れてしまうので、人種というのは前面に出さないが、それが、南洋群島だとか、東南アジアだとかへ行った時に、例えば、マレー系だとか、インド系だとか、東南アジア半島諸国であればクメール人だとか、いう人たちがいるが、それをあまり表立っては言えないけれども、おそらく、西洋人の人種認識を変える形で、自分たちの「白さ」を見出したのではないか。そして、それがおそらく教育の場面だとか、あるいはプロパガンダの場面において、自分たちの優位性、指導民族であることの正当性の根拠になり得たのではないか。そこを少し、今回どなたも触れてはいないと思うが、考慮すべきことなのではと、考える。

(20) 山本：今の白人の話で、人種の話で言うと、さらに言うならば、白人内の格差もあったはずだ。東ヨーロッパと中央ヨーロッパ、西ヨーロッパの格差、イギリス内でもイングランド人とスコットランド人の格差、アイルランド人との格差のあったなかで、白人と一緒くたに捉えることもまた考慮しなければならないことなのではないか。駒込武氏の新

刊が出たが、台湾へ進出して行ったイギリス人といっても、実はスコットランド人とイングランド人がいるという話、それこそ、ジャーディン・マセソン協会、ジャーディンとマセソンさんはスコットランド人。そうした形で、ヨーロッパ内にも様々な格差があり、それこそ、辺境に進出して行った人たち、していった白人たちといったとき、その人種とは一体何であったのか。そうした底辺の白人と、低位に置かれた帝国である日本とのかかわり。日本のなかにも様々な格差があるというのを、一通り連続的に捉えていく必要があるのではないだろうか、そんなふうな印象を受けた。そうした点を踏まえると、一体、「近代」というのはどこを基準とした近代をいい、文明なのか、それは時代によって変わってくるし、「超克」というときも何を対象とした超克なのか、その時代、その論者、それらをしっかりチェックしていく必要があるのではないかという印象を受けた。

(21) 白恩正：話がずれるかもしれないが、1930年代において、朝鮮では特に産業化が進められ、40年代になると戦時体制化になったと、発表でも紹介があったと思う。30年代になると工業化と、資源の開発が、財界からの要求もあって、非常に盛んになされていき、それによって生産量などが増加したり、取引が盛んになったりと、そういうのはもちろんあったが、これが、実際朝鮮で暮らしている朝鮮人にとってはどのような意味があったのかというのが大事だと思う。データとか数値を肯定的に捉えてみる、そういう側面はあったとしても、あくまでも効果的な収奪にその目的が置かれていたので、そういう数値・データを肯定的にだけ捉えることはできないという批判もある。今現在も韓国で、収奪論と植民地近代化論、2つの論争が繰り返されている。2つの論争は、前提のところでは、「近代」というものをとても肯定的な価値、すでにこれはいいものなのだという価値、良い価値だと思って議論しているところがあるので、その両方の議論とも、それを克服するためには、何を「近代」を超える新しい基準、「近代」が本当に私たちにいいものかどうかという「脱近代化」論、そういう視点も新しく出ている。韓国内で、今も3つの側面からそういう議論がなされている。

(22) 松浦：今の発言の中に「財界」という言葉が出てきたが、それはどういうふうに使っているのか。「財界」というと、日本の社会では、

今の「財界」をイメージするのだが。戦前・戦中の文脈の中での「財界」？どういう意味で使っているのか。要するに既成財閥のことを言っているのかという話なのだが。つまり、日本の財閥、既成総合財閥と言われるが。少なくとも、日本の財閥は朝鮮の資本を抑圧したわけだから、日本の財閥のことを財界と呼んだのかという、単純な質問だ。ちょっと、財界という言葉が私には唐突に聞こえたので、確認の意味でお尋ねした。)

　白：おそらく、朝鮮に投資したいと思うそういう資本家だと思う。

(23) 井上： 答えになるかどうかわからないが、1936年の半ばから後半に朝鮮産業経済調査会があって、そこはもちろん日本の方の、そして「満洲」との接続の意味で朝鮮が大事であるということで、経済関係、総督府とか政界、中には朝鮮の企業家も含まれていたけれども、いわゆる財閥的に大きいかどうかはわからないが、そういう人たちを取り込んで、いろいろな計画をまとめて立てたところがあり、そういう人たちを一部含んでいる可能性はあるかもしれない。

(24) 松岡： 先に、ものすごく技術的な指摘だけ。日本の狭軌というのはおよそ1067mmなので、3フィート6インチ。標準軌、これは1435mmなので、4フィート8インチ半、だと思う。鉄道と近代、今、植民地朝鮮の近代を語るときに、何をもって近代とするのかというのが、おそらく問題とされるべきなのかと思ったのだが。というのも、ここでお話しされた内容、あるいは書かれた内容というのは、およそ産業、近代産業のようなものが近代化の現われとして書かれていて、それが鉄道によってもたらされたということが強調されたと思うが。ただ、鉄道は、もう一方で、地理に関していうと、いろんな地域の知識、あるいは情報というものを、より身近に感じさせるツールにもなる。鉄道、例えば、観光というものがそれによって派生してできると、観光によっていろんな地域の情報がどんどん入ってくる。そうすると、この地域にはこんな伝統があった、こんな文化があったのだと。さすがにすべからくとは言いにくいのだが、およそ観光資源になるような地域の文化とか伝統とは、かなり作られた、「近代」によって作られた「伝統」だったものが多いように思う。あまり観光学の研究を捕捉していないが、そういうことは、かなり観光学あるいは人類学でなされているのではないかと思うのだが。そういう意味で、朝鮮全土の知識だとか情報というものが、鉄道を介し

て、子どもたち、あるいは子どもだけに限らず、人々に伝達していく、あるいは商品化されていくというときに、伝えられるそうした各地の文化・伝統というのも、実は「近代」なのではないのか。そういうものが、地理の教科書、あるいは鉄道と教育という絡みの中で、何か出てくるのではないかと思うのだが。

(25) 白：各地域の知識や情報はどうだろう。地理の教科書の記述、一応今回は朝鮮の地域だけに絞ってみたため、あまりそこまでは感じなかったが。朝鮮の鉄道は、当時の京城を中心にいろいろなところに行っているが、観光というところで、日本の植民地にされた京城がどんどん発展される様子を強調し、日本と「満洲」をつなげることによって、例えば、日本の観光客が、鉄道、列車に乗って大陸まで観光するときに、この京城という地域はとても発展したのだという、一つの宣伝の地域として取り上げられていたというところはある。

(26) 松岡：一方、金剛山とか、あれは自然ですけれども、それ以前、朝鮮の文化・伝統の中でそれほど重視されていたのか。あるいはもしかしたら、地理的な情報の拡がりの中で作られていった「伝統」なのか、原風景なのか。あるいは学校関係で言えば、修学旅行でそういうところへ行ってみるとか、あるいは、鉄道唱歌を歌ってみるとか。そういうことによって、ある種、国土の美のようなイメージ。それが伝統として創造されていくというプロセスがおそらくある。鉄道によって、加速されるのではないのかなとは思う。

(27) 松浦：今の松岡さんの話は少しずれてるのではないかと、個人的には思うが。鉄道政策は、何を目的として推進されたのか。これは韓国でも日本でも経済史等をしている人たちの間では専門的に研究しているはずなので、報告者は何を文献として書いたのかは書かれていないが、もちろん報告者の主題はそこにはないわけだ。そうではなくて、それを反映するかたちでどういうふうに教科書が作られたのかということが、報告者の主題だと私は思う。要するに、軍隊を輸送するために政治的に日本側は作る。それがメインなので、伝統をどう作るかというのは、付録みたいなものだと、私自身は理解してきたが、発表者はそういう理解でいいのか。むしろ、私は、あとで発表者の方が、植民地近代との関係で議論しなければならないのではないかということを発言したけれども、

本当はそれで初めから問題意識のところで書いていただければよかったかと。この10年、韓国社会でも日本でも、植民地近代をめぐる論争というか議論があったわけなので、それに対して何がしかの回答というか、発表者の研究を通じてできればいいのではないか、というふうに私自身は思って、報告者の意図を勝手に読み解いてみた。それと、「近代化」なのだが、これは使う側がある程度意味を限定して使わないといけない。だから私はカギ括弧でくくって「近代化」と使うのだが。私は例えば、「民主化と資本主義化」というかたちで、民主化イコール資本主義化ではないわけだけれど、「近代化」にはいくつかの側面があるが、私は、主要には民主化と資本主義化ではないかと。ところが、資本主義化が民主化を圧倒する、そういう側面も当然あるわけで、だとすると、植民地や、日本による植民地や占領地での「近代化」とはどういう「近代化」なのか、というようなことをあえて分析する必要がある。いろいろな側面はあるだろうけれども、主要には何が問題なのか。「近代化」とは何が問題なのかということに焦点を当てないといかんのではないか、というふうに個人的には思った。

(28) 山本：今の白（ペク）さんを中心とする議論の中で、鉄道についての話だが、先ほどの松岡さんの話や松浦さんの話に出てきて、大事だというのは何かと言うと、鉄道は何のために存在するのかというところで、軍事利用というところと、松岡さんが先ほどゲージ幅の話をしたけれども、実はとても大事なことだ。どういうことかと言うと、線路幅によってどの路線とつなげることができるのか、逆に言えば、どの路線を排除するのかという選択を誰がしているのか。それは、自然と線路幅が広がったり閉じたりするわけではないので、明らかに意図的に作っているわけだ。例えば、朝鮮における鉄道敷設の時に、線路幅が狭軌なのか、広軌なのか、というのは極めて重要な選択になる。どういうことかと言うと、例えば、ロシア領と繋がらない鉄道とか、満鉄においても大変重視されたのが、長春駅におけるゲージをどうするのかという問題だった。直接軍隊が、ロシア軍が直接長春を越えて大連の方まで行かないようにするために、線路幅をわざと変えておくという戦略をとる。線路幅と軍事的目的というのは、極めて密接な関係にあるし、これはもちろんアジアに限った話ではない。この間テレビを見て興味を持ったのが「美の巨

人」の駅特集で、ヨーロッパにおいてもゲージ幅をわざと変えているところがあり、スペインとフランスの国境の駅で、フランスから攻められないようにわざとゲージの幅を変えた話をしていた。もちろんこのゲージを捉えて考えるならば、どこと繋がりたいのか、どこを排除したいのか、そうした軍事的意図はどういう形で作られていったのかというところまでも押さえていく必要があると思った。これは報告者の研究意図とは全く離れていることかなとは思うが、そうした視点も踏まえた上で、ゲージ幅を見ていくと、どこと繋がり、どこと繋がりたくないのかというのが、それが教科書にも反映されていくのかどうかも見ていく必要がありそうだと感じた。

(29) 小林：すみません。最後のところで、今までの話は、植民地近代の話に非常に重要な点が、鉄道のことだとか、人種の問題だとか、とても重要だと思うが、それが、最後に山本さんが仰った、教育とどうつながっていくのか。ここでは教科書ですが、ちょっと広げて教育でどうつなげていくのかが一番重要で、そこのところを掘り下げる、私たちの課題かなと今の話から思った。先ほど松岡さんが、西洋人の人種の認識ということと、そこに正当性をどのように根拠付けるかという話があったが、委任統治領はまさに西洋の、白人の人たちの第一次世界大戦の世界秩序の中で、日本が一等国として割り込む、ということで受任されたので、そういう白人秩序の世界秩序の中で、どういう風に日本が一等国という地位を保てるか、その試金石が南洋群島の移民統治だったので、そこのところをちゃんと統治しているということをアピールしなくてはいけない。そのために現地の人たちにどのような教育を授けなくてはいけないのか。そして、それを成果としてアピールする。世界秩序の白人の人たちの（国際）連盟の中でどういうふうにアピールするか、両方の側面、白人の人たちの中での連盟の中での一等国だということを見せなくてはいけないし、かつ、現地の人たちに、住民の人たちにも日本の近代、日本の、最終的には軍事力に行ってしまうが、日本の素晴らしいところを見せて、そしてそれが教科書にも反映されて、ちゃんと支配をするという2つの側面が、まさに南洋群島での委任統治政策と教育のかかわりというところではないかと思って、それが端的に表れているのが、教科書というところで今回は見た。それがさらに実際に現場ではどうだった

のか。本当にそれが行われていたのか。先ほどご指摘があったように、皇民化ということが教科書では出ているけれども、でも実際どうだったのかと、そこまで掘り下げられるとさらにいいし、南洋群島のことをさらに言えば、実は朝鮮の人もいた。それからもちろん現地人、チャモロとかパラオ人がいて、台湾の人たちが最後に入ってくる。そういうふうな、まさに先ほどおっしゃった人種構成の中での、日本での白人向けのアピールと同時に、現地の人をどういうふうに支配して治めるか。戦争が始まったので、最後は軍事体制に流れていってしまうのだけれども、そういうことも含めて、教育ということを政策者は考えたと思うのが、そこのところをさらに深めたい。もう一つ言えば、一番最初に合津さんがおっしゃった台湾との関係、台湾も先住民族がいる。台湾の先住民族とのかかわりと南洋群島での、まさに、言葉悪いですが「土人」観がすごく似通っているというところがあるとすると、そういうところも考えられる、というかたちで、いろいろな方面に広げられる話になるのではないか。植民地近代を教育と引きつけて多方面に考えられるかということが今後の課題だし、広がりの深さかなと思う。

（30）**清水**：今の件に関連して、かつてシンガポールを調査した時のことなのだが、現地で教えていた教育者が教科書を書いているのだけれど、彼が「僕が書いた」と手記にも残しているように、西洋近代と日本を対比して、「西洋は非常に高い文明を持っていたが、それにあぐらをかいて堕落してしまった」と。そこで「日本精神だ。頑張る精神だ。私たちが頑張っていい世の中を作るのだ。みよ、陽の光は東洋より。」で終わっているものを書いている。シンガポールで教育を受けた人たちは、公文書館の史料とか、あとは他の方々がインタビューした中に、「頑張る精神、日本精神を身につけた」というようなことが、本当はものすごく出てきているので、一つの形として、方向性としてそういうものがあったのかなと。日本の教えている人にも、西洋と対比しての日本での私たちが彼らに見せて教えたいものの、明らかな方向性というものが見えると思う。

（31）**金**：山本さんにですが、日本の先進性と正当性をアピールするのに教育しなければならないということなのですが、その教育した人たちが、青島における近代化のためにどういう役割を果たしたか、というの

はわかるのか。

(32) 山本：私に限らず思うのですけれども、教育を受けた人たちが卒業後、どうなっていったのかという点に関しては、まだ、我々のグループ全体の中では深めていないと思う。青島だけでいうと、卒業生がどこにいくのか、この青島学院商業学校に限って言うと、日本語教育を受けることにより、やはり日本企業に行く。そもそも、この青島学院という学校を選ぶ理由というのも、日本企業の就職に有利だから、その点で進む。おそらく、それは南洋でもそう、朝鮮でも、シンガポールでもそうだと思うが、なぜ日本が経営しているような学校にわざわざ行くのかと言うと、まず、卒業後の進路を考えながらという側面がゼロではないと思う。もちろんそれは皇民化政策という点もあるけれども、そういう統治する側の意図だけではなく、統治を受ける側にも戦略という側面があり、それも見なければいけないのではないかと感じた。

青島にいた日本人はどこに行ったかということですか？現地の日本企業ないしは日本内地に戻って、高校、帝大などを目指して日本側の企業に入っていくという流れがあった。

(33) 井上：佐藤広美さんから出された、文明化、近代化、産業化、そもそもその概念の有効性や限界性がはっきり出されたわけではなかったかもしれない。そういう意味では課題を残したまま終えなければいけないこととなり、申し訳ないが、一方では、今後の、植民地あるいは占領地をまたいだいろいろな横の関係の共同研究が必要なのではないかという提言をいただいたので、何らかの形で反映させていけたらと思っている。教科書を見ていったという点では、南洋群島が非常にクリアーに出てきたと思いますが、必ずしもそれだけの話題ではない部分もあったので、ちょっと全体的には分散した議論になってしまったかと思うが、その点はお許し願いたい。

Ⅱ．研究論文

「満洲」国民科大陸事情の教科書における郷土教育

船越亮佑＊

1．研究の目的

　近代日本における郷土教育は、ペスタロッチやヘルバルトの教育思想の影響下で明治期にはじまったが、それが運動と呼べるまでに発展したのは昭和期のはじめ 1930 年代のことであった。後述する「方法的原理に基づく直観教授」としての郷土教育は、児童中心主義とされる「大正新教育」が整えた体験に依拠する学びのあり方に符号して全国に普及した。その郷土教育運動は、文部省や師範学校の推進した実践と郷土教育連盟（1930 年発足）の推進した実践という二系統があった。

　郷土教育連盟が刊行した著作のなかに、海外教育協会の主事を務めた大塚好の著書『移植民と教育問題』（刀江書院、1933 年）がある。本書のなかで大塚は、いわゆる「排日移民法」の制定に至った米国移植民の政策を反省して、いかに「満洲」移植民の政策を成功に導くかということを論じる。米国において排斥となった理由が、在米日本人が現地に同化しないことにあったならば、それは「郷土を自分と共に行く先き先きに持つてゆくこと」ができなかったからで、「満洲」においては当地を「異郷の地」ではなく「郷土」にするという思いが必要であると考え、日本における郷土教育の一つの運動として国外の「住みよい郷土の建設」を訴えることが移住を促すことになると大塚は主張する[1]。

　このように、移植民政策の文脈に置かれたとき、郷土教育は児童生徒の土地及び国家への帰属意識というアイデンティティの形成をめぐる問題と密接に関わってくる。植民地における郷土教育は、まずこの問題に

＊東京学芸大学大学院連合学校教育学研究科（博士課程）

向き合わなければならなかった。

　近年、近代日本の植民地において展開された郷土教育論をめぐる研究が進められている。たとえば、國分（2008）「植民地朝鮮における 1930 年前後の郷土教育論」と、林（2012）「1930 年代植民地台湾の郷土教育論の一側面」が挙げられる[2]。

　國分（2008）は、従来の郷土資料の分析だけでは郷土教育の全容を捉えることが不可能であるとの認識から、総督府関係者や教師の言論を分析することで朝鮮における郷土教育論を追究したものである。この論考では、朝鮮人子弟と在朝日本人子弟のいずれかに限定せず、総体としての郷土教育論を考察の対象とする。結論としては、「1930 年前後の植民地期朝鮮においては、郷土愛―愛国心の育成を目指す主観的感情的な郷土教育論が中心をなし、総督府関係者と教師はこの論を統治政策に利用しようとした側面が強かった」と指摘する[3]。

　林（2012）は、郷土教育論の二つの流れ、すなわち、愛郷心と愛国心の涵養を目的とする主観的・心情的な郷土教育論と、郷土観念の啓発を目的とする客観的・科学的な郷土教育論に着目したものである。この論考では、台湾人子弟と在台日本人子弟に関する郷土教育論が区別されて論じられる。結論としては、1930 年代の時点では主観的・心情的な郷土教育論が中心をなしておらず、「大正新教育」の客観的・科学的な郷土教育論が残っていたこと、また、台湾人子弟の日本化と在台日本人子弟の郷土化という二つの側面があったと指摘する[4]。

　これらの研究から、植民地における郷土教育論は地域によってその展開の仕方が異なるものであったことがわかる。今後より詳細に検討していけば、その性格の違いも明らかになっていくだろう。個別の地域における郷土教育論の展開とその性格をめぐる研究が積み上げられたときにはじめて、帝国日本及びその勢力圏における郷土教育の全容を把捉する糸口が見えてこよう。「満洲」（本稿では、関東州と満鉄附属地及び満洲国の領域を合わせた総称とする）における郷土教育論の展開とその性格をめぐる本研究はこれに資するものである。

　本稿は、「満洲」国民科大陸事情の教科書における郷土教育のあり方を明らかにすることを目的とする。また、それを追究するなかで、「満洲」における郷土教育論の一側面として、国民科大陸事情に関わる郷土

教育論の展開とその性格を跡づけていく。満鉄関係者や教育関係者の言論を分析するとともに、編纂された教科書の言説も合わせて分析することで、「満洲」における郷土教育論を実践に近い位相に結びつけて論じたい。なお、考察の対象は、国民科大陸事情という科目の性格上、在満日本人子弟に対する郷土教育に限定されることを断っておく。

2．研究の方法

　帝国日本及びその勢力圏における郷土教育論の全容を把捉することに繋げるため、前掲二論文との結びつきを積極的に得たい。したがって、研究の方法は、前掲二論文と関連性をもたせることにする。
　國分（2008）は、1930年前後に東京帝国大学が行った郷土教育の調査研究[5]の質問事項をもとに、郷土教育に対する分析視点を以下の四つに求めた。①郷土の範囲、②郷土と国家の関係、③郷土教育の必要性、④郷土教育実践の内容及び形態。
　本稿でも、これらを分析視点としたい。が、②については次のように据え直す必要がある。②郷土と「満洲」及び日本の関係。考察を進めるなかで次第に明らかになっていくが、この②の視点が「満洲」における郷土教育の特殊性を論じるうえで要となる。
　また、林（2012）は、先述した郷土教育論の二つの流れ、すなわち主観的・心情的な郷土教育論と客観的・科学的な郷土教育論について、前者を「目的的原理としての郷土教育」・「国民教育としての郷土教育」、後者を「方法的原理としての郷土教育」・「直観教育としての郷土教育」と言い換えている。
　本稿では、これにならって、前者の郷土教育を「目的的原理に基づく国民教育」、後者の郷土教育を「方法的原理に基づく直観教授」と呼び、満鉄関係者や教育関係者の言論そして教科書の言説を、この二つの流れのなかに位置づけて分析を行っていく。ただし、いずれも郷土教育の理論的立場をめぐる分析のための呼称であるため、前者に直観教授、後者に国民教育の性格がまったくないことを意味していない。

3．国民科大陸事情と「満洲郷土論」

　1941年4月1日、日本内地で国民学校令が施行されたのに合わせて、満洲国・関東州でも在満国民学校規則・関東国民学校規則が公布され、在満日本人子弟の教育は国民学校制度のもと実施されることとなった。そこで設置された国民科は、日本内地においては修身・国語・国史・地理・郷土の観察にわけられたが、「満洲」においては修身・国語・国史・地理・大陸事情及満語にわけられた。

　内地の郷土の観察は初等科4年で週1時間が行われ、その目的は、「郷土における事象を観察させ、郷土に親しみ、郷土を理会し、これを愛護する念に培ふこと」とされた。それは、5学年から行われる国史・地理の学習に向けた基礎学習としての機能を果たしていた。児童用の教科書は編纂されず、教師用書のみが編纂された。また、朝鮮や台湾といった外地でも本科目は設置された（朝鮮の国民学校は環境の観察）。

　他方、「満洲」の大陸事情及満語は二つにわかれ、初等科では大陸事情が各学年で週1時間、満語（満洲語ではなく中国語のことをさす）が第4学年から週1時間行われた。それは、「満洲及東亜ニ関スル事情ノ概要ヲ知ラシムルト共ニ簡易ナル満語ヲ習得セシメ大陸ニ於ケル皇国民ノ使命ヲ自覚セシムル」ものとされた。教師用書だけでなく、児童用の教科書も編纂された。

　野村（1989）は、この国民科大陸事情がはじめから矛盾を抱えた科目であったと指摘する。氏は、嶋田道弥『満洲教育史』（文教社、1935年）[6]を参照しながら次のように述べる。

> 　「満洲」での「郷土」とは「条件付きの郷土」であって、国内におけるそれのように「純粋の意義」を持ち得ない、という。それはあくまで「児童を日本人として大和民族として」育てなければならないためである。（中略）「満洲を我国と切り離すことを得ないものとして」とらえつつ、しかも価値基準はあくまでも「内地」にとらねばならない、という論理は、最初からリアルに現地の実情をとらえる道を遮断していたのである[7]。

また、磯田（2006）は、「満洲郷土論」をめぐり、国民科大陸事情の教科書について次のように論じる。

> 学年が進むと環境の自然美や異民族・異文化を映したような教材が乏しくなり、皇国民教育のための教材が中心になっている。満洲を郷土とはいうのだが、日本人の子どもは環境に同化されてはならず、あくまで帝国臣民でありながら満洲で活動しなければならないのである。それを可能にしたのが、あくまで日本に国籍があることと、「日満不可分」を前提に「皇道精神」を指導精神とすることであったろう。この意味では真の故郷は「皇国日本」でなければならない[8]。

両者の評価は相補的である。在満日本人子弟にとって、「満洲」とは「条件付きの郷土」であり、子弟は、環境に同化されてはならず、価値基準をあくまでも内地にとる帝国臣民であらなければならないということである。ここで「満洲郷土論」は、②郷土と「満洲」及び日本の関係のなかで論じることに重きの置かれていることがわかる。

以上をふまえて、ここからは、国民科大陸事情の教科書と、それに先行する補充教科書に関わる言論の分析を中心に、「満洲」における郷土教育論について検討していく。

4．「満洲」における郷土教育論の展開

「満洲」における郷土教育論は、国民科大陸事情の教科書と性質上関連性があるとされ[9]、先行する形で発行された『満洲補充読本』の内容をめぐる議論のなかに、早くはその萌芽が認められる。それが『満洲補充読本』について批判的な意見を述べた上田恭輔（満鉄秘書役）の「満洲日本人使用の教科書編纂に就て」（『南満教育』[10] 62号 1926年7月）と、これに反論した浦田繁松（教科書編輯部）の「上田恭輔氏の教科書編纂上の意見を読んで」（『南満教育』63号 1926年8月）である。いくら「満洲事情に通暁して」いても、「母国に帰つて、周囲の同胞から、

彼奴は満洲日本人だ、と指さされる様な人間」になるのではないかという上田の批判[11]に対し、「寧ろ満洲人としても完全、帝国臣民としても完全、全人類の一員としても完全な在満日本人を育成し得る」という浦田の反論[12]が載せられている。大局的にはこれにどのように折り合いをつけるかということが「満洲」における郷土教育論の要となる。

本格的に郷土教育論が「満洲」において展開される契機となったのは、文部省が開催した郷土講習会の内容を報告した伊東二雄（大連日本橋小学校）の「郷土教育受講」（『南満教育』121号 1932年11月）であろう。そこでは、講習会の講師のひとり、吉田熊次の「教育学上より見たる郷土教育」がはじめに報告されている。

吉田は、従来の郷土教育論には「主観の活動を重要視する主観的なる郷土教育観」と、「自然とか社会とかの客観的な事実を基礎とする客観的郷土教育観」という二つの流れがあるとする。これに関して、「之迄の学校教育は客観的な郷土教育であつて、主観的の郷土観念が含まれて居らなかつたが、一度新教育が起るに至つて、主観的の要素が郷土教育の上にも重要視さるゝに至つた」と述べる。さらに、「客観的郷土を中心として主知的情意的陶冶を為すと共に主観的情緒を説いて客観的認識を与へ、以て郷土に対する愛着の念を養ふ」ことによって、「自然的に人格を構成することが出来る」と主張する[13]。つまり、対蹠的な性格を有するこの二つを補完的に機能させることが論じられているのである。

なお、ここで吉田のいう「主観の活動を重要視する主観的なる郷土教育観」における主観と、「目的的原理に基づく国民教育」としての郷土教育における主観は、その意味するところが異なることには注意を要する。後者が心情に求める点を主観とするのに対し、前者は体験に求める点を主観とするのである。この文章において吉田が「方法的原理に基づく直観教授」としての郷土教育を「主観的なる」ものとしているのはそのためである。

かくして、「満洲」においても郷土教育論が展開されていく。1934年7月、『南満教育』140号は「郷土教育」と題する小特集を組んだ。そこでは、吉成孝一（大連神明高等女学校）の「郷土研究」、花房五六（昌図小学校）の「郷土教育について」、三川秀道（大渓湖小学校）の「郷土教育」という3編の文章が載せられている。

吉成は、①郷土の範囲について、「生徒の直観区域以外の地域が広大」な「満洲」では、「郷土の文字に囚はれて単なる関東州又は南満とかにその範囲を限定するよりも満洲国と一括して」郷土を捉えるべきであるとする。②郷土と「満洲」及び日本の関係については、「愛郷心を拡大すれば愛国心となる」と郷土を中心とする同心円論を説く。また、③郷土教育の必要性については、「故郷の魅力」を教育に利用すると「絶大なる効果」を収めるためであるとする。④郷土教育実践の内容及び形態については、「郷土研究室を設け生徒に郷土研究の指導奨励」を行うこととする[14]。

　花房は、①郷土の範囲について、「内地のそれの如く学校を中心として何里位の所までとか」に限定するのではなく、「児童の成長発展と共に郷土の領域を満洲を包含する日本にまで」広げるべきであると同心円論を説く。これはそのまま②郷土と「満洲」及び日本の関係についての見解ともなる。③郷土教育の必要性については、「明日の郷土建設への郷土意識の啓培涵養」の必要があるためであるとする。④郷土教育実践の内容及び形態については、郷土見学・郷土調査・郷土講演会等を挙げる[15]。

　三川は、①郷土の範囲について、たとえば一日の行程で往復する範囲を郷土と定めるような「客観的規定」と、心理上から郷土の範囲を定める「主観的規定」が行えることをふまえたうえで、そのいずれの規定による範囲も発達に応じて広くなっていくとする。しかしながら、それは際限なく拡大できるものでないため、「自然的竝に文化的関係よりして、特定の地域を教育的郷土として予め限定」する必要があると述べる。②郷土と「満洲」及び日本の関係について、「祖国と郷土との関係は、単なる異郷と郷土との関係でなく、全体と部分との関係のもとに」教育を行うべきであるとして、「児童は郷土の理解を基礎として出発点として、それを拡充して祖国を理解」しなければならないとする。「郷土」と「祖国」は別物であり、同心円論は「理解」という点のみにおいて有効であるとの認識を三川は示す。③郷土教育の必要性については、郷土教育が「在満の子弟をして、良き満洲国の開拓者となす上からも、健実なる思想をもたせる点からも、また文化財を確実に把捉させて全人教育をなす立場からも」必要なためであるとする。④郷土教育実践の内容及

び形態については、「具体的ならしめること」と「直観的に綜合的にやること」、また「郷土に関連せしめること」を挙げる[16]。

　三者の見解は、①郷土の範囲をめぐって相違点がよくあらわれている。郷土の範囲の最大を、吉成は「満洲」全域、花房は「満洲」を包含する日本の領域、三川は自然的・文化的に関係のある地域と規定する。「目的的原理に基づく国民教育」に力点の置かれている郷土教育論が吉成と花房の見解であり、「方法の原理に基づく直観教授」に力点の置かれている郷土教育論が三川の見解である。

　また、吉成の②郷土と「満洲」及び日本の関係と、花房の①郷土の範囲に対する見解は、同心円論の形をとる「目的的原理に基づく国民教育」としての郷土教育論の流れに位置づけることができる。この教育論を林（2012）は、「児童の成長に従い、『身近な郷土→地方→国家→世界』と郷土の範囲設定は同心円的に拡大し、それに伴い、郷土愛も愛国心へ至るという考え方」と定義する[17]。林（2012）だけでなく、國分（2008）が取り上げる言論のなかにもみえる教育論である。朝鮮や台湾といった外地のみならず、「満洲」にも広がっていた教育論であることがわかる。

5．教科書編輯部と大塚正明の教育論

　先の3つの郷土教育論が展開されたのと同じ年、国民科大陸事情の教科書の編纂に関与した人物もまた郷土教育論を『南満教育』に載せていた。まずは、その人物が教科書編纂に携わることになった経緯から述べたい。

　教科書編輯部は、在満国民学校規則・関東国民学校規則の実施に伴い、従来の教科書を廃して新教科書を編纂することとなり、1941年度よりその事業に着手した。その編纂の手順が、『編輯部要覧』（関東局在満教務部管下教科書編輯部、1941年）に記されている[18]。これによれば、まず内地の文部省と連絡をとり、教育専門家の意見を受けて編輯計画を立案する。次に、調査員会を開いて方針を確立し、担当する編輯員が原稿を執筆する。そして、推敲と審議を重ねたものに対する顧問の意見を

きき、さらに仮名遣いや送り仮名などを精査したうえで決定原稿となる。決定原稿は、主事を通して常任理事に提出し、編輯部長の決裁を得たうえで印刷に取り掛かる。

　上記の役職のなかで科目ごとに割り当てられたのが調査員と編輯員である。現在資料が発見されている、1941年度・1943年度・1944年度の『編輯部要覧』を見たところ、そのなかにひとりだけ、すべてにおいて国民科大陸事情の教科書編纂に携わった人物がいた。それが、1941・1943年度に編輯員（1943年度は編輯室主任）と、1944年度に調査員を担当した大塚正明である。他の担当者が年度ごとに入れ替わるなか、継続して関与し主任も経験した大塚の意向は国民科大陸事情の教科書編纂に大きく関与したものと考えられる。

　大塚は、『南満教育』に度々文章を寄稿している。1933年9月号の「丘に立ちて」、1934年2月号の「満洲の特殊性と国民的自覚に立つ訓育」、同年4月号の「万葉集の満洲的観賞（一）」など計5つの文章が掲載されている。ここでは、大塚が自身の教育論をあらわした「満洲の特殊性と国民的自覚に立つ訓育」について見る。なぜなら、このなかで大塚の郷土教育論についても論じられているからである。この文章は、雑誌が「満洲に於ける学校訓育を論ず」という課題で募集をかけた懸賞論文で、当時大連光明台小学校に勤めていた大塚が投稿しそれが入選したことにより掲載されたものである。大塚は「満洲」における学校訓育の目的と理想を次のように述べる。

　　満洲に於ける我等の精神統制は其の歴史にきゝ、我等の理想は日満提携の真意を探る所に発見される。残るは唯邁進する力の問題であるが、力には知識もあり富もある。然し決してそれのみではない。真の力とは精神的団結である。一人の力でなく我等全体の結晶力である。教育活動に於ても全満洲の教育の統制目的に向つて協同一致すべきである。即ち、満洲の歴史の底を永遠に流れる我が民族の宗教的信念を児童の精神に力強く復活させ、此の信念のもとに大同団結して満洲の資源を開発し、文化を助長し、生活を浄化して、以て祖国の英霊に報ひ、国家の意図に自らの使命を結び、更に国際都会人として明快典雅なる日本人の養成が、吾等の教育乃至訓育の理想でなければならぬ[19]。

　大塚は、在満日本人に求められるのは、日満親善に資する「精神的

団結」であるとする。それは子弟に対する教育活動においても同様で、「大同団結」して日本国家の意図を使命とする日本人を養成することが、「満洲」における人格形成教育の中核であるとする。なお、「我が民族」という語が用いられていることに鑑みれば、ここでいう「我等」には満洲民族や漢民族などが含まれておらず、また「日本人」には朝鮮民族が含まれていないものと考えられる。あくまでも、在満日本人による日本人のための「団結」が説かれている。

　そのような教育の理想を実現するために、大塚は郷土としての「満洲」に注目する。訓育の基礎として児童の環境を知ることを第一に掲げ、児童を取り囲む「実態や思想や風俗習慣や生活の様式が、児童の現実生活に如何に」響いているのかを知るために「郷土の研究」が行われるべきであるとする。また、学校生活のなかで「郷土満洲の認識と其の愛好精神と道徳的精神生活の指導の機会」が与えられることを重視し、「郷土室」を恒久的施設として設けたり、「郷土研究」として遠足や見学といった臨時の行事を設けたりすることを提案する[20]。

　①郷土の範囲については、明記されていないものの、児童を取り囲む「実態や思想や風俗習慣や生活の様式」といった環境がそれにあたるといえる。②郷土と「満洲」及び日本の関係については、日満親善とあることにもあらわれているが、郷土や「満洲」が日本とは異なる地域であることを前提に論じている。③郷土教育の必要性は、あくまでも児童の環境を知るところに置かれている。そのための④郷土教育実践の内容及び形態が先述した提案となっている。

　この文章において、大塚は、学校訓育をめぐっては「目的的原理に基づく国民教育」に、郷土教育をめぐっては「方法的原理に基づく直観教授」に力点を置いた論じ方をしている。目的と方法を明確に区別した論じ方がなされているといえよう。

　以上、1934年の『南満教育』における4つの郷土教育論を検討した結果、2つが「目的的原理に基づく国民教育」に力点の置かれた郷土教育論で、もう2つが「方法的原理に基づく直観教授」に力点の置かれた郷土教育論であることがわかった。ただし、大塚については、学校訓育をめぐっては「目的的原理に基づく国民教育」に力点を置く。なお、ここで分析を行った大塚の教育論は、1941年度の教科書編纂が着手され

るまで 7 年の開きがあるため、国民科大陸事情の教科書にそのまま影響を与えているかどうかは定かでない。ここまでの考察から明らかになった重要なことは、「満洲」における郷土教育論のなかで、②郷土と「満洲」及び日本の関係をどのように位置づけるかということが、主要な論点であり続けたということである。以下では、教科書分析のなかで、ここで検討した「満洲」における郷土教育論の諸特徴と、教科書にみえる郷土教育のありようとを関連づけて論じていく。

6．大陸事情の教科書と郷土化の言説

1942 年に在満教務部から発行された教師用書である『マンシウ 一：教師用』は、「根本精神」として本科の意義を次のように示す。

> 大陸事情及満語が、大陸に於ける皇国民の使命を自覚せしめることを目的とするのは、もとより国民科の目的に基づいてゐる。この使命を自覚せしめることは、要するに我が皇道精神を体現せしめることに他ならない。殊に在満邦人は、他民族の中核となつて、満洲を建設する皇国の使命を直接に担うものであるから、皇道精神の具現である満洲国建国の精神を体得せしめて、日満両国が歴史的にも、国防的にも、政治的にも経済的にも、一体不可分の関係にあることを明確に把握せしめねばならない。また民族協和の理想を達成すべく、他民族から信頼を受けるに足る品位と実力とを養成せねばならない[21]。

注目すべきは、在満日本人に体現せしめる皇道精神の具現化されたものが満洲国建国の精神であるという論理である。すなわち、国民科であるがゆえに、本科の目的は皇道精神に依拠する必要があるが、それは日本内地や直轄の植民地の子弟に体現せしめる精神とは質が異なることを意味している。これを見る限り、本科では「満洲」について価値基準を内地にとる「条件付きの郷土」として認識しているというだけでなく、日本内地や他の外地とは異質の郷土としても理解している。つま

り、「満洲」は〈条件付き且つ異質の郷土〉として見られている。そして、その郷土に特徴的な精神として重視されているのが、在満日本人が「他民族の中核」となるとともに「他民族から信頼を受ける」民族協和である。

　ところで、児童用書（『マンシウ 一』初版1942年、『まんしう 二』初版1942年、『満洲 三年』初版1943年、『初等科大陸事情 第四学年』初版1944年）は、「満洲」における児童を取り囲む環境が郷土化されていくさまを克明に描き出している。第3学年用の『満洲 三年』第10課「かいたく地の寄宿舎」は、週末に実家へ帰ろうとする生徒たちを学校の教員たちが見送る場面を教材化している。

　　先生は、みんなの姿が小さくなるまで、手をふりながら見送ってゐられました。そこへ、団長さんがやって来ました。
　　「先生も、たくさんの生徒をあづかって、おせわがたいへんでせう。」
　　「いいえ、生徒がなかなかきまりよくやってくれるし、村の人たちが、いろいろと寄宿舎のことを手つだってくださるので、助かります。」
　　「途中で生徒にあひましたが、あの中に、この村で生まれた子が何人もゐましたよ。わたしが名をつけてやった子もゐました。」
　団長さんは、いかにもうれしさうにいはれました。さうして、
　　「ここに学校ができた時は、先生が一人で、生徒はたった六人でした。」
　といって、大きな声でお笑ひになりました。
　　「今はもう、二百人をこえてゐます。学校も村も、ますます大きくなっていきます。」
　と、先生もうれしさうにいはれました。

　学校設立当初は6人であった生徒が200人を超え、なかには日系2世が少なからずいる。村も大きくなり、人々と学校や寄宿舎との間には連帯が生まれている。子どもたちにとって、このように共同体が形成されつつある「満洲」は、十分に郷土として認め得るものであったろう。そして今後、この「満洲」の郷土化は、彼ら／彼女らが担っていくのである。

こうした言説としての「満洲」の郷土化は、実情にも即していた。奉天敷島尋常小学校の創立30周年記念誌には、5年生の男子が書いた次のような文章が載せられている。

> 美しい秋晴の日、十月六日は我が校の喜びに輝く日であつた。日本が国を挙げて戦つた日露の役終つて間もない明治三十九年に創立された我が校は、この日三十箇年の記念日を迎へたのである。（中略）学校は、大西関のごく貧弱な支那家屋で始つたさうである。開校した時は生徒わづかに八名先生は御一人で一年から四年までの生徒をおしへられていらつやしつた（ママ）と言ふことだ。（中略）そして現在では生徒の数は七百名に近く、先生も二十何人といらつしやる。創立当時にくらべて何と言ふちがひであらう。しかもこの歴史ある学校で七百に近い生徒はそれぞれ勉強に運動にいそしんで居るのである。（中略）我々は一層勉強し、校歌にうたはれて居る如く一心につとめ栄えある敷島校が一層立派な学校となるやうにつとめなければならないと思ふ[22]。

ここには、郷土化されてゆく「満洲」の実情が記されている。教科書の描き出したものと重なり合う記述といえるが、そうした事態はこの学校に限らなかったと考えられる。「満洲」にあった多くの学校が同じような形で大きくなり、村には共同体が形成されていったのであろう。教科書にみえる郷土化されてゆく「満洲」の言説は、実情と密接に結びつくことで、後の担い手に繋がれ、郷土化に拍車をかけていったものと考えられる。では、それを下支えした郷土教育は、その重視する民族協和をどのように教えようとしたのであろうか。

7．大陸事情の教科書にみえる民族協和

大陸事情の教科書において、民族協和の精神を指導する教材がはじめて登場するのは、『マンシウ　一』第5課「マンシウノコドモ」である。
教師用書の解説によれば、本課は「日本内地人・朝鮮人・満人・蒙古

人・白系露人」の子どもたちが遊ぶ様子を絵にあらわした教材である。「満人少女の頭髪は近時日本人と同様の断髪が流行してゐるが、絵には古来の風習を掲げた」と、ステレオタイプの描写もみえる。前景の「子どもたちが皆日本人の子どもに向

大陸事情

かつてゐることは、日本人が各民族の中核として指導的立場にあることを意味したもの」であるというが、これは先の「根本精神」と一致するものである。本課について磯田（2000）は、「日本人はいつも異民族に対して遊びの場でも指導者でなければならないと一年生の子どもに言うのは、無理ではなかろうか」と指摘する。同意するが、本課を通して、筆者は教科書全体に対し異なる観点から疑問を呈したい。それは、これら各民族との協和に質的差異はないだろうか、という点である。

　試みに、教科書中の「朝鮮人」「満人」「蒙古人」「ロシヤ人」の用例を数えた。その際、仮名表記を含む語（例：マン人）や複合名詞（例：満人村）も計上した。次の図はその結果を示したものである。

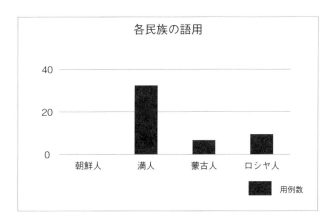

「朝鮮人」が0例、「満人」が31例、「蒙古人」が5例、「ロシヤ人」が9例であった。他に人名が記されたり挿絵に描かれたりする場合があるため、あくまでも各民族の語用からの分析であるが、この量的差異をめぐり注目すべきことは三つある。

一つ目は、「満人」ということばが、漢民族と満洲民族の総称として用いられていることである。二つ目は、「朝鮮人」が協和をはかる対象として教科書の言説にあらわれていないということである。これは、植民地時代の朝鮮民族の人々が「日本人」（15例）に理念的に統合されていたことが要因であろう。三つ目は、「ロシヤ人」の用例が語用のない「朝鮮人」はもちろん、「蒙古人」よりも多いということである。満洲国のスローガンの一つであった「五族協和」に含まれない「ロシヤ人」との協和が、それに含まれる「朝鮮人」や「蒙古人」より重きを置かれている可能性がある。以下、この量的差異からわかることを指標としつつ、その質的差異の内実を検討していく。

7-1.「満人」との協和──区別と同一視

先述したとおり、大陸事情の教科書において「満人」ということばは、満洲民族と漢民族の総称として用いられている。先に見た教材「マンシウノコドモ」の教師用書の備考には、「古来の満洲族は、言語風習などすべて漢人化されて漢族との区別は困難であり、またその区別の必要も認められないので、一括して満人として取扱ふ」とあり、教科書はその立場を踏襲しているかのようである。しかし、「満人」に関する教材をより詳細に検討してみると、両民族は必ずしも同一視されているわけではなかった。

教科書に採録されている大方の教材は、満洲民族と漢民族を区別しない。たとえば、『まんしう 二』第8課「まちの人」は、「長いイーシャンきれのくつ、かごをかた手にいそぎ足、買ひものに行くまちの人」ということばに絵を添えて「満人」を示し、また『満洲 三年』第5課「ニャンニャン祭」は、中国の民間信仰にまつわる祭の様子を「満人たちの中には、店で買った紙人形を火にくべてゐるものもあります」と表

現するなど、編纂当時の「満洲」で目にすることのできる事柄を扱う教材においては両民族の区別がみられない。

　ところが、伝説や史話といった歴史的な事象を扱う教材のなかには、満洲民族と漢民族とを同一視せず、区別するものがある。たとえば、『まんしう　二』第23課「赤い木の実」である。この伝説のあらすじは次のとおりである。

　「満洲」のあるところに、きれいな湖があった。昔、この湖のほとりに3人の天女がいた。そこへ一羽のカササギが飛んできて、赤い木の実を落としていった。末娘のフクルンが口に含んでみると、ひとりでに腹の中へ入ってしまった。帰ろうと姉のふたりは飛び上がったが、末娘の体は重くなって飛ぶことができなかった。天に帰れず湖で暮らしていたフクルンは男の子を産んだ。やがて成長すると、子は立派な若者になった。フクルンは子に自らの素性を明かし、今の世の乱れを鎮めるのはあなたであるといって天へと帰った。若者は幾度も戦をして敵を打ち破り、とうとう国の王様になった。

　教師用書は、本課の要旨を「満洲族は長白山の麓から起つて大清帝国を建てた。その始祖伝説はいかにも浪漫的な感生説をもつてをり、人情と天命思想とをからんだ幻想的なものである。本課はこの伝説の興味によつて満洲に対する親愛の情を深めようとするものである」と記している。さらに、教材の解説においては、「この種の感生伝説は扶余族の開祖朱蒙の卵生説話以後、満洲民族にはほとんど求め得られなかつたものであるが、清の太祖の祖先だといはれる愛新覚羅にいたつてこの三仙説話があらはれた」とある。つまり、この話は満洲民族の愛新覚羅にまつわる清朝発祥伝説なのである。

　周知のとおり、満洲国の成立後、その皇帝には清朝最後の皇帝・愛新覚羅溥儀が就いた。清朝滅亡後に領土を継承し、日本との間で当時戦争下にあった中華民国の伝説ではなく、清朝の伝説を教材化し採録することは、満洲民族と漢民族を同一視する立場から生じることはないだろう。これは、1936年に満洲事情案内所が発行した『満洲の伝説と民謡』の凡例において、「現在満洲国では、住民の殆んど九十パーセントまでを漢民族が占めて」いると記しながらも、「満洲の郷土伝説に於いて其の重要部を占めるものは、先づ清朝の発祥に関する伝説である」と見做し

たことに通じていよう[23]。

　本課において、「満人」ということばは使われていない。先の要旨にもあらわれているように、本課は「満人」に対する親愛でなく、郷土としての「満洲」に対する親愛の情を深めさせる教材と位置づけられている。すなわち、「満人」に関する教材であっても、国家の正統に関わるような言説を伴う場合は満洲民族と漢民族とを区別することが必須であるために、両民族の総称として用いる「満人」の語用を避ける必要があったと考えられる。本課は満洲民族との協和をはかるものではなく、「目的的原理に基づく満洲国の国民教育」を行うものと位置づけられる。

７－２．「蒙古人」との協和——郷土の限界

　『まんしう　二』の第15課に「まんしうの家」という教材がある。冒頭で「まん人の家についてしらべてみませう」と提起し、「かきは、どうなっていますか。やねは、どうなっていますか」などと六つの質問をする。続けて、「もうこ人は、たいていパオにすんでゐます。その中には、どこへでもうつせるのがあります。なぜ家をうつすのでせう。」と質問を一つ設け、最後に「ロシヤ人の家も、ちがったところがあるから、しらべてみませう」と活動を示して終わる教材である。以下は、教師用書の解説である。

　　　教材は満人・蒙古人・ロシヤ人の家屋について児童に実地観察させるやうに提出されてある。そのうち満人の家は各地に見られ、最も容易に観察できるのでこれに重点をおき、問題式に調べるやうにしてある。一概に満人の家といつても支那系の切妻屋根型の家屋もあれば、普通、平房といはれるかまぼこ屋根型の家屋もあり、また満洲族固有家屋もあつて、その構造はそれぞれ異つてゐる。そればかりでなく、都市と田舎、山地と平地、或は職業の差別、貧富の程度によつても異つてゐるのである。随つて提出された問題の解答は、実際に観察した家について述べる外はない（後略）

　教材には「満人」と「蒙古人」の家の挿絵が載せられているが、それ

は参考程度であり、あくまでも実地観察により「満洲」の家について認識を深めることが求められている。まさに、郷土の観察が望まれたのである。ところが、その郷土には地理的な限界があった。

　教師用書は、「満人」の家について解説した後、「次は遊牧の蒙古人が住む移動式の半球形住家である、蒙古包を挙げてゐるが、これは主として満洲の西部にかぎられてゐるので、大部分の児童は実際に見ることが困難であらう」とする。つまり、在満日本人の多く住む地域に伝統的な「蒙古人」の家がないため実地観察の実現可能性が低いというのである。これはすなわち「満洲」の日本人子弟にとって「蒙古人」の家が郷土の観察の対象外であることを意味している。観念としての郷土は、想像力でその範囲を際限なく広げることができるが、実地観察を行える郷土というのは、物理的な制限が否応なく生じ、その限界が定められるのである。

　ここにおいて、先に見た大塚などの郷土教育論との関連を指摘することができよう。本課は、児童を取り囲む「実態や思想や風俗習慣や生活の様式」といった環境を郷土として措定している。郷土教育の必要性を児童の環境を知るところにあるとする姿勢が、本課のあくまでも実地観察により「満洲」の家について認識を深めることを求める点に窺える。実地観察という「方法的原理に基づく直観教授」としての郷土教育を行おうとした場合、先の三川のことばを借りれば、「自然的並に文化的関係よりして、特定の地域を教育的郷土として予め限定」せざるを得ないのである。

7-3.「ロシヤ人」との協和――排除と包摂

　郷土の地理的な限界は、「ロシヤ人」との協和の質さえも規定する要因となった。以下は、『満洲 三年』第11課「マンチュリから」の一節である。

　　町はづれに出ると、広々とした野原に、馬や羊が、のんびりと遊んでゐました、小高い山にのぼると、マンチュリの町が目の下に見えました。ここは宮様がたが、たびたびおのぼりになって、国きや

うをごらんになられたところださうです。(中略) 国きやうを守る兵隊さんたちは、どんなに暑い日でも、寒い日でも、休みなしに、この小さなたて物から見はりをしてゐられるのださうです。ぼくは、「ほんたうに国きやうだ。ロシヤと向かひあってゐるのだ。」と思ひました。

「自然的並に文化的」な制限を受ける郷土教育は、その範囲を国境にも左右される。本課の「ぼく」は満洲国が「ロシヤ」と国境を接していることに改めて気づかされたのである。

大陸事情は、『まんしう 二』の最終課「陸軍きねん日」、『満洲 三年』の最終課「橘山」、『初等科大陸事情 第四学年』の最終課「忠霊塔をあふぐ」などで再三にわたり日露戦争について言及する。たとえば、「忠霊塔をあふぐ」では、日露戦争の経緯が「わが国は、まづロシヤに向かつて、満洲の平和をみださないやうにと、おだやかに話しました。ところが、ロシヤはわが国をあなどつて、どうしても聞き入れません。それどころか、ますます手をひろげて来たので、つひにわが国は、ロシヤを満洲から追ひ払ひ、東亜の安定をはからうとしてたちあがりました」と語られる。

これをふまえれば、「ぼく」のことばの「向かひあって」いるとの表現が〈対峙している〉というニュアンスを帯びてこよう。国境は、「ぼく」の心中においても排他的なシステムとして作動し、「ロシヤ」を「ぼく」の共同体と対峙するものとして認識させたのである。

他方、『満洲 三年』第15課「十二月の日記」では、「日本人」と「ロシヤ人」との交流が描かれる。「ぼく」がソーニャという「ロシヤ人」と思われる人物を夕食に招待したもので、文中の「ソーニャさんも来てくれた」(傍点筆者)という表現には、「ぼく」の共同体に包摂されるものとしての「ロシヤ人」に対する認識があらわれているといえる。

本課に関して、磯田(1999)は著書のなかで「戦時下の石森の児童文学作品と「満洲」―ロシアびいきとナショナリズムとの間―」と題される章において次のように述べている。

　端的にいえば、石森は「満洲」における民族協和を白系ロシア人

との間のそれで代表していたように見られる。(中略)『満洲三年』に「十七　氷上洗礼祭」という課があり、「十五　十二月の日記」には、男の子が夕飯に招いた友だちのうちに、ロシア人の少女ソーニヤがいて、彼女が外では「ふっくらした毛皮のオーバー」を着ているが、家の中では薄着になるのを見て、父親が「あの子どものやうに、外へ出る時と、うちにゐる時とで、着物のかげんをするといいね」といったという、『スンガリーの朝』そっくりの場面があるのを見ると、むしろ石森のほうが影響を与えたのかも知れない[24]。

　石森延男は先述した『満洲補充読本』の編纂に関与した人物である。大陸事情の教科書に与えた影響も小さくないだろうが、ここでは取り上げない。注目したいのは、「民族協和を白系ロシア人との間のそれで代表していた」教材の一つとして本課を位置づけられることである。『マンシウ　一』第5課「マンシウノコドモ」をめぐる疑問、各民族との協和に質的差異はないかという点に、本課がはっきりとその答えを示していることになる。

　地理的な限界から、「日本人」が協和をはかる対象の「ロシヤ人」は満洲国の内に住む人々であり、国境を越えた満洲国の外に住む人々は対象外であることがわかる。ここには、国民教育が有する排除と包摂の機能が働いている。さらに、「ロシヤ」の場合、国境が隣接していることに加えて、「満洲」地域をめぐる日露間の争いという政治的な要素が加わるため、その地政的配置のもとに排除と包摂が機能することになる。「目的的原理に基づく満洲国の国民教育」は内と外の設定が不可欠となる。したがって、「満洲」の郷土教育における民族協和は、満洲国の内に住む人々に限定される。ここで見た二つの教材が、国民国家としての「ロシヤ」と、民族としての「ロシヤ人」を区別する形となっているのは、そのためであると考えられる。大陸事情の教科書において在満「日本人」が協和をはかる対象とされたのは、あくまでも民族としての「ロシヤ人」であった。そして、その「ロシヤ人」が、磯田のことばを借りれば、協和をはかる対象の「代表」でもあったのである。

8．結語

　以上、「満洲」国民科大陸事情の教科書における郷土教育のあり方をめぐって、満鉄関係者や教育関係者の言論を分析するとともに、編纂された教科書の言説も合わせて分析し、「満洲」における郷土教育論を実践に近い位相に結びつけて論じてきた。大塚正明の論に看取された、目的と方法を明確に区別して、「目的的原理に基づく国民教育」と「方法的原理に基づく直観教授」の両立をはかる教育論は、「満人」と「蒙古人」に関する教材の分析を通して明らかになったように、教科書上において実践へと繋げる試みがなされている。

　また、「満洲」国民科大陸事情の教科書における郷土教育が、その郷土に特徴的な精神として重視した民族協和をどのように教えようとしたのか考察したところ、各民族との協和をめぐる質的差異が教科書の言説にあらわれていた。なかでも、「五族協和」に含まれない「ロシヤ人」との協和に重きが置かれていたことは注目に値する。この点については、磯田（1999）が、石森作品における「満人」に対する「生理的嫌悪感」の対極に「ロシヤ人」がいる点に着目することと関連してこよう[25]。

　そして、「満洲」における郷土教育論のなかで主要な論点であり続けた、②郷土と「満洲」及び日本の関係は、国民国家としての「ロシヤ」と、民族としての「ロシヤ人」を区別する形を教科書に導いていた。これに関して、専ら包摂の対象として描かれる「満人」や「蒙古人」と違って、「ロシヤ」及び「ロシヤ人」には国民教育が有する排除と包摂の機能が働き、満洲国の内か外かという点で区分けする共同体画定の力学が分量にあらわれたともいえる。裏を返せば、「ロシヤ人」の用例の多さには排除の論理も内包されているのではないか。

　今回、考察の対象は、国民科大陸事情という科目の性格上、在満日本人子弟に対する郷土教育に限定したが、「満洲」の郷土教育は、現地人子弟に対する郷土教育のあり方についての言及なしに考察を深めることはできない。その不足による考察の浅いところを、今後現地人子弟に対する郷土教育のあり方を追究するなかで掘り下げていきたい。

【註】
1　大塚好『移植民と教育問題』（郷土教育連盟刊行、刀江書院発売、1933 年）「八、移植民と郷土教育」。
2　他に、たとえば鈴木仁「樺太における郷土教育」（『北海道大学大学院文学研究科研究論集』15 号、2015 年）、槻木瑞生「戦前「外地」における郷土教育」（『玉川大学教育博物館紀要』6 号、2009 年 3 月）、許佩賢「「愛郷心」と「愛国心」の交錯―1930 年代前半台湾における郷土教育運動をめぐって―」（『日本台湾学会報』10 号、2008 年 5 月）等がある。
3　國分麻里「植民地朝鮮における 1930 年前後の郷土教育論―『文教の朝鮮』『朝鮮の教育研究』の記事を手がかりにして―」（『埼玉社会科教育研究』14 号、2008 年 3 月）p.11
4　林初梅「1930 年代植民地台湾の郷土教育論の一側面―在台「内地」人児童の郷土化と台湾人児童の日本化をめぐる葛藤―」（『植民地教育史研究年報』15 号、2012 年）pp.25-26
5　海後宗臣・飯田晃三・伏見猛彌『我国に於ける郷土教育と其施設』目黒書店、1932 年
6　嶋田道弥『満洲教育史』（文教社、1935 年）は、依拠文献の情報が明示されていないなどの点から、その資料価値について疑義が呈されている。
7　磯田一雄・野村章・吉村徳蔵・白川今朝晴編『複刻 満洲官製教科書＝解説』ほるぷ出版、1989 年、p.125
8　磯田一雄「在満日本人教育におけるアイデンティティ論―「満洲郷土論」の意味を中心に―」（『東アジア研究』45 号、2006 年）p.50
9　磯田一雄・槻木瑞生・竹中憲一・金美花編『在満日本人用教科書集成』第 10 巻「解説・資料解題」、柏書房、2000 年
10　『南満教育』は、1909 年 8 月に発足した南満洲教育会が同年 11 月に創刊した雑誌である。南満洲鉄道や関東庁の教育関係者、また教科書編輯部の人々が寄稿した。
11　上田恭輔「満洲日本人使用の教科書編纂に就て」（『南満教育』62 号、1926 年 7 月）p.21
12　浦田繁松「上田恭輔氏の教科書編纂上の意見を読んで」（『南満教育』63 号、1926 年 8 月）p.49
13　吉田熊次「教育学上より見たる郷土教育」（伊東二雄「郷土教育受講」『南満教育』121 号、1932 年 11 月）p.35
14　吉成孝一「郷土研究」（『南満教育』140 号、1934 年 7 月）pp.36-37
15　花房五六「郷土教育について」（『南満教育』140 号、1934 年 7 月）pp.40-41
16　三川秀道「郷土教育」（『南満教育』140 号、1934 年 7 月）p.43、pp.46-50
17　前掲林論文、p.11
18　前掲『在満日本人用教科書集成』第 10 巻、pp.151-163。以下、『編輯部要覧』は本書所収のものを参照。
19　大塚正明「満洲の特殊性と国民的自覚に立つ訓育」（『南満教育』135 号、1934 年 2 月）p.9
20　「郷土行事を学校行事に結ぶことは重要」であり、その「学校行事に、学期別及び学年別の遠足見学予定地及び調査箇所を表示し置き、予め其の訓育的価値を研究の上で引率指導又は自発的研究をさせる」とある（前掲大塚

論文、p.28）。
21　磯田一雄・槻木瑞生・竹中憲一・金美花編『在満日本人用教科書集成』3 巻、柏書房、2000 年、p.108。以下、教師用書と児童用書は本書所収のものを参照。
22　権藤哲造編集『創立三十周年記念誌』奉天敷島尋常小学校、1938 年
23　満洲事情案内所編『満洲の伝説と民謡』同案内所発行、1936 年。なお、教科書の「赤い木の実」の伝説は、本書「伝説篇」に「鵲が置いた紅い木の実（清の始祖伝説）」と題され、収録されている。
24　磯田一雄『「皇国の姿」を追って——教科書に見る植民地教育文化史』皓星社、1999 年、p.133
25　前掲『「皇国の姿」を追って——教科書に見る植民地教育文化史』、p.119

【参考文献】
酒井直樹『死産される日本語・日本人――「日本」の歴史‐地政的配置』講談社、2015 年（底本：新曜社、1996 年）
日本植民地教育史研究会編『植民地・こども・「新教育」』（『植民地教育史研究年報』14 号、2011 年）皓星社、2012 年
ルイ・アルチュセール（Louis Althusser）『再生産について――イデオロギーと国家のイデオロギー諸装置』（西川長夫、伊吹浩一、大中一彌、今野晃、山家歩訳）平凡社、2010 年
林初梅『「郷土」としての台湾―郷土教育の展開にみるアイデンティティの変容―』東信堂、2009 年
伊藤純郎『増補 郷土教育運動の研究』思文閣出版、2008 年
滋賀大学附属図書館編『近代日本の教科書のあゆみ――明治期から現代まで』サンライズ出版、2006 年
山室信一『キメラ――満洲国の肖像：増補版』中央公論新社、2004 年
磯田一雄・槻木瑞生・竹中憲一・金美花編『在満日本人用教科書集成』柏書房、2000 年
磯田一雄『「皇国の姿」を追って――教科書に見る植民地教育文化史』皓星社、1999 年
磯田一雄・野村章・吉村徳蔵・白川今朝晴編『複刻 満州官製教科書』ほるぷ出版、1989 年

謝辞
　文献調査及び資料蒐集にあたり、玉川大学教育博物館に協力をいただいた。深く感謝の意を表します。

日本統治末期の朝鮮における学校経験
―― 光州師範学校から萬頃国民学校へ・竹内幹雄氏の場合 ――

佐藤由美＊・竹内久隆＊＊

はじめに

　本稿は日本統治末期の昭和19（1944）年に光州師範学校講習科に入学し、翌年4月に全羅北道金堤郡萬頃国民学校に赴任した竹内幹雄氏の学校経験をもとに、「内地」から朝鮮への進学と教員養成の実態、戦時下の朝鮮における国民学校の状況の一端を明らかにすることを目的としている。
　日本統治下朝鮮の学校及び教員配置に関する資料には、朝鮮総督府編纂『朝鮮諸学校一覧』と同『朝鮮総督府及所属官署職員録』がある。前者には道名、府郡島名、種別、学校数、学級数、生徒数、学校名が、後者には学校名、所在地、教員名が掲載されている。これらは毎年発行されていたようで経年の変化を示す貴重な資料なのだが、『朝鮮諸学校一覧』は昭和19年6月に発行された「昭和18年度版」が最後の発行と推測される。『朝鮮総督府及所属官署職員録』は昭和18年3月25日発行の「昭和17年7月1日現在」以降は未確認である。このような資料状況から、戦時下の昭和19年、昭和20年は公的な記録が欠落していると言えそうだ。
　しかしながら、この時期に朝鮮の学校や教員配置に動きがなかったのかといえば、そうではない。『近・現代済州教育100年史』（済州特別自治道教育庁、2011年）によれば、済州島では「解放」前後の時期にも簡易学校や改良書堂が国民学校に「昇格」するケースがあり、例えば、大正10（1921）年に創設の明新義塾、新進義塾を前身とする老衡国民

＊埼玉工業大学　＊＊長野市立大豆島小学校

学校が昭和20（1945）年4月10日に設立されている。このように朝鮮総督府の資料が欠落している時期にも現場は動いていたのだ。同じことが、竹内幹雄氏についても言える。昭和20年4月に国民学校に赴任した竹内氏は『朝鮮総督府及所属官署職員録』にその名が掲載されることはなかったが、後掲の〈資料5〉に明らかなように、昭和20年3月31日付で全羅北道より萬頃国民学校訓導を命ぜられ、日本の敗戦により帰国するまでの数カ月間、萬頃国民学校に勤務し、朝鮮の子どもたちの教育に従事した。そこで本稿では、2014年12月6日に行われた竹内幹雄氏のインタビュー記録を中心として、竹内氏の学校経験を関連資料で跡付けながら、日本統治末期の朝鮮の教育状況を描出していくこととする。竹内幹雄氏については後掲の年譜を参照されたい。

　本稿の研究史上の意義は上に述べた通り、資料的に欠落のある昭和19・20（1944・45）年の朝鮮における教員配置の実態を明らかにすることにあるが、副題に示したように、竹内幹雄氏へのインタビュー記録をもとにした一事例であり、安易な一般化はできない。一般化の作業は様々な事例の集積・分析、教育政策との照合など数多の手続きを経たうえに初めて成り立つものと考える。本稿はそうした意味で掲載資料と合わせて希少な事例を提示する役目を負っており、事例の集積段階に位置づいている。したがって本稿における分析は一般化の可能性を含みつつも、現段階では本事例に限定的なものとなることを予めお断りしておきたい。

1．光州師範学校講習科　－昭和19年度－

1）入学まで

　竹内幹雄氏は昭和3（1928）年1月に長野県上諏訪町で5人兄弟の長男として生まれた。父親は国鉄に勤務していた。地域の中心校であった高島小学校を卒業し、辰野町の伊北農商学校に進学した。上諏訪から辰野町までは汽車で30分ほどかかる。伊北農商学校はもともと5年制だったが、4年修了の時点で師範学校を受験する資格があると知り、光州師範学校を受験することにした。なぜ、朝鮮半島の師範学校を希望したのか、その辺りの事情を竹内氏は次のように述べる。

一つには師範学校の入学が4年修了の時点からもできるようになったということ、その次に、上級生の親戚の人、叔父さんだと言っていましたが、朝鮮師範を卒業して現地で教員をしているという話を聞いていたこと、それから従姉の友人の叔父さんに当時、朝鮮の江原道で警察官をしている人がおって、たまたま朝鮮の事情を話していたことが背景になっていると思います。それから、私のいた伊北農商学校からも過去に先輩が何人も朝鮮師範に進学していると担任の先生が話してくれました。さらに官立師範ということで、授業料は免除の上に月25円支給されるという特典があったんです。そんなことも理由になりましたかね。

　竹内氏は友人と二人で担任の先生に相談して光州師範学校講習科を受験することに決めた。1年制の課程である。光州に決めたのは偶然に募集が来ていたからだという。二人とも長男だったが家族からの反対は特になかった。竹内氏は父親の仕事の関係で、両親と離れて祖母や従姉と暮らしており、さらに父親はビルマへ赴任中だったため、受験は従姉にだけ相談して家族には合格してから告げた。当時、長野県の諏訪地域からは満洲移民も行われており、海外へ行くということへの抵抗も少なく「どうせ兵隊に行くんだから、自分たちの思うようにやらせてくれた、そういうような雰囲気もあったですかね」と振り返る。

　竹内氏の通っていた伊北農商学校は昭和18（1943）年1月21日公布の「中等学校令」により4年制となった。しかし、竹内氏の場合は「中等学校令」第20条「<u>本令施行ノ際ニ中学校、高等女学校又ハ実業学校ニ在学スル生徒ニ付テハ其ノ修業年限ハ第七条及第九条ノ規定ニ拘ラズ仍従前ノ例ニヨル</u>」（下線：筆者）という規定により4年制は適応されなかった。竹内氏の話では、募集要項と担任の話から4年修了でも光州師範学校の受験資格を得られることを知り受験を決めたが、受験に失敗した場合は伊北農商学校の5年目を通うつもりだった。

　「中等学校令」の制定に伴い、朝鮮では同年3月8日に勅令第113号「朝鮮教育令中改正ノ件」が公布され、同様の制度が敷かれた。附則の第1条には「本令ハ昭和十八年四月一日ヨリ之ヲ施行ス」とある。ここ

で注目したいのは、附則の第5条に「師範学校ニハ当分ノ内特別ノ事情アル場合ニ於テ講習科ヲ置クコトヲ得　講習科ノ修業年限及入学資格ニ関シテハ朝鮮総督ノ定ムル所ニ依ル」とあることだ。

朝鮮総督府が定めた講習科の修業年限及び入学資格等は以下の通りである。昭和18（1943）年3月27日に朝鮮総督府官報号外に掲載された朝鮮総督府令第62号「師範学校規程」の「第六章　講習科及研究科」より関係部分を抄録すると以下の通りである。

>　第六十五條　講習科ハ<u>簡易ナル方法ニ依リ</u><u>国民学校教員タルベキ者ヲ養成</u>スルヲ以テ目的トス
>　第六十六條　講習科ノ<u>修業年限ハ一年以上</u>トス
>　第六十七條　講習科ニ入学スルコトヲ得ル者ハ<u>中学校若ハ高等女学校ヲ卒業シタル者又ハ之ト同等以上ノ学力ヲ有スル者</u>トス
>　特別ノ必要アルトキハ朝鮮総督ノ認可ヲ受ケ国民学校高等科修了者又ハ年齢満十四歳以上ニシテ之ト同等以上ノ学力ヲ有スル者ヲ入学セシムルコトヲ得
>　（中略）
>　第七十二條　講習科及研究科ノ教科、教授訓練、編制及課程ニ付テハ学校長ニ於テ朝鮮総督ノ認可ヲ受ケ之ヲ定ム
>　第七十三條　学校長ハ講習科又ハ研究科ノ課程ヲ修了セリト認メタル者ニハ修了證書ヲ授與スベシ
>　第七十四條　講習科ヲ修了シタル者ハ<u>修了證書ヲ授與セラレタル日ヨリ修業期間ニ一年ヲ加ヘタル期間朝鮮内ニ於テ学事ニ関スル職務ニ従事スル義務ヲ有ス</u>
>　第七十五條　<u>講習科ヲ修了シタル者ハ其ノ修業期間ト同一ノ期間朝鮮内ニ於テ朝鮮総督ノ指定ニ従ヒ就職スルノ義務ヲ有ス</u>
>
>　　　　　　　　　　　　　　　　　　　　　　（下線：筆者）

修業年限は1年以上（光州師範学校講習科は1年）、簡易な方法で国民学校の教員を養成することが目的だった。竹内氏は中等学校である伊北農商学校4年を修了しており、入学資格も満たしていた。

ここで光州師範学校の後身である『光州教育大学校70年史』[1]により、

光州師範学校の沿革を示しておこう。光州師範学校講習科の設置状況は少々複雑だ。昭和13年4月21日に尋常科とともに講習科が開設される。この時の講習科の入学資格は中学校5年卒業程度であった。しかし、この講習科は3年間で生徒募集を打ち切ってしまう。それに代わるように、入学資格が小学校高等科2年修了程度の特設講習科が設置される。これが昭和18年12月に募集を停止し、再度、講習科が設置される。竹内氏が光州師範学校講習科に入学したのは昭和19年4月のこと。復活した講習科の第2回修了生になるが、竹内氏の修了書をみると第5回修了生になっている。これはおそらく昭和13年度から15年度の講習科に継続するものと見做されたためであろう。ちなみに昭和17年設置の「臨時講習科」は、第3種訓導の養成を目的にした4箇月の速成課程であり、竹内氏が在籍した修業年限1年の講習科（第2種訓導の養成）とは異なる。

1938（昭和13）年　3月31日　光州師範学校官制発表
　　　　　　　　　　4月21日　尋常科第一学年及び
　　　　　　　　　　　　　　　講習科学生の入学式を挙行
1939（昭和14）年　3月24日　第一回講習科修了式
1940（昭和15）年　4月 5日　特設講習科設置
　　　　　　　　　　　　　　　講習科3学級、特設講習科2学級募集
1941（昭和16）年　2月20日　講習科募集を中止し、
　　　　　　　　　　　　　　　特設講習科300名を募集
1942（昭和17）年　4月20日　臨時講習科設置
　　　　　　　　　　　　　　　（1943年から特設研究科に改称）
1943（昭和18）年　12月27日　特設講習科募集を中止し、
　　　　　　　　　　　　　　　講習科200名を募集
　　　　　　　　　　（下線：筆者　竹内氏が在籍した講習科の変遷を示す）

　竹内氏は第一次試験を長野師範学校で受験し合格、第二次試験は光州師範学校で行われるため朝鮮に向かうことになった。〈資料1〉第一次試験合格通知、〈資料2〉入学候補者決定通知を参照されたい。伊北農商学校から光州師範学校講習科を受験したのは4名だった。竹内氏は友人と二人で下関に向かったが、そこで別の二人と偶然に会ってお互いに

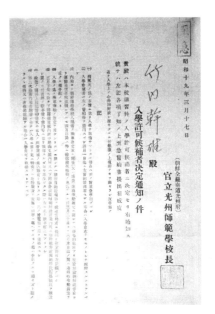

〈資料1〉第一次試験合格通知　　〈資料2〉入学候補者決定通知

受験することを知ったという。光州へは関麗連絡船を利用した。関釜連絡船はなかなか乗船券が取れなかったので、下関と全羅南道の麗水を結ぶ関麗連絡船に乗った。それに麗水の方が光州には近かった。下関には関麗連絡船や関釜連絡船で朝鮮に渡る人のための連絡事務所があった。そこに朝鮮総督府の学務課から師範学校の先生が交替で派遣されていて、乗船の世話をしてくれた。麗水までは10〜12時間かかったが、戦時下の航行には緊張感もあった。

　戦争中なもんだから、敵の、アメリカの潜水艦なんかが出ているから、護衛の飛行機を付けてくれて絶えず船と一緒に飛行して見守ってくれていましたね。関釜連絡船の方が朝鮮総督府の要人だとか日本の軍人だとか、そういう人たちが乗船するので、途中までは駆逐艦を付けてくれて、安全なところまで送ってくれるわけ。こっちの場合はあんまり要人がいないから、飛行機は来てくれますけど……。関釜連絡船は8時間で行きましたが、私たちのところは12時間くら

いかかったので、船の中で一泊しましたですね。朝出て、途中の島なんかに寄ったりして、午前中くらいに着きましたかね。それで麗水から今度は汽車がありますもんですから、当時の蒸気機関車ですが、初めて大陸の汽車に乗ったんですけど、向こうは大陸なもんですから、今の新幹線と同じような広軌ですかね。その車両に乗って、午後に光州に着きました。光州を通る列車というのは一日に何本と決まっているもんだから、だいたい関麗連絡船で来た人が光州へ着くのは何時頃ってわかるんで、そこにもやっぱり光州師範の事務長が迎えに出てくれました。各地から来た全然知らない人たちとも友だちになって、全部で12、3人いましたですね。大きな料亭をやっていた建物を師範学校が借り上げて宿舎にしてくれました。師範学校の寄宿舎はいっぱいなもんで、そこに落ち着きました。

　長野（諏訪）から下関、下関から麗水、麗水から光州の長旅を終えて光州師範学校が用意した宿舎に辿りついた。「内地」各所からの進学者が同じ列車に10名以上いたことも興味深い。竹内氏からは当時の師範学校人気を裏付けるもう一つのエピソードが語られた。

　　当時は師範学校の志願者が多かったんですね。昭和18年に専門学校や大学の兵役年齢延長特別措置が廃止されましてね。この時、内地の師範学校もそうだと思いますが、朝鮮師範の場合にも兵役年齢の延長特別措置の廃止から除外されたんです。満20歳で兵隊検査を受けて合格すると、学業の途中でも軍隊に入らなきゃいけないというのが、卒業するまではいいと。僅か1年ばかりのことですがね、そういう特例があったもんだから、私のいた光州師範ばかりじゃなくて朝鮮師範に内地からの志願者が殺到してきました。ところが、昭和19年の4月に入学して5月になったら、戦局の緊迫によってこの措置も取り消されちゃったわけです。だから、それを目当てにして来た同級生は途中で辞めていった者もいました。長野県では私ども3人と、もう1人、4人だけが卒業したわけ。実際には16人が途中で退学しています。そういう措置がなくなっちゃったから、もう朝鮮にいてもしょうがないやって言って。だから、受験率は相当高かった

らしいですけども、そういうことが5月に発表されると、途端に辞めて帰っちゃうのが多かったですね。昨日まで机を並べていた内地人の友達が出てこないもんで、欠席してまたサボってるなって思っていたら、もういつの間にか内地に帰っちゃったっていうことがありましたね。そういうこともあって、最終的には内地人で卒業したのは25名でしたね。

　昭和18（1943）年10月12日に閣議決定された「教育ニ関スル戦時非常措置方策」には、「大学及専門学校ニ付テハ徴兵適齢ニ達セザル者、入営延期ノ措置ヲ受クル者等ニ対スル授業ハ之ヲ継続ス」とあり、それに該当しない学生は徴兵適齢となれば学業を中断し入営しなければならないことになった。一方、師範学校については「教員ノ確保ヲ図ル為概ネ左ノ措置ヲ講ズ」とあり、「教員養成諸学校ニ付テハ其ノ授業ヲ継続ス」ることになっていた[2]。この特例が翌年5月には廃止され、師範学校生徒への動員体制も強化されたのである。竹内氏の話からは徴兵の猶予を目的に朝鮮半島の師範学校に入学したものの、猶予特例が廃止になった途端に退学していった非常に合理的な生徒たちの姿が浮かんで来る。
　以下の〈表1〉は光州師範学校講習科の昭和19年度卒業生178名の出身地別を表したものである。講習科の定員は200名だったが、途中で内地に帰ってしまった16名を加えればほぼ定員となる。朝鮮人学生の退学者が出たことも推察される。朝鮮人学生は光州師範学校のある全羅南道出身者が128名と圧倒的に多かった。卒業した25名の内地出身者の出身県別を示したのが〈表2〉である。地理的にも近い西日本の出身者が20名と多いのだが、長野が4名と多いのは特徴だ。当時の『信濃教育』や『信濃毎日新聞』には学生募集に関する記事は見当たらなかった。竹内氏にさらに話を聞いたところ、伊北農商学校に関わる二つのエピソードが語られた。伊北農商学校には当時、北沢校長という名物校長がいて、この校長を慕ってわざわざ福島県から入学してくる生徒もいるほどだった。北沢校長は北海道帝国大学の出身で「大陸」に留学し各地を旅したり、大陸での勤務経験もあって、校長の講話では大陸の話がよく出てきたという。竹内氏自身も校長の話に興味を持って、個人的にも話を聞きにいくほどだった。この校長の存在が生徒たちの眼差しを

「外地」に向けたのかもしれない。また、担任の先生の存在も大きかった。担任は伊北農商学校の出身で、伊北農商のことは熟知している先生だった。外地の師範学校に行きたいと相談に行った時は、偶然にも先生の手元に光州師範学校の募集要項があったという。推測の域を出ないが、伊北農商から光州師範学校に進学した者は過去にもおり、こうした出身者のいる中等学校には募集要項が送られてきていたのではないだろうか。

　師範学校で学生募集が多かったのは、朝鮮半島独自の状況も関係していた。竹内氏は次のように当時の状況を語る。

〈表1〉 昭和19年度光州師範学校講習科学生出身地別

出身地	全羅南道	全羅北道	慶尚北道	平安南道	京畿道	黄海道	忠清南道	内地	合計
人数	128	7	7	6	3	1	1	25	178

（出典）竹内幹雄「在鮮の回想―思いつくままに」p.8 より再構成して作成。

〈表2〉 昭和19年度光州師範学校講習科学生出身県別

出身県	長野	新潟	石川	京都	大阪	奈良	和歌山	岡山	鳥取	徳島	愛媛	福岡	熊本	鹿児島	合計
人数	4	1	1	1	2	1	1	2	2	1	2	3	2	2	25

（出典）〈表1〉に同じ

　　　私たちは昭和19年の入学ですが、その翌年の20年、21年あたりからは朝鮮の子どもたちに対しても義務教育を行うことになって、満6歳になったらもう学校へ上げると決まりました。また、現地に行ってから思ったんですが、親は子どもを非常に学校へやりたい。学校を出ていないと就職もできないからということで行かせていました。なかには年長の子どももいました。私の教えた3年生の中にも12、3歳の子どもがいましたし、その小学校で一番大きな子どもは16歳。私は18歳です。結婚をしているのも一人いました。6歳から全員入れるとなると、そんな年長者もいるから学校を増やさなきゃいけない。教員の絶対数が足らないというようなこともあって、師範学校は入学者を相当多めに採ったということがあるんでしょう。

　日本の敗戦により実現はしなかったが、昭和17（1942）年12月5日の朝鮮総督府教育審議委員会において、昭和21（1946）年度からの義

務教育の実施が決定していた。義務教育が開始すればそれだけ教員数が必要である。朝鮮総督府「「極秘」昭和十八年十二月学制臨時措置案説明資料（一問一答）」では、「之ガ実施ニ要スル準備トシテハ急激ナル教員ノ需要増加ニ応ズルタメ、昭和十八年度ニ於テ、師範学校三校ヲ増設シ、七師範学校ノ学級増加ヲ図リ」と朝鮮における教員養成の拡大について説明していた[3]。竹内氏が入学した光州師範学校が昭和18年12月に講習科200名を募集したことも朝鮮総督府の教員養成拡大政策の一環と捉えることができる。

2）講習科の教育内容と学生生活

官立光州師範学校の新校舎は昭和14（1939）年9月5日に竣工された。木造2階建ての横に長い校舎は現在も光州教育大学校の本部棟として使用されている。講習科第4回生から第6回生（昭和18年度～昭和20年度）が学んだ教育課程は、国民科（修身・公民・国語・漢文・歴史・地理）、教育科（教育・心理・衛生）、理数科（数学・物象・生物）、職業科（農業）、芸能科（音楽・図画・書道・手工）、体錬科（教錬・体操・武道）[4]だった。教育科を除けば国民学校のカリキュラムとほぼ一致している。

また、これらのカリキュラムのほかに教育実習が課されていた。以下、竹内氏の話を要約しながら講習科の教育内容や学生生活についてみていこう。教育実習は1年間に2度、期間は3週間程度で、光州師範学校附属国民学校と光州府北町国民学校で行われた。師範学校附属は日本人と朝鮮人の生徒が学んでおり、北町は朝鮮人生徒の学校だった。〈資料3〉北町国民学校における教育実習終了記念写真を参照されたい。煉瓦造りの校舎の前で教育実習を終えた49名の師範学校生が笑顔で記念写真に納まっている。教育実習をやり遂げた安堵感や解放感からか、肩を組んだりポール台に登ったり自然体で撮影され表情も豊かだ。北町国民学校は「第二附属」と言われる学校で、規模も大きく校舎は煉瓦造り、オンドル床の立派な学校だった。窓の開閉も冬の寒さに対応するため押し開ける式になっている。生徒数は多く、後ろの壁に付くくらい教室に詰め込まれていた。附属は1学年単級で木造校舎だったので、教育実習の受け入れには限界があったのかもしれない。北町国民学校の校長は日本人、要職は日本人が占めていたが教務主任級になると朝鮮人の教員も2、3名はいた。

講習科では朝鮮語の学習は一切なかった。翌年には国民学校で朝鮮人の子どもたちの教育を行う師範生だが日本人学生が朝鮮語を学ぶ機会はなかった。むしろ、朝鮮語を使ったら怒られるという時代だったので、国語（日本語）教育は徹底的に行われていた。朝鮮人学生が友人同士で朝鮮語を話す場面を見たことはあったが、教員の前では一切なかった。竹内氏は夏前に健康を害し、光州道立病院を受診した。その際、朝鮮人医師に親身になって診てもらったこともあって、朝鮮人に親近感を感じ、講習科の同級生にも親しく近寄ってみたが、受け入れられなかった。昭和19（1944）年末から翌年にかけて、光州師範学校尋常科と光州西中学校[5]の一部の生徒が思想犯として検挙される事件が起き、学校側は強い衝撃を受けていた。朝鮮人の同級生と教育のことについて話し合うことはあっても、日本人に対して警戒していたのか、一線を画しているという印象を受けた。

　さて、光州師範学校講習科を修了した竹内氏は全羅北道金堤郡の萬頃国民学校に赴任が決まる。〈資料4〉朝鮮総督府からの辞令、〈資料5〉全羅北道からの辞令を参照されたい。まず、光州師範学校卒業式の日、昭和20年3月20日付で「全羅北道ニ於テ道知事ノ指定ニ従ヒ奉職スヘ

〈資料3〉北町国民学校における教育実習終了記念写真

シ」の辞令を受け取る。次いで3月31日付で全羅北道より「任朝鮮全羅北道公立国民学校訓導　給月俸四十七圓」の辞令、それと同時に「萬頃公立国民学校訓導ヲ命ス」と書かれた通知書を受け取っている。先の「師範学校規程」第74条、第75条に明らかなように、講習科修了生には朝鮮総督府の指定に従って朝鮮内で学事に関する職務に従事する義務があった。竹内氏は全羅南道の光州から、全羅北道の萬頃に向かった。

〈資料4〉朝鮮総督府からの辞令

〈資料5〉全羅北道からの辞令

2．萬頃国民学校 —昭和20年度—

1）萬頃の位置と学校の沿革

　萬頃は群山と益山（以前は裡里）のちょうど中間地点にあり、現在は益山駅からは立派な幹線道路を通って車で20分ほどかかる。竹内氏は赴任すると面長（村長）の世話で朝鮮人の家庭に下宿することになった。その家庭は母親と次男が二人で暮らしており、長男は志願兵で出征していた。竹内氏は当時の萬頃を次のように回想する。

全羅道は全羅南道も全羅北道もそうですが、海が近いし、海産物も取れるし、非常に気候が温暖なんです。冬でもこたつなんかはいらないし、雪が降るのは年間、本当に数えるほどで3日か4日くらい。耕地整理もよくできていて、穀倉地帯と言われていたんですね。赴任先は全羅北道の金堤郡です。萬頃公立国民学校。この学校は金堤郡金堤邑（邑は日本の町に相当）より約3里くらい離れた萬頃面（面は日本の村に相当）にありました。萬頃面の中にはさらに「里」があって「地区」に相当します。萬頃の人口は2800人。良く区画整理された水田が広がって、その中に藁葺の丸い屋根の農家が点在する絵に描いたような風景の見られる農村です。面役場のある村の中心地には、警察官の駐在所、郵便局、信用金庫、農林事務所の出張所といった官庁や金融機関があって、日本人の医者のいる医院や、日本人の経営する雑貨・食料品店、酒屋のほかに理髪店も1軒ありました。だから日常生活にこと欠くことはなかった。学校は、そこから5分くらいの場所にあって学校の前には大きな堤があります。萬頃湖とよばれて周囲4キロメートルの人造の灌漑池でした。この湖には魚もいて釣りや水泳場としては格好の場でした。萬頃の中心街には電気はきていて学校にはラジオもあったけれど、一歩、田舎に入るとランプの家のところが多くありました。萬頃国民学校は朝鮮人を対象にした国民学校でした。当時、義務教育がなかったこともあり、農村部では国民学校は初等科が大部分で、高等科は郡に1つの割合です。この地域でいうと、金堤邑に高等科を併設した学校がありましたが、お金もかかりますし、そこへは地区から1人か2人くらいしか行けませんでした。だから高等科は2年まででしたが、それを出たということは田舎では中等学校を出たと同じくらいの価値がありました。

　朝鮮の初等教育機関は、日本統治初期は「普通学校」の名称であったが、昭和13（1938）年3月3日の勅令第103号「朝鮮教育令」（第3次）の公布時に「小学校」に統一された。都市部には日本人の子どもたちの通う小学校があったため、普通学校が小学校になると同名の学校が存在することになってしまう。地域によって校名に東西南北を付けたり、第

一、第二のようにナンバーを付したり、学校の所在地の町名を付けて区別した。光州であれば、朝鮮人の子どもたちが通うのが北町小学校、日本人の子どもたちが通うのが大和小学校となった。中学校も同様で光州西中学校は朝鮮人、光州東中学校は日本人の通う学校だった。昭和16（1941）年3月25日には、勅令第148号「国民学校令」の公布を受け、勅令第254号「朝鮮教育令中左ノ通改正ス」により、小学校令が国民学校令に改められ、朝鮮の小学校も同年4月1日より国民学校となった。竹内氏が赴任した萬頃公立国民学校は、もともと朝鮮人の子どもたちの通う普通学校として出発していた。現在の萬頃初等学校校庭には創立100周年の碑がある。萬頃初等学校は1909年4月3日に私立萬頃普通国民学校として開校した。その後、1911年6月30日に萬頃公立普通学校に改称している[6]。韓国併合以前からの私立学校が、併合後に朝鮮総督府に認可され公立となった。竹内氏の赴任時に話を戻そう。

> 全校職員は校長以下13名。男子職員10名。女子職員3名。内地人は私と校長の2人だけです。その当時の教員免許状は、1種、2種、3種、4種まであるんです。1種というのは内地の師範学校を卒業した人が朝鮮へ行った場合で2年制の師範を出ると1種免許というのをくれるんです。私たちみたいに1年制の師範は速成なので2種です。それから3種は、師範の講習科ではなくて、所謂3ヶ月とか4ヶ月の講習を受けた人がもらえる資格らしいですね。それから第4種というのは、中学校や女学校を卒業した者で、所謂代用教員。正規の教員じゃなくて代用教員、そういうふうに4つに分かれていました[7]。当時の校長は福島県出身の方ですが、福島師範を卒業して朝鮮へ渡って来たという先生でした。萬頃国民学校は1学年2学級で12学級ありました。私は3年生の担任だったですが1組が72人です。男子が45名、女子が27名です。義務教育じゃないもんですから、農村部なんかでは6歳になっても家にいて親の手伝いをやっていましたが、やはり学校を出なきゃダメだからということで、10歳で入学し小学校1年生というようなことがありました。赴任した翌日は入学試験でした。試験は面接だけなんですが、一応、親が連れてきた子供と面接するわけです。親から出された書類で経済状態を見ながら、数を勘定してみ

ろとか、ちょこっと話はするものの担当の先生の主観でいいとかダメとか、いい加減なものでした。

　竹内氏が赴任する3年前の昭和17（1942）年7月1日現在の『朝鮮総督府及所属官署職員録』を見ると、萬頃国民学校は学校長が安部里士、他に5名の教員名が掲載されている。掲載順に崔原益敏、金山泰治、菅原幸子、華山村夫、本多太久美である。創氏改名のために内地人、朝鮮人の別は推測に依るしかない。竹内氏の赴任時には13名の職員がいたということなので倍増であるが、そこには教室から溢れるほどの入学者に対応するため、教員養成機関では学んでいない代用教員の4種訓導6名が含まれていた。

　1学級72人。なにしろギリギリいっぱいの人数を採っているでしょ。教室なんか前から後ろまでいっぱいですよ。2人掛けの机、腰掛が本当にそれ以上は入らないギリギリいっぱいまで生徒を採りました。学年途中の5月頃からも入学者を採ったものですから二部授業にしたんです。二部授業というのは、午前中に私が72人を受け持つ、午後からは代用教員の若い先生が35人を受け持つ。そうすると100人ばかりになりますね。そうやって対応していたんです。義務教育になった場合はどうなるのか、教室を建てなきゃいけないんじゃないかというのを心配したんですがね。ひとつの試みとして近くの小高い丘の上にあった教会を教室にしました。もともと外国人の牧師がいたのですが、戦争になって空いているわけです。教会には机や腰掛、オルガンなんかもあるので、黒板は学校のものを持って行って、そこでも授業をやっていました。朝、子どもたちが学校へ来ると並ばせて、そこへ連れていって授業をしました。とにかく、形だけはできているけれども内容が整っていない。だから学力が本当に付いたかどうかね。その年に4種訓導の代用教員の先生が6名来ましたが、みんな中学校や女学校を卒業してきた人たちで教育実習をやったわけでもないし、本当に即席の教員でした。4月10日頃に赴任してきて、1週間ばかりの間にその採用になった者を集めて授業のことを説明していました。

昭和13（1939）年版の『朝鮮諸学校一覧』によると萬頃小学校の学級数は7クラスである。6年制の小学校なので、どこかの学年が2学級だったのだろう。金堤郡の数値がまとめて記載されているために萬頃のみの生徒数はわからないが、金堤郡全体で6年制の小学校が8校あり、学級数が56、生徒数が4,347名である。金堤中央小学校のように14学級もある地域の中心校も含まれるので単純に平均値を求めるだけでは正確な生徒数を把握できないが、1学級当たり77.6名となり、既にすし詰め状態の学級があったことが推測される。萬頃小学校の学級数の経年変化を見てみると、昭和14年度が7学級、昭和15年度が8学級、国民学校となった昭和16年度が9学級、昭和17年度が11学級、昭和18年度が12学級と年々増加していることがわかる。義務教育化が近づくにつれ就学率や就学要求は高まり、教員不足や教室不足は深刻さを増していたであろう。萬頃公立国民学校が教会を教室に利用したことや教員養成を受けていない6名の代用教員が赴任して授業を担当したことも、こうした状況への対応策であったと言えるだろう。

2）萬頃国民学校での教育活動

　竹内氏によれば、萬頃国民学校の校内の空気は戦時下であってものんびりしたもので、校長が出張等で不在にし、日本人が一人となっても不安を感じることもなければ、校内の様子にも変化はなかったという。昭和20（1945）年と云えば、戦局はますます厳しくなり、日本内地では大都市の子どもたちが、台湾でも台北市内の子どもたちが近郊の陽明山に集団疎開をしていた。萬頃でも6月に入ってからアメリカ軍機を見かけたが、田舎なので爆撃を受けることもないと思い込んでいたためか緊張感は高くはなかった。萬頃国民学校では以下のような皇国臣民教育が行われていた。

　　毎朝、全校生徒を集めて朝会をやるんです。学校長が挨拶をして、その後で体操をやったりして、それから「皇国臣民の誓い」を斉唱します。当番の先生が、「ひとつ、私たちは、大日本帝国の臣民であります…」と先導します。奉安殿は萬頃にはありませんでした。

金堤の学校には奉安殿がありました。奉安殿というのは天皇の御真影と教育勅語を保管する場所ですがね。萬頃国民学校には教育勅語もなかったですね。校長が保管していたのかもしれませんが出さなかったですね。私も、入学式のときに教育勅語を読んだのを聞いた経験もないし、天長節もやらなかった気がします。だから、あったかないか記憶が定かではありません。奉安殿はないけれども祠があるんです。京城に朝鮮神宮というのがありましてね。そこから分社になったのを、御札だけですけれども祀った小さい祠がありました。その前へ行くと子どもたちがみんな毎朝お辞儀をして、それから教室に行くわけです。帰るときもそこへお辞儀、奉安殿と同じような役割をしていました。このお札は終戦後の8月25日に校長に呼ばれて面長（村長）と3人で燃やしました。その時にも教育勅語や御真影のことを言わなかったからなかったと思います。

　朝鮮にも下賜された教育勅語と御真影は地方都市止まりだったのだろうか。しかし、奉安殿はなかったが、朝鮮神宮分社の小さな祠に対する生徒の振る舞いは共通しており、奉安殿の代わりになっていたようである。

　通常の授業では国語教育に力が入れられていた。朝鮮の子どもたちにとって朝鮮語にない発音しづらい音を繰り返し練習させた。萬頃国民学校では教科書は日本の検定済みの教科書を使っていて[8]、算術も3年生は日本の3年生と同程度だった。体操は走ること、縄跳び、木登りなどでボールがなかったので球技はしなかった。学務課が主催した郡の中心校の研究会に参加したこともあった。金堤の国民学校は萬頃よりも緊張した雰囲気で、教室環境も非常に戦争色が濃く、軍隊の規律や写真がいくつか貼ってあった。

　萬頃国民学校では家庭訪問も行っていた。田植えの終わった6月頃に1週間くらいかけて担任生徒の家を70軒歩いたという。農村に一歩入るとお年寄りや女性には日本語が通じない。そこで6年生の生徒を通訳にして家庭訪問を行った。6年生と言っても年齢は16歳で竹内氏とあまり変わらなかった。家庭訪問では学校から遠く離れた集落に出かけることも多かったが、身の危険や不安を感じることもなく、むしろ多くの家庭で遠くまで来てくれたと感謝され歓待された。その中でも学校から

5キロ程離れた夢山里という地区に家庭訪問に出かけた際のことが忘れられない思い出として残っているという。

> 家庭訪問の帰り道、大きな門のある家があってね、そこに老人が一人立っていて通訳の6年生に朝鮮語で何か話してきました。「先生の来るのを待っていたので、家に寄ってくれ」と言っているそうですが、その家は家庭訪問の予定の家じゃないんです。突然そんなことを言われても困ると言っても盛んに「家に入れ」と言われ、険悪な雰囲気でもなかったのでついていくと、老人がニコニコしながら奥の部屋へ案内してくれます。靴を脱いで上がっていくと、オンドルの部屋に食卓があって御馳走が並んでいて、手振りで「食べろ」と言うわけです。通訳の6年生に「おい、どういうわけだ」って言ったら、その子も困った顔をして首を傾げるばかりです。とにかく箸で皿の上の焼肉をつまんで口に入れました。唐辛子のきいた辛い味が口の中一杯に広がりましたが、吐き出すわけにもいかず思わず飲み込んで、慌てて卵焼きのようなものを口にしました。傍らの老人は、ニコニコしながら私の食べるのを見て、時々通訳の6年生に話しかけています。食卓には小型の瀬戸物の丼があって中にどぶろくが入っていました。「飲め飲め」と盛んにそれを進めてくるわけです。まだ日も高いし、学校まで数キロの道を歩いて帰らなければならないし、私もまだ18歳で普段からお酒は飲まないので赤い顔をして学校に帰るわけにもいかないと、手を左右に振って断りました。もうたくさんいただいたので帰ると通訳の6年生に言わせたところ、向こうもわかってくれました。家の角まで送ってくれてお礼を言われました。このことを学校で話すと、それは李朝の旧臣の家だと教えてくれました。日本が韓国を併合したときに日本政府の管理を嫌い反発して野に下って、自分の領地のあるところへ来て生活しているのだと。そして、その老人の弟の孫が学校に来ているので歓待してくれたらしいということがわかりました。老人には儒教の教えが残っていて先生に対しては態度も非常に丁寧でしたね。

竹内氏にこの老人のことを説明してくれた同僚は、福島武平という4

種訓導だった。父親は萬頃面の面長、竹内氏に下宿先を斡旋してくれた人物である。地域住民からの信望も厚く日本人からも信頼されていた。当時、全羅北道は穀倉地帯とは言いながらも供出を強いられ農家の生活は厳しかった。面長は竹内氏の下宿先に特別に配給米を渡すなどの配慮もしていたようである。福島というのは創氏改名によるもので、慶尚南道馬山出身の鄭氏だと後から知った。息子の方は、小学校は萬頃で過ごし、中学校は親元を離れて京城に行き名門の景福中学校を卒業して萬頃に戻り訓導になったのだった。年齢は竹内氏より1歳年上だった。二人は独身者の気軽さからか、いつも一緒に宿直を引き受けて、朝鮮の置かれている立場を認識したうえで、子どもたちにどういう力をつけていくのが必要なのかを夜の更けるのも忘れて話し合った。古城跡の石垣に腰を下ろして群山の沖に沈む夕陽を眺めながら、萬頃の歴史を教えてもらったこともあった。光州師範学校講習科では、心を開いて話せる朝鮮の友人に出会えなかった竹内氏にとって福島武平氏との出会いは嬉しいものだった。

3）日本への引き揚げ

　竹内氏が訓導となって萬頃国民学校に赴任したのは昭和20年4月、その年の8月には終戦となり日本へ引き揚げることになる。8月15日、学校は夏休み中だった。竹内氏は7月末に下宿を変わっていた。日本人の入植者で農業をしていた人の家の2階が空いているので誘われたためだ。駐在所の警察官が本署に引き揚げて無警察状態になった夜、そこに福島武平氏が訪ねて来て、一日も早く内地に引き揚げろと忠告してくれた。

　「萬頃も外から見ると平和そうに見えるけれども、実はそうじゃない。戦時中に思想犯で拘留されていた者たちが釈放されてこの村にも何人かいる。そういう連中は非常に反日的だ。明治43年の併合の後、日本人が入ってきて、朝鮮人が持っていた土地を無償で接収した。爺さんの代にそれをやられたことをその子どもは知っている。無警察になったからそれを取り返すっていう不穏な動きもある。だからなるべく早く日本に帰った方がいい。」そう言って、お米を炒って粉にしたものを3升ほど袋に入れて持って来てくれた。「こ

れを茶碗へ入れて、お湯をかければご飯の代わりになるから、もしもの場合の非常食に持って行け」と。それで初めてそんなことがあるのかと緊張したんだがね。彼の父親は面長として日本に協力した立場にあったから、彼も当然親日家として目を付けられていたのに、それを承知のうえで危険を冒してまで訪ねて来てくれた。もし自分が逆に彼の立場だったらどうしただろうか。

　竹内氏は9月15日に日本に引き揚げた。変わったばかりの下宿先の長男が井邑で食糧事務所長をやっていた。その街には軍隊も駐留していて9月1日にアメリカ軍が進駐するという情報が入って来たので、母親にそれを知らせに来たのだった。慌てて荷物をまとめ、金堤から来たトラックに近隣の日本人も一緒に乗せられ萬頃を後にした。アメリカ軍が来る前に日本軍が撤退するので、その軍隊の引き揚げと一緒に行けばいいからと言われ、それに便乗した。電車に乗ったり、大邱から歩いた記憶もあるが、その一行と行動を共にして日本に引き揚げたのだった。
　後掲の年譜に明らかなように、竹内氏は昭和21（1946）年9月30日に長野県西筑摩郡山口国民学校に地方教官として教育界に復職する。9月26日付で長野県教員適格審査委員会による判定結果が出ている。昭和20年9月に引き揚げた後、竹内氏は父親がビルマから復員するまでの間、国鉄の仕事をしながら家の面倒を見ていた。そのため、昭和21年5月31日に勅令287号により一度は自然退官となり、再度、審査を受けて教育界に戻るという経緯を辿ったのだった。

結びに代えて

　本稿では、竹内幹雄氏のインタビュー記録をもとに昭和19年から昭和20年にかけての朝鮮における学校教育の実態を描出してきた。当時、朝鮮では義務教育化に向けて学校や学級の増築が必要だった。さらに地域住民の入学希望も高まっており、教室は子どもたちで溢れ返っていた。萬頃国民学校では苦肉の策として廃屋になっていた教会を教室代わりに利用していたこと、速成の教員養成課程さえ終えていない代用教員を6

名採用して教員補充を行っていたことなど、竹内氏の話から対応に追われる教育現場の様子が明らかとなった。

　竹内氏が師範学校に入学し国民学校に勤務したのは、まさに戦時下、それも戦局が厳しくなった時期である。学校でも徹底した皇国臣民教育が行われる時期であるが、金堤の国民学校には奉安殿があったが萬頃は分社のお札を祀っていたなど、鉄道沿いの金堤と農村の萬頃では教育政策の浸透や教育の受け止め方にも違いのあったことがうかがえる。また、家庭訪問の話からは儒教の染み渡った農村社会の様子、人々の価値観などを知ることもできた。

　光州では同じ師範学校に学びながらも、朝鮮人学生と日本人学生の間には垣根があり表面的な付き合いしかできなかった。光州の朝鮮人学生たちは師範生であると同時に、抗日運動の担い手でもあったのだ。光州という町で同じ校舎に学びながらも、竹内氏の日常とは異なる日常を朝鮮人学生は送っていたのだろう。同じ時期に同じ場所にいても見えていた世界は異なっていたのだろう。

　竹内氏のインタビューからは新たな課題も得られている。日本統治末期の教員養成と教員配置の全体像について日本「内地」と朝鮮を横断的に把握すること、「外地」師範学校出身者及び「外地」日本人教員の戦後の日本教育界への復帰の経緯等、本稿を契機としてさらに深めていきたいと考えている。

〈付記〉
　本稿の作成に当たり竹内幹雄氏には大変お世話になった。インタビューは2014年12月6日に竹内氏宅で行われた。竹内氏はこれより先に研究の助けになるようにと私家版「在鮮の回想―思いつくままに―」（全9頁）を著され、さらに貴重な資料を多数、提供してくださった。本稿に掲載の〈資料1〉～〈資料5〉も竹内氏の提供によるものである。ここに記して謝意を捧げたい。尚、4時間に及んだインタビューのテープ起こしは埼玉工業大学卒業生の菅谷由幸氏が担当してくれた。また、竹内氏の足跡を追うべく2016年3月25日に光州、26日に萬頃の地を訪れた際には本研究会の佐野通夫氏が同行してくれた。協力をいただいた二氏にも感謝している。

〈竹内幹雄氏年譜〉

昭和3(1928)年1月3日	長野県諏訪郡上諏訪町445番地に生まれる
	父　竹内慶次郎　母 ちか　5人兄弟の長男
昭和8(1933)年4月5日	私立上諏訪幼稚園年長組入園
昭和9(1934)年3月27日	同幼稚園卒園
昭和9(1934)年4月1日	長野県諏訪郡上諏訪町高島尋常高等小学校入学
昭和15(1940)年3月24日	同校尋常科卒業
昭和15(1940)年4月5日	長野県上伊那郡伊北農商学校入学
昭和19(1944)年3月15日	同校第4学年修了
昭和19(1944)年4月8日	官立光州師範学校講習科入学
昭和20(1945)年3月20日	同校同科修了
昭和20(1945)年3月31日	朝鮮全羅北道公立国民学校訓導
	萬頃公立国民学校訓導
昭和20(1945)年6月30日	給九級俸
9月15日	内地に引き上げ
昭和21(1946)年5月31日	勅令287号により自然退官
昭和21(1946)年9月30日	地方教官　長野県西筑摩郡山口国民学校
昭和22(1947)年4月1日	長野県西筑摩郡山口村立山口小学校教諭
昭和27(1952)年4月1日	長野県長野市長野市立吉田小学校教諭
昭和32(1957)年4月1日	長野県諏訪郡下諏訪町立下諏訪小学校教諭
昭和38(1963)年4月1日	長野県西筑摩郡木曽福島町立福島小学校教諭
昭和41(1966)年4月1日	信濃教育会教育研究所研究員
昭和42(1967)年4月1日	長野県西筑摩郡木曽福島町立福島小学校教諭
昭和45(1970)年4月1日	長野県木曽郡王滝村立王滝小学校教諭
昭和48(1973)年4月1日	長野県木曽郡山口村立山口小学校教頭
昭和51(1976)年4月1日	長野県教育委員会指導主事
昭和54(1979)年4月1日	長野県東筑摩郡四賀村立中川小学校校長
昭和57(1982)年4月1日	長野県長野市立安茂里小学校校長
昭和61(1986)年4月1日	長野県長野市立朝陽小学校校長
昭和63(1988)年3月31日	同校同職定年退職

【註】
1 光州教育大学校／光州師範・師大・教育大学校同門会、2008年、p87。
2 佐野通夫『日本植民地教育の展開と朝鮮民衆の対応』、社会評論社、2006年、pp.299～302。
3 佐野通夫上掲書、pp.278～279
4 光州教育大学校／光州師範・師大・教育大学校同門会『光州教育大学校70年史』、2008年、p.113
5 光州西中学校は現在、光州第一高等学校。その敷地内には光州学生独立運動記念塔があり、光州学生独立運動記念歴史館が併設されている。
6 萬頃初等学校ホームページ学校沿革、www.mamgyg.es.kr/、最終閲覧2016年9月29日
7 当時の教員免許状取得方法について、竹内氏の記憶を補足すると、朝鮮内では京城師範学校出身者が卒業後すぐに第1種教員となることができた。また、教員試験（第一種試験、第二種試験、第三種試験）も行われており免許状のキャリアアップもできた。詳細は山下達也『植民地朝鮮の学校教員』（九州大学出版会，2011年）の第三章「養成プロセスに起因する教員の序列化」を参照されたい。
8 朝鮮総督府『教科書編輯彙報』第八輯によれば、朝鮮総督府でも国民学校制度の開始に伴い、新しい教科書の編纂に着手していた。但し、16年度の時点では「朝鮮人を主として収容する国民学校では、すべての学年を通じ従来のものを其の儘使用せしむることになつた」（2頁）とあり、朝鮮総督府編纂の新しい教科書が使用されるのは昭和17年度の1・2年生からだった。教科によっても差があり、修身や国史、地理は総督府編纂の教科書が使用されるが、国語と算数の3学年以上や図画の全学年では文部省編纂の教科書が使用されることになっていた（4～5頁）。同時期に朝鮮総督府編纂旧教科書、新教科書、文部省教科書が使用されていたことになる。朝鮮総督府編修課の大槻芳廣は「教科書編纂事業の変遷」（『文教の朝鮮』昭和19年5月号、29～35頁）で「昭和十六年度から着手された朝鮮総督府の教科書編纂の事業は、昭和十九年度を以て略々その完結をみるに至った。」と記し、国民学校教科書は40種155冊が編纂されたことを明らかにしている。

Ⅲ．研究動向

戦争責任研究（戦争責任論）と「植民地責任」研究の動向
——教育と教育学の、戦争責任と植民地（支配）責任の究明のために——

松浦勉*

はじめに——戦争責任研究と植民地研究の進展——

　歴史学研究の世界においては、アジア・太平洋戦争に収束・拡大した十五年戦争をめぐる日本の戦争責任研究ないし戦争責任論は、ほぼ市民権を得ているといってよい。1993（「平成5」）年4月に「日本の戦争責任資料センター」が設立され、その機関誌『季刊 戦争責任研究』が創刊されたことは象徴的な意味をもつ。加えて、同誌を含めて、さまざまな学術誌上でも多くの研究成果が蓄積されている。そして、すでに研究動向の批判的な総括が行われ、問題点と課題も提起される段階にある。近年の研究動向の整理と総括については、吉田裕と山田朗がそれぞれ論考を発表している。

　植民地研究はどうか。ここでは、かつて〈植民地帝国〉日本が占領・支配したアジア諸地域に関する研究に限定して言及しておきたい。〈戦後〉の歴史学研究のなかでは戦争責任研究よりも長い歴史をもつこの領域では、すでに膨大な研究成果についての研究史の総括が行われている。たとえば、日本植民地研究会が2006年度の第14回全国研究大会での共通論題報告「日本植民地研究の現状と課題」をめぐる報告と議論をふまえて、学会誌の特集号を組み、方法論をめぐる研究史と日本が植民地支配したアジア諸地域別の研究成果総体がそれぞれ整理・総括されている。ただし、設立20週年を期して行われた同研究会の学会をあげてのこの研究の総括では、代表の小林英夫（当時）も指摘しているように、旧日本軍が軍事占領した中国占領地と「南方」地域に関する成果が基本的に

＊八戸工業大学

フォローされていない。個別の研究論考においては当然、これを補足するかたちで、先行研究批判と整理が行われているであろう。

なお、本稿の守備範囲をこえるが、行論とのかかわりで、近年、永原陽子が「アフリカ史」を対象にして研究の現状を整理していることも付言しておこう。永原らが発表した、積極的な〈植民地責任〉論の視座とそれにもとづく成果については、後で論及する。

以上、戦争責任研究と植民地研究の現状を簡単に概観した。

本稿の目的は、このように相応の研究の成果を蓄積してきている日本の戦争責任研究と植民地研究の近年の動向の大きな特徴と意義を把握することにある。ただし、ここでは、戦争責任研究と植民地研究の動向を全面的に検討する余裕はないし、またその必要もないであろう。あらかじめ主題を限定して、教育（思想・学説を含む）史研究における戦争責任研究（教育と教育学の戦争責任論）と植民地研究（植民地教育史研究）の課題と方法を把握する上で不可欠となると考えられる研究の特徴的な動向の一端についてのみ、言及することにしたい。

Ⅰ．戦争責任研究の現在とその特徴

まず、近年の日本の戦争責任研究（戦争責任論）の大きな特徴を確認しよう。前掲、吉田裕論考では、5つの特徴が把握・提示されているが、本稿ではとくに顕著な特徴として3点指摘しておきたい。

戦争責任研究の大きな特徴の第1は、「戦争の記憶」をめぐる問題がクローズアップされていることである。たとえば、10年余り前の吉田裕の前掲論考は、「戦後歴史学」のなかに戦争責任論を位置づける分析視角とならんで、自身すでに個別に研究成果を発表している戦争の記憶をめぐる問題との関連で、戦争責任論の特質を把握する視角をとっている。また、最新の前出の山田論考の場合は、吉田の後者の視角を援用するかたちで、「戦争・戦時の〈記憶〉の継承」の観点を中軸として戦争責任論の現状の整理と課題の提起を行っている。

なぜ、「戦争の記憶」なのか。一つには、〈戦争体験〉世代・戦場体験世代の自然消滅に連動して進行している日本社会における戦争の「記

憶」の喪失の問題が無視できない背景としてある。もう一つには、吉田裕や山田朗が指摘しているように、国民意識としての戦争の記憶をめぐる分裂と対立の問題がある。とりわけ 1990 年代初頭に日本社会に大きな衝撃を与えた「従軍慰安婦」問題は 21 世紀のいまも、これを象徴する事例となっている。

　国民意識における戦争の記憶をめぐる問題とそれを背景とする日本社会における戦争責任論の展開については、ひとまず上記の二つの先行研究を参照してもらいたい。本稿では、学会レベルの戦争責任に関する議論と研究の成果を中心に特徴的な動向を検討する。

　特徴の第 2 は、1980 年代以降の十五年戦争研究のきり拓いた戦争犯罪解明の新たな地平が、「被害者意識」を土台とする戦後日本社会の戦争の記憶と認識に分裂・分解をもたらし、その結果として「歴史修正主義」が台頭し、戦争責任論をめぐって新たな対抗関係が創出されたことである。メディアが「歴史認識問題」と報じたこの問題については、吉田、山田の先行研究も、立ち入った検討を加えているし、その他の文献も多数にのぼる。

　ここでいう歴史修正主義とは、日本の過去の重大な戦争犯罪の事実そのものを否定するとともに、「現在の見方で過去を裁くことはできない」という勝手な論理で、たとえば支配─被支配の関係のような不都合な事実を、現在の立場から正当化するという欺瞞的で融通無碍な思惟様式である。なぜ、歴史修正主義が台頭したのだろうか。1980 年代になると、南京アトロシティーや七三一部隊、毒ガス戦、強制連行などの中国戦線における戦争犯罪の実態の解明が大幅に進展し、90 年代には、「従軍慰安婦」という名の日本軍性奴隷（制）の被害者・犠牲者が名のり出たことにより、さらに戦争の実態解明が前進した。1982 年夏に「検定教科書」問題が国際問題化したことが、このような戦争の実態研究の大幅な進展を促す契機となった。その結果、旧日本軍兵士、すなわち民衆の加害者性と戦争協力の問題があらためて問い直される局面が生まれた。つまり「戦後 50 年」をむかえる段階になって、どうにか国民ないし民衆の戦争責任論が展開されることになったのである。ところが、とくに「従軍慰安婦」問題を焦点とするこの事態に対する戦場体験世代の強烈な反発を吸収・代弁するかたちで、「右からの」強烈な反動として、ネ

オ・ナショナリズムが台頭することになった。1997（「平成9」）年1月の「新しい歴史教科書をつくる会」の設立は、その象徴的な表れであった。

もちろん、この戦争の記憶と認識をめぐる対抗は、日本遺族会や神社本庁、新しい歴史教科書をつくる会などの「右派」政治勢力と、日本の自国中心主義的な「戦後処理」を告発し、提訴したアジアの戦争被害者やかれ／かの女らを支援する平和・市民運動との対抗などという、単純に二項対立的なものではない。また、戦争の記憶や歴史認識をめぐる分裂と対立は、必ずしも戦場体験者を含めた戦争体験世代とその周辺にいる人々の間だけのものでもない。歴史学だけでなく、政治学や経済学、哲学、教育学など分野横断的に戦争責任研究を進展させてきた学会レベルでも、例外ではないのである。一つだけ、具体的な例をあげよう。女性参政権獲得運動の先頭にたった市川房枝をはじめとして、高良とみ、平塚らいちようなど、女性解放運動をリードした女性たちが、戦争とファシズムの時代になると、侵略戦争遂行のための民衆統制と動員に積極的な役割をはたした事実を明らかにし、かの女たちの戦争協力を批判した「女性史家」の鈴木裕子の研究に対して、上野千鶴子が、「過去」を現在の地平から「断罪」する「告発史観」にたつ日本版「反省的女性史」研究というラベリングを行ったことがある（上野「『国民国家』と『ジェンダー』―『女性の国民化』をめぐって―」『現代思想』1996年10月）。鈴木が「婦人運動家の戦争協力」の副題を持つ『フェミニズムと戦争』をマルジュ社から出版したのは、1986年のことである。

各種の民衆運動、たとえば労働運動や農民運動、部落解放運動とのトップリーダーたちの戦争協力＝戦争責任をめぐる問題においても、同様の分裂と対立があり、現在も克服されていない。

戦争責任研究の第3の特徴として、前述の「民衆の戦争責任」論をめぐる特異な問題状況を指摘する必要がある。これは、研究の積極的な意義となる特徴ではなく、むしろ早晩克服されなければならない深刻な限界として重要な課題となる。「戦後歴史学」を含めて、歴史学研究は、総じて侵略戦争の組織と国民動員に積極的に関与した各種の民衆運動のトップリーダーと民衆の戦争責任の究明と追及に及び腰になってきたといってよい。前に紹介した上野千鶴子の鈴木裕子の成果に対する「批判」は、その間隙を突いた論難であり、単なる歴史の記憶や歴史認識の

分岐と対立をしめす事例ではない。大学の教員（知識人）を含めた教育関係者の戦争責任の究明と追及においても、同様の傾向があることについては、筆者はつとに指摘してきた。

　平和・市民運動団体の日本戦没学生記念会は、1995（「平成7」）年8月15日を期して発表した「声明　敗戦50年目の決意」のなかで、最高戦争指導者となった昭和天皇・裕仁の戦争責任だけでなく、「戦後50年」もの間基本的に放置されてきた軍部・官僚（司法・警察官僚を含む）・マスコミ・教育関係者など、侵略戦争の組織と国民動員に積極的にかかわった「日本人」の責任追及が未決済であると表明したことがある。そればかりではない。この声明は同時に、民衆の組織化と動員を主導した者たちの責任とは位相と軽重を異にするとしても、彼・かの女らによって組織され、動員され、多様なかたちで戦争に協力した民衆の戦争責任の究明と追及の必要も提案した。「わだつみ世代」のなかでは、戦没学生の木村久夫が、軍国熱と戦争熱に呪縛され、侵略戦争＝十五年戦争への道を許した国民の「遠い責任」を問うていたことを想起しよう。

　とくに戦線では、多くの場合、これらの民衆兵士（〈男性〉）は近隣諸国民に対する虐殺・略奪・暴行・凌辱などの直接的な実行者となった。このような「戦争犯罪」「植民地犯罪」ともなる加害の歴史の証言も少なくない。なぜ、このように民衆ないし国民の戦争責任が問われるのか。自己の罪責に覚醒することによって、はじめて民衆自身が真の意味で社会の民主化を担う主体として自己を確立し得るからである。安川寿之輔の表現をかりてもう少し敷衍していえば、「日本人が主権者『国民』として自己変革し、その地位を確立する真の民主化の道のりは、日清戦争以来のアジア侵略と植民地支配についての国民自身の主体的な戦争責任への覚醒から、ようやく始まる」のであって、民衆＝国民の戦争責任論はそのための「不可欠の視座」となるのである。

　以上のような思想的、教育的な意味をもつ民衆の戦争責任に関するメッセージへの歴史学関連学会や教育史学会の応答は、21世紀の現在においても依然として不十分である。

Ⅱ．植民地研究の新たな動向

　植民地研究では、理論的には内外の戦争責任論の影響のもとで構築され、しかもその戦争責任論から自立した新たな課題意識と方法をとる積極的な研究動向が注目される。

　一つは、とくに西ヨーロッパやアメリカの植民地主義の歴史を追究する植民地研究の領域では、第２次世界大戦終結後に連合国が追及主体となって敗戦国の戦争責任と戦争犯罪を裁いた主要な訴因の一つである「人道に対する罪」をキー概念とする新たな研究の視座が提起され、それに基づく諸成果が発表されている。それを代表するのが、永原陽子編『「植民地責任」論―脱植民地化の比較史―』（青木書店、2009年）である。本書は、編者の永原の序「『植民地責任』論とはなにか」以下、三部構成で全13章からなる共同研究の成果である。本書が提起したのは、タイトルそのままの〈植民地責任〉論の視座である。

　もう一つの動向として、この「植民地責任」論に並行ないし対応するかたちで、板垣竜太がとりわけ自覚的に〈植民地支配責任〉の視座を提起し、積極的に植民地支配責任論を展開しているのが注目されよう。

　なぜ、いま〈植民地責任〉論なのだろうか。

　この新たな研究潮流の成立に大きな刺激を与えたのは、2001年8月31日から9日間にわたって南アフリカのダーバンで開催された、国連主催の「人種主義、人種差別、排外主義、およびそれに関連する不寛容に反対する世界会議」、いわゆるダーバン会議とその「宣言」である。この会議自体は、アメリカ代表が会議におけるイスラエル批判への憤懣を露にして中途退席したうえに、「宣言」も、植民地主義の「罪」の承認と謝罪、補償に関するとり扱いや表現が、かつての植民地宗主国となった欧米諸国代表の強硬な意思で換骨堕胎された。しかし、国連の公式の舞台で、奴隷貿易・奴隷制や植民地主義の「罪」をめぐる議論が公然と展開され、そのなかでアメリカ代表を退席させたイスラエル批判が噴出したことは、画期的な出来事であった。板垣雄三によれば、このようにグローバルな局面で熾烈な駆け引きと抗争が支配したダーバン会議の在りようは、「瀕死の欧米中心主義の当面の防衛線＝イスラエル国家

（ポストコロニアル植民地主義を体現）の『生存権』擁護の動き」の一環なのである。そのため、「宣言」の文案からは、パレスチナ問題をめぐって苛烈な争点となっているイスラエル批判の案文は削除された。

　永原陽子編『「植民地責任」論』は、このダーバン会議の議論に発展する、1990年代以降にアフリカ諸国と南北アメリカのアフリカ系市民を中心にして世界各地で顕著な拡がりを見せた欧米諸国の植民地主義の過去とその前史となる奴隷貿易・奴隷制の「罪」と「責任」を問う動きと、それをめぐる関係各国の議論を「植民地責任」論と規定し、それが現代史のなかでもつ意味を問おうとした大著である。第Ⅱ部〈「植民地責任」をめぐる謝罪と補償〉では、明確な要求や訴訟のかたちで展開された「植民地責任」を問う具体的な動きが、ハイチとケニア、ナミビア、ジンバブウェの四つの国家の事例をとおして検討されている。永原によれば、こうした欧米諸国の「罪」と「責任」を問う動きがこの時期以後に「一挙に噴出してきている」大きな背景には、冷戦体制の崩壊があった（p12―本書のページ、以下同じ）。いいかえれば、冷戦下の「現代世界の圧倒的に不均等な力関係」が「植民地責任」を公然と問うことを困難にしてきたばかりでなく、当事者たち自身がそのような「問いの成立可能性」を知ることを阻んでいたのである（p29）。

　欧米諸国の「罪」と「責任」をめぐって、ダーバン会議への「重要な里程標」（p19）となった1993年の「補償に関するパン・アフリカ会議」（於、ナイジェリアのアブジャ）が採択した「アブジャ宣言」のもつ意義も大きい。この「宣言」は、「重要なのは、経済発展を奴隷労働や植民地主義に負い、先祖がアフリカ人の売買や所有、植民地化に参加している国々の責任であり、その罪ではない」ことを強調した。また、同宣言は、「奴隷化、植民地化、新植民地化によってもたらされた損害」はたんに過去のものではなく、現在のものでもあると力説し、その損害は「ハーレムからハラレまで、ギニアからガイアナまで、ソマリアからスリナムまで」（p 19）広大な領域に及ぶものと把握している。資本主義的生産様式の中に構造化された、奴隷貿易・奴隷制と現在まで継続する植民地主義との不可分の連続性が認識されていたのである。分析対象として奴隷貿易・奴隷制の問題と植民地主義の問題の両者を問う本書の「植民地責任」論は、この「アブジャ宣言」の主張する欧米諸国の責任

とそれに対応した補償要求をささえている「植民地責任」の考え方と通底している。

本書のとる方法としての「植民地責任」論の特徴と意義の第1は、世界各地で被害の「補償」や被害からの「回復」の要求として顕在化している具体的な動きの根底にある、「植民地主義の歴史をめぐる人々の理解と認識を探り、それらを現代史のなかに位置づけてとらえ」(p29) ようとしていることである。永原が、本書の「植民地責任」論は、この種の歴史的な大きな暴力犯罪をめぐる補償と「責任」をめぐる法学的論議や哲学的な正義論とは異なり、政治的独立の後も長く続く「脱植民地化」過程を、さまざまな主体の歴史認識の面から分析する、「歴史学的な脱植民地化研究の新たな方法」である（p28）と規定しているゆえんでもある。

この点において、植民地責任論は、旧日本軍が創設した「従軍慰安婦」制度や「強制連行」のような植民地支配責任をめぐる状況の「変革」という、より実践的な課題とその解決に力点をおく板垣竜太が提唱する「植民地支配責任」とは、やや問題意識と責任論の「射程」を異にする。しかし、両者は基本的に対立する概念ではなく、その違いは相対的なものであろう。板垣自身も、植民地犯罪と植民地支配責任、植民地責任について、戦争責任概念と戦争犯罪概念との関連においてそれぞれの概念の整理と規定を行い、そのうえで、戦後も長期にわたって日本の学会や論壇からも排除されてきたこの問題をめぐって、「在日」朝鮮の市井の人びと等の動向をふくめて、戦後日本社会の植民地支配責任を問う動きを「系譜」として追究しているからである。永原のいう「植民地責任」概念とのかかわりでいえば、それ自体が植民地支配責任論研究の成果なのである。

もちろん、永原も、植民地責任論の重要な出発点となるのは、個別の植民地犯罪の検証であり、それを法の裁きに付すのは、「法律家の仕事」で、「被害」と「加害」についての事実関係を究明するのは「歴史家の仕事」であることを承認する。しかし、永原によれば、それは植民地責任論の一部に過ぎないのである（p24〜25）。なぜなら、過去の「加害」と「被害」の直接的な因果関係を当該期の法の適用に耐え得る形で明示することに非常な困難をともなうからである。また永原は、「法的に追

及することのできる『罪』は、全体のごく一部をなすにすぎない」(p27) ともいう。じっさい、極度の貧困や過酷な差別に日々直面している人びとは、「歴史的に持ち越されてきた『被害』を生きている」ものと実感しており、そのため、焦点となっているのは、「責任」を問うこと以上に、「被害」からの回復・修復にあるのだという (p26)。

第2の特徴と意義は、方法としての「植民地責任」論に直接かかわる問題である。

第I部の表題、〈戦争責任論から「植民地責任」論へ〉が示すように、本書では、「戦争責任論と植民地責任論の共通性と相異、両者の関係」(p421) に留意して、歴史的にも理論的にも「戦争責任」と「戦後責任」の範疇を超える、植民地支配下の各種のより広範な暴力に起因する「植民地責任」とその論理が追究されているのである。永原の「序」と第I部第1章の清水正義論考「戦争責任と植民地責任もしくは戦争犯罪と植民地犯罪」がこの重要な理論的な課題に肉薄している。ここでは、清水の表現をかりれば、戦争責任と戦争犯罪の問題が「現代史における歴史的大規模暴力犯罪群を論じる」なかに位置づけられ、「戦争を含む暴力的事態を全体として把握する」(p41) ことが目指されているのである。そのため、戦争責任と戦争犯罪自体が相対化されることになる。

編者の永原によれば、「植民地責任」は、植民地支配下で惹き起こされた各種の「植民地犯罪」と、植民地犯罪の原因をつくった植民地征服と支配の全般に対する「植民地責任」の両者を含む緩やかな概念として規定されている。また、植民地責任は、加害国となった旧宗主国の責任問題と旧植民地の人びとの「被害」からの回復と修復の要求の両側面を包含する概念となっている。こうした概念規定から、〈植民地責任〉概念が、「戦争犯罪」を対概念とする「戦争責任概念からのアナロジー」(p419) として考案されたことがわかる。

また、じっさい本書では、〈「戦争責任」論から「植民地責任」論への発展〉(p29) が展望されている。その含意となるのが、戦争責任や戦後責任の範疇を超える〈植民地責任〉とその論理の追究となろう。

「人道に対する罪」を根拠にして第2次世界大戦の敗戦国の戦争責任と戦争犯罪を裁いた、旧宗主国が構成した連合国は、アメリカによる「原爆犯罪」に象徴されるような自身の戦争犯罪に対する責任を回避し

たばかりか、自身が植民地領有国であったがために、自らの植民地責任と敗戦国の植民地責任を追及しなかった。加えて、両陣営の植民地主義の歴史を貫いていた、大量虐殺や奴隷化、強制移住、拷問、集団強姦などの「植民地犯罪」が免責された。連合国に組みした欧米諸国が、自国の植民地責任にどう向き合ったのか、向き合わなかったのかについては、本書の第Ⅲ部〈脱植民地化の諸相と「植民地責任」〉で批判的に究明されている。なお、日本とドイツの事例も検討されている。

　植民地主義の被害者となった人々は、被害の補償や回復・修復をもとめて、戦勝国が考案した「人道に対する罪」の概念・法理を闘いの武器として、加害者となったこれらの欧米諸国を追及したのである。自国中心主義的な戦勝国の論理を批判し、それを克服する運動が、訴訟の形で展開されたのである。その代表的な事例を、第Ⅱ部　第7章で永原が分析している。ナミビアの民族集団の一つであるヘレロの100名が、1世紀前のドイツ帝国による植民地統治下でドイツ帝国軍とドイツ企業が惹き起こした残虐行為は「人道に対する罪」「ジェノサイド」であるとして、その甚大な被害への補償をもとめて、ドイツとドイツ銀行ほか2企業を相手取って、アメリカのコロンビア高等裁判所に3件の訴訟を起こしたのである。提訴はすべて却下され、結局、訴訟は頓挫した、しかし国内の他の民族集団の補償をもとめる運動も生まれ、過去の植民地責任をめぐる多様な議論が巻き起こされ、ナミビアとドイツ両国内の戦争と植民地支配にともなう「人道に対する罪」への関心がたかまった。とくに、補償要求の運動のなかから、ジェンダーの視座や性暴力の視点から植民地主義をとらえる議論も提起され、運動の新たな展開もうまれた（p239）。

　つまり、本書に批判的な書評論文を書いた矢野久が指摘するように、「戦勝国論理の批判的超克を実践したのは戦勝国ではなく、植民地支配の被害者でありかれらの追及した論理」であった。

　加えて、ドイツは戦後一貫して「人道に対する罪」で自国の戦争責任を問い、戦争犯罪を裁いてきたとか、被害者の補償もその罪が根拠とされたという、総じて〈ドイツは戦争犯罪と人道に対する罪概念を根拠にして、真摯に「過去の克服」を行った〉という本書と私たちのとってきた歴史認識に対して、矢野が重大な修正を迫っていることを付言してお

こう。矢野によれば、それは端的にいって、「誤解」なのである。そして、これは植民地支配の「補償」や「回復」をもとめる人々の運動の主要な「底流」の一つを「ドイツにおけるナチス犯罪・不正の処罰と犠牲者への補償」(p13〜16)の歴史にもとめる本書の〈植民地責任論〉の克服しなければならない問題点＝限界でもある。永原は別稿で、戦後のドイツの「過去の克服」論には植民地主義の問題ははいっていない、と批判しているが、問題はそればかりではなかった。本書の第Ⅰ部第1章で、「人道に対する罪」概念の誕生を、「人道に対する罪という概念は、……人々の意識の変化と運動のなかで不断に拡充され、豊かにされる罪概念といってよいであろう」(p51)と高く評価した清水正義は、この矢野の批判にほぼ同意している。敗戦後のドイツは、自国と自国民が裁かれた、たとえばニュルンベルク裁判の根幹をなす「人道に対する罪」に対抗して、「ナチ不正」の加害者だけを、罪刑法定主義にもとづいて通常の刑法で裁いてきたというのが実際のところなのである。補償問題についても、同様の事情があり、ドイツの「戦後補償は戦争に起因する損害への賠償に対抗するための概念たるナチ不正の論理で実践されていた」というのが矢野の分析と把握である。

　「人道に対する罪」についてのドイツのこの基本的な立場は植民地宗主国でもある、たとえばフランスのような戦勝国にも共通するものであった。この事情については、第Ⅰ部第2章の平野千果子論考「『人道に対する罪』と『植民地責任』―ヴィシー政権からアルジェリア独立戦争へ―」などが究明している。

　第3の特徴と意義として、〈植民地責任〉の視座とその論理は、さしあたり当該期の歴史を、単に奴隷貿易・奴隷制を前提とする自己完結的な植民地主義の歴史としてとらえるのではなく、歴史をトータルに、植民地統治と植民地犯罪の被害者やその末裔の目からとらえ直す作業を、歴史学に迫っているといえよう。

　この場合は、戦争責任研究とは基本的に異なり、南塚信吾が指摘するように、一国史ではなく、「世界史」とならざるをえないであろう。ただし、その世界像がどのようなものになるかは未知数である。永原編の『「植民地責任」論』も直接この課題に向きあっているわけではない。しかし、ことは世界史や全体史だけの問題ではないであろう。亡くなった

教育史家の佐藤秀夫の謦にならっていえば、植民地を領有した先進・後進の資本主義＝帝国主義国（宗主国）の歴史に関する個別研究の場合も、この「植民地責任」の視座を度外視することはできないであろう。

おわりに

　以上、近年の戦争責任研究と植民地責任研究の特徴的な現状の一端を概観した。こうした歴史学研究の現状とのかかわりでみると、日本の教育史研究と日本の植民地教育史研究の現在はどうなっているのだろうか。共通の問題点＝課題もあるし、課題と方法に関して大いに学ばなければならない成果（知見）もあろう。

　最後に、筆者が、一盛真、佐藤広美との共同による科研の研究報告書の冒頭で指摘した、教育と教育学の戦争責任研究の現状について再論することでまとめに代えたい。大要、以下のように書いた。

　1930年代〜1950年代前半は、日本による中国への謀略による軍事的な侵攻で開始された日中戦争が全面化し、それが第2次世界大戦の一環としてアジア・太平洋戦争に収束・拡大し、そして、日本の大敗北のうえにアメリカによる実質的な単独対日占領が行われた時期である。戦中の日本の教育と教育学は総じて、植民地帝国日本の多民族支配と占領統治を自明視し、軍部が主導し、たえず戦線を拡大した侵略戦争＝十五年戦争に積極的に加担した。ところが、まもなく「戦後70年」を迎えようとしている21世紀10年代半ばの現在も、この教育と教育学の未決の加害戦争責任問題について、その植民地支配責任を含めて、学会レベルでの批判的な総括が行われていない。現代日本の教育諸学会は、依然として、戦争責任ないし戦後責任を問われているのである。

　こう書いたのは2014年3月のことである。期せずして、今回与えられたテーマを意識して研究状況の簡単な総括をおこなっていたことになる。

【参考・参照文献】
板垣雄三「〈植民地責任〉論の「これから」への希望」（歴史学研究会誌『歴史学研究』第862号、2010年1月）。

板垣竜太「植民地支配責任を定立するために」(岩崎稔ほか編『継続する植民地主義―ジェンダー／民族／人種／階級―』青弓社、2005 年)。
板垣竜太「植民地支配責任論の系譜」(歴史科学者協議会誌『歴史評論』No.784、2015 年 8 月)。
上野千鶴子『ナショナリズムとジェンダー』(青土社、1998 年)
教育史学会編『教育史学会 40 周年記念誌』、1997 年。
清水正義「『植民地責任』論をめぐって」『白鴎法学』第 17 巻第 1 号、2010 年 6 月。
永原陽子「植民地研究の現在」(前掲、『歴史評論』No.752、2012 年 12 月)。
永原陽子「『戦後日本』の『戦後責任』論を考える―植民地ジェノサイドをめぐる論争を手がかりに―」(前掲、『歴史学研究』第 921 号、2014 年 8 月)。
日本植民地研究会編『日本植民地研究の現状と課題』(アテネ社、2008 年)。
広瀬玲子「女性の植民地支配責任を考える」(『北海道情報大学紀要』第 20 巻第 2 号、2009 年)。
松浦勉・渡辺かよ子編『差別と戦争―人間形成史の陥穽―』(明石書店、1999 年)。
松浦勉「最近の『従軍慰安婦』問題論争について」(日本戦没学生記念会誌『きけ わだつみのこえ』No.109、1999 年 5 月)。
松浦勉「ネオ・ナショナリズムとセクシズム」(教育科学研究会誌『教育』No.698、2004 年 3 月)。
松浦勉(研究代表者)『1930 年代～1950 年代日本の教育学の戦争責任と戦後責任に関する歴史的研究』(平成 23・24・25 年度科学研究費補助金基盤研究(C)研究成果報告書) 2014 年 4 月。
南塚信吾「『植民地責任』論と世界史について」(歴史学研究会誌『歴史学研究』第 862 号、2010 年 1 月)。
安川寿之輔「戦後日本社会における福沢諭吉研究の批判的総括」(社会思想史学会誌『社会思想史研究』No.37、2013 年)。
矢野久「戦争責任論から植民地責任論へ―永原陽子編『「植民地責任」論―脱植民地化の比較史―』(青木書店、2009 年)によせて―」『三田学会雑誌』第 102 巻第 3 号、2009 年 10 月。
山田朗「戦争責任論の現在と今後の課題」(歴史科学協議会誌『歴史評論』No.784、2015 年 8 月)。
吉田裕「戦争責任論の現在」〈岩波講座 アジア・太平洋戦争〉第 1 巻『なぜ、いまアジア・太平洋戦争か』(岩波書店、2005 年)。

IV. 書評

駒込武著
『世界史の中の台湾植民地支配
——台南長老教中学校の視座——』

李省展＊

　本書を初めて手にした筆者は驚きを禁じ得なかった。衝撃が一瞬にして全身に走ったことを記憶している。それは本書が900頁に迫る大著であるということだけではない。学校関連記録、キリスト教宣教関連資料、総督府資料、軍関係資料、公使館記録など多種多様な資料を駆使し、台南長老教中学を定点としつつ、世界史的な視野から帝国日本を始めとする帝国主義諸国の暴力性を問うという視点を有していたからである。また本書はハンナ・アーレントなどの諸理論への遡及を片時も忘れることがない、著者の研究手法の周到さを十二分に感じさせる。そして著者は理論に遡及しながらも過度な抽象化を批判し、林茂生などの現地人の主体からも目を離すことは決してない。さらに本書は現地の人々の苦悩のみならず「台湾人の学校」という夢をも叙述の対象へと組み込んでいく。したがって主旋律の起伏と微妙な旋律の変化に幾重もの副（伏）旋律が絡み合っていき、読み進めていくと、コンサート・ホールにいるような錯覚さえ覚え、まるで重厚な音楽を聴き終えたかのような、読後にも余韻に浸ることができる良書である。しかも圧倒されつつも読者に活力を与えてくれる不思議さにも満ちている[1]。

　最初にことわっておくが、本書が極めて大著であるということから、限られた紙幅では細部にわたる詳細な書評は困難である。まずは本書の概要を紹介することに徹したく思う。では本書の構成から入っていこう。本書は序章から始まり三部構成となっており、最後は終章で締め括られている。序章は「帝国のはざまから考える」と題されており、第Ⅰ部が「台湾植民化の過程—帝国主義体制下における文明の秩序」、第Ⅱ部

＊恵泉女学園大学・大学院教授

が「『台湾人』という主体―植民地支配下における自治的空間」、第Ⅲ部が「全体主義の帝国―戦時期における『内部の敵』」、終章は「林茂生と二・二八事件、あるいは中断された夢の続き」となっている。

　本書の序章は、著者の歴史観・歴史研究の方法を知る上で極めて重要な意味を持つものである。まず著者は本書の課題として帝国日本の台湾植民地支配の歴史的意味を世界史的な脈絡で問い直すことであるとし、帝国日本の支配秩序からすれば周辺的位置づけともいえる一私立学校に過ぎないミクロな空間に視座を定位することによって英国人・日本人・台湾人の間の権力関係を浮き彫りにすることが可能と述べ、宣教師の経営する学校・病院は現地住民との幅広いインターフェイスを構築しており、歴史的背景を異にする主体の出会う「コンタクト・ゾーン」であるとする。それを「台湾人」という集合的な主体を立ち上げた過程が浮かび上がる場として著者は捉える。台南長老教中学校は総督府の学校とは異なる、公共的な学校としての「台湾人の学校」であるが、植民地統治下にあって「自治的空間」としての夢の可能性は大きな壁に突き当たらざるを得ないのである。しかし「構造的弱者の夢」はそれ自体として重要であるとし、歴史叙述の対象としてこの夢に焦点を当てる。

　著者は「個人史を世界史につなぐこと」に傾注する。「個人史」は小さな物語ととられることが多い。がしかし、それはむしろ大きな意味をはらむとし、柄谷行人[2]の指摘する「ミクロで把握された個人史の単独性が、国家史を否定的媒介としながら、さまざまな境界を横断して世界史の普遍性に連なる道筋が見出される」と書き進めて行く。また山室信一の研究[3]に遡及しながら、著者は諸帝国の「競存」体制に着目する。帝国日本の台湾植民地支配を「特殊日本的」な出来事として囲い込むのではなく、グローバルな帝国主義体制の一部として認識しなければならないとし、一国史や関係史を超える多元的主体の競合関係に着目する。それとともにアーレントの恐怖やサイードの寂寥と通底する林茂生ら台湾人の個人史を世界史へとつなげることを目指すという方法論を提示するのである。

　駒込武はまた、戦後日本における歴史研究は幸徳秋水の帝国主義批判を植民地支配のリアリティに即して深めるのではなく、レーニンの帝国主義論の影響下にあって帝国主義把握の抽象化へと向かい一国史的観点

が強調されるという研究史上の陥穽を指摘し、その上で、「台湾人」という集合的主体への着目は、単なるナショナリズムの表現としてではなく、それこそ「人間の深い尊厳という自覚」というきわめて世界史的な事柄への着目であるとしている。駒込は上述したように、ミクロとマクロの接続により歴史叙述の枠を広げたうえで、方法論的考察として「植民地支配をめぐる暴力性と主体性」を次に論じる。

「植民（的）近代（性）」や「植民地公共性」をめぐる並木真人、尹海東、趙英達の論議を踏まえたうえで、被植民者の主体性を強調すれば支配の暴力性を無視することになりがちになり、暴力性を強調すれば被植民者の主体性への理解を狭めるという著者の指摘は非常に説得的であるといえる。その隘路克服のためには、暴力性の働きを腑分けし、直接的な軍事的暴力、威嚇、アーレントの言うような「法的」形式暴力、殴るなどの日常暴力との相関関係において被植民者の主体性は把握されねばならないと主張する。この暴力性と主体性に関する論議に関しては本書の意義として後述するが、同化・「皇民化」をめぐる論議と深くかかわってくるといえよう。

　第Ⅰ部は第一章「大英帝国からの使者─イングランド長老教会と中国・台湾」、第二章「『軽蔑された帝国』の担い手─帝国日本の台湾領有と英国」、第三章「『番仔教』を奉じる人々─日本植民地支配下の長老教会」と小括から構成されているが、著者も指摘するようにこの第Ⅰ部はプロローグ的な意味を持つといえよう。

　第一部ではフォーカスする主体を英国人宣教師、帝国日本の担い手としての政治家・官僚、台湾人キリスト教徒とし、三人の人物、ヒュー・マッカイ・マセソン、伊藤博文、李春生に着目し、英・日・台の複雑な三角関係の様相を浮き彫りにしている。この三者はまた「巨大なドミノ倒しのように進行していった文明化の過程」を促進させたことを共通点としており、それのみならずその軌跡の交錯が検証される。

　ヒューはアヘン貿易で悪名高いマセソン商会の共同経営者であると同時にイングランド長老教会の海外宣教委員会議長として台湾宣教にも多大な得影響を与えた人物である。彼は伊藤が英国に密航した際のホスト役でもあった。伊藤は One of the Matheson boys であったし、伊藤は李春生叙勲の推薦者であるという関係性である。この三者を繋ぎ合わせ

る試みは、エドワード・サイードの研究手法であるイデオロギー的あるいは文化的制約によって無関係に見える見解なり経験を「同時に共存させる」という方法論[4]に依拠したものであると述べる。

駒込は宣教師を単なる「帝国主義の手先」として矮小化することも「文明化のエージェント」として礼賛する姿勢をも排し、信念の由来と働きを冷徹に見極めよと論を進めていく。著者はまた英国と日本の植民地政府が「人文的な教育」を嫌悪し「実用的な職業訓練」を求めた点における共通性を指摘するが、宣教師と植民地政府が必ずしも一体ではなかったことを、慎重に指摘する[5]。

英国の長老教はスコットランド長老教会とイングランド長老教会という二つの焦点を持っている。カルヴァンとジュネーブで同労者であったジョーン・ノックスは故国に戻りエディンバラを拠点に長老教会を確立していったが、スコットランドが圧倒的に優位でスコットランド長老教会の分裂という流れの中でイングランド長老教会が形成される。ヒューはエディンバラ生まれであったが父親はケルト民族出身でハイランダー（エディンバラ・グラスゴーのローランドからすると田舎者）であり、マセソン商会の共同経営者でありイングランド長老教会の海外宣教の重責を務めるまでに社会的地位を上り詰めていったのだが、これはキリスト教への改宗により可能とされたとされ、著者によれば、自由貿易主義はスコットランド長老派のキリスト教を背景としており、ヒューは「文明への改宗者」たちの一人として位置づけられている。ヒューはカナダ長老教会のマクラーレンに書簡を送り、カナダ長老教会よりG.L.マカイを迎え入れ、その後イングランド長老教会よりイードが教育宣教師として派遣され、1885年9月に小規模に後に台南長老教中学校となる教育機関が開校された一連の過程が著者により明らかにされている。

1863年伊藤博文ら長州藩士5名が英国に密航するが、彼らを迎え入れたのがヒューであった。伊藤とヒューの関係はこのように深かったが、伊藤はキリス教受容には否定的であった。周知のように明治維新の立役者、伊藤博文は日本では頼るべき宗教はなく、「基軸」とすべきは「独り皇室あるのみ」と述べている。さらにひろたまさきの論議をベースにして、著者は近代における天皇像は「万世一系の伝統性」「民族国家の代表性」のみならず、「文明開化の先導性」が託されており、文明への

マス・コンバージョンを生み出す原動力を近代天皇制に見ているのであるが、日清戦争での勝利を通した「現世的御利益」により天皇・日本国軍・日本国家としての一体感が創出されたとし、次のステージとしての台湾の軍事占領化は「血統的差別秩序への衝動」が顕著に表れる場となった把握する。

　伊藤は首相として樺山資紀海軍大将を初代台湾総督兼軍務司令官に任命し台湾を軍事占領させ、第三期伊藤内閣では児玉源太郎を第4代総督、後藤新平を民生局長に任命するなど台湾統治と深くかかわったことが本書では克明に示されている。台湾では民衆的基盤は欠いていたが、北部では清朝官吏と士神を基盤として短期間であったが台湾民主国独立宣言がなされ、また南部では唐景松より任命された劉永福が黒旗軍を率いて日本軍に対して武力抵抗運動を展開していた。著者は新たな主役の登場によって日英関係に軋みが生じ、現地住民と宣教師の関係に微妙な影響を与えた過程を宣教師資料や公使館資料を用いて詳細に明らかにしていく。宣教師・宣教本部ならびに英国は帝国日本に対して両義的な評価を与えている。その中でヒューは帝国日本の参入を共存共栄の好機であると肯定的に評価している。これに反して雲林事件に表象される日本軍による住民虐殺が台湾人伝道師を通じて英国人宣教師に報告されその情報が英字新聞に掲載されることにより世界に報道されると、英国武官から「野蛮人の日本人の本性があらわれた」というような言説が表れるのであるが、これは文明の秩序のもとでの序列意識を反映した人種主義的な視線であることを著者は指摘する。また著書は「日本軍は友と敵の区別ができない、女性や子供のような区別可能な者と向かい合う場合さえ…復讐心を抑えることができない」という宣教師・ゴールドの報告や雲林事件を告発するバークレイの批判的な書簡を紹介している。さらに著者は第Ⅲ部を中心に本書の随所に「内部の敵」の存在について多くの頁を費やしているが、雲林事件当時高等法院長であった高野孟矩の内部告発を特記し、支配者側の「腐敗堕落」を生み出す帝国主義の「不正非義」を指摘した幸徳秋水と通底するものと指摘しているが、これは日清戦争の時に義戦論を展開した内村鑑三が、日本国民の腐敗堕落を批判し日露に至る過程で絶対非戦論に変化したこととも通底するといえよう。それを駒込は被支配者のみならず支配者も非人間化される事態への喚起を促

しているのは注目に値する。

　本書では日本人統治者もまた人種主義的視線とは無縁でないとしており、第Ⅰ部の小括では「帝国日本の人種主義の実践」の中における文化主義的人種主義にも言及した上でマイルズの理論を援用しながら形質的なもの以外にも生まれつきの現象である血筋・血統も人間集団を排除する要因として機能すると考察し、帝国日本における血統ナショナリズムの契機を明らかにする。伊藤の台湾住民は「広東州福州近傍の悪漢の徒」という決めつけや後藤新平の「ひらめの目を俄かに鯛のようにしろといつたて、できるものぢやない」、「犬さえ御馳走に対して御預けを守る」という彼らの言説に帝国日本の人種主義の実践を見るのである。李春生も東遊での日本訪問の際に日本の子どもから「チャンコロ」という言葉を投げつけられた衝撃についても語っている。

　第3章「『番仔教』を奉じる人びと—日本植民地支配下の長老教会」は李春生論じているが、李春生はカナダ長老教会とイングランド長老教会宣教師との関わりを持った、実業家・「富商」であった。ここでは李春生における文明志向・近代志向が日本人への協力の契機となったことが明らかにされており、文明や近代の内実の差異の明確化こそ重要であるとする。

　李はこの時点では、日本の富強の根源をキリスト教への寛容さに見出しており、彼自身はまた「プロテスタンティズムの倫理」の体現者であったとされる。後藤新平はアジア主義的な言説をしばしば口にしたといわれるが、李春生はそれを「口頭禅」（口先だけ）であると看破し、後藤の優勝劣敗的な社会進化論に対して常に勝者が優れているとは限らないとしており、社会進化論は仁義道徳を滅ぼし、宗教を撲滅するものだと批判しているのだが、そこに著者は李と後藤の文明志向のずれを見出すのである。それは総督府との潜在的火種として見ている。さらに長老教会の自治という観念がやがて政治的自治への要求と重なり、総督府の意向と対立する要因となった言及する。

　以上のように、英国・日本・台湾の三者を取りあげることにより何を文明の内実とするのかという文明観をめぐる交渉と抗争の構図第1部で提示しているものと考えられる。

　第Ⅱ部「『台湾人』という主体—植民地支配下における自治的空間」

は「台湾人」という主体が歴史の中に如何に立ち現れたのかという問題設定をしたうえで、植民地支配に抗しながら構築する「わたしたち」の在り方は、「公定ナショナリズム」の主体構築とは非常に異なるとし、著者はハーバマスの理論を援用しながら学校教育という枠組みでの「台湾人」という主体の構築過程を明らかにする。極めて重要な論議ではあるが紙幅の都合から第Ⅱ部に関しては簡潔に概要を述べるにとどめたい。

第4章では1900年—10年代の状況に焦点が当てられ、神商層による中学校設立運動と台南長老教中学校の拡充計画の交錯が論じられており、補論では第一次台湾教育令で私立学校を排除する規定が設けられた経緯が考察され、規定の意味の検討がなされている。第5章では第二次台湾教育令と私立学校規則が当時の内地や朝鮮の法制と比べても指定学校制度が棚上げや公立学校の神社参拝既定の挿入などの抑圧的な内容であったことが明らかにされる。そうした制度と台南長老教中学校関係者との抗争が論じられる。第5章3節では『校友会雑誌』第4号（1927年）における「学友文壇」の50篇の日本語・漢文作文の「弱肉強食」や「優勝劣敗」をめぐる生徒の問を分析し、台南長老教学校は同化圧力を減衰させる空間であると結論付け、総督府はそれに危機感を抱き、社会的上昇を目指す若者たちを総督府の学校に囲い込み、台南長老教中学校を指定校とする措置を控えたと解釈を加えている。

第6章では台南長老教中学校教頭の林茂生がコロンビア大学に提出した学位論文で総督府の教育を批判する「公教育」構想を読み解く試みがなされている。林茂生の学位論文は台湾における「公教育」を総合的に考察したものであり、その「公」は公式という意味での「公」とパブリックという意味での台湾人のつくりあげた公共性に基づく「公教育」へと組み替えていくことが主眼であったことが明らかにされる。それに対抗する植民地支配が、より複雑なニュアンスを持った形態へと変容する中で、著者は、支配者側は台南長老中学校の指定学校化の条件として神社参拝を課すことになったと解釈するのである。ハーバマスは東欧革命に関して言及する中で革命を先導したのは教会、人権擁護団体など自発的な結社であったとしており、それらが新たな秩序の下部構造であったというハーバマスの理論を援用して、駒込は長老教中学校の自律的公共圏を解放後の新たな秩序の下部構造を形作るものであるとみている。

第Ⅲ部に入る前に、駒込は自治空間とからめて自己決定権を交渉と協力のプロセスの再発見として把握するべきというテッサ・モーリス・スズキのself-determinationの論議を導入する。ここで駒込はあえて台湾人の国家的帰属の問題は避けるべきであるとし、帝国日本への帰属か、祖国中国への復帰か、台湾独立かを明確にし同定するのには検閲による資料的制約を伴うとしつつも、帰属意識の優先が自治空間の創造性をめぐるダイナミズムを阻害すると主張する[6]。

　第三部「全体主義の帝国─戦時期における『内部の敵』」の第7～10章では学校の排撃運動というキーワードで貫かれている。上智大学・大島高等女学校・台南長老中学・淡水中学・崇実学校・同志社といずれもミッションスクールを叙述の対象としており、それは周縁を含む「内地」・植民地台湾・朝鮮を横断的に論じるものであり、全体主義の進行のもとで「内部の敵」とされていく。評者も神社参拝の強要に関する論考はいくつかあるが、評者の論考に比べて駒込の優れたところは、排撃の主体を明瞭に分析しているところにあるといえる。それは軍部や在郷軍人、官僚、市長、町会、一般住民であったりする。ファシズムの本来の語源は「束ねる」ということにあるといわれるが、何をもって多様な人々の同意を調達して一方向へと束ねていくのかということを問うならば、それは駒込がアーレントを援用しつつ論議を展開する全体主義という暴力になるであろう。その暴力にはアーレントが指摘する「婉曲的で間接的な脅迫」をも含むものであり、最終段階では殺戮を執行し、あるいはそれを予感させるものであると論議されている。

　駒込は小括「全体主義とテロル」において全体主義がドイツやソ連など特定の国家にだけ適用すべきではない、普遍的な「全体主義」という時代経験であるとする議論を援用し、ファシズム論が帝国主義の諸問題や人種主義を検討するに不十分であったとし、全体主義の有効性を主張する。その上で同化主義から全体主義そして戦時総動員体制というシェーマが提示されるのであるが、これは帝国日本の植民地史の時代区分として往々にして用いられる「武断統治」、「文化政治」、「皇民化政策」の代替として有効なものと考えられる。

　評者はかつて植民地の「皇民化政策」が「内地」にも及び、日本人もまた「皇民化」していくと論じたことがあるが、なかなか理解を得ること

とが困難であった。改めて考えると、「統治・政治・政策」という学術用語は、政治的な支配者からの眼差からの時代区分であり、社会全体を貫徹する動きを言い表すものではない。その意味で、駒込の提示するこのシェーマの重要性が改めて浮かび上がってくる。駒込はさらに全体主義は排除の論理であるが、総動員体制は包摂の論理であると鋭く指摘する。「自由な空間」がテロルの予感によって個々人が孤立させられた後に、「非常時」という包摂の論理でもって、ばらばらにされた個人が束ねられていく。駒込は台湾における 20 年代の同化主義は強力な磁石でもって少数の砂鉄を引き寄せる方式であり、30 年代の全体主義は土塊全体を篩にかけ相互に連結不可能なまでに細かく砕く措置とたとえているが、的確な比喩であるといえよう。

　著者はさらに新たな全体主義として植民地から「内地」への全体主義の拡大を挙げる。34 年 2 月に神社参拝問題を梃子に始まった台南長老教学校への排撃は、35 年 11 月に植民地朝鮮の平壌の崇実学校に飛び火した。それを担ったのは台湾でキリスト教学校排撃を指導した安武直夫平安南道知事であったこと、すなわち人的な連鎖構造を駒込は明らかにしている。それはさらなる連鎖を生み内地へと拡大されていく。それを駒込は日中戦争が勃発後の 37 年 9 月の「国民精神総動員強調週間実施ノ件」通牒を分岐点として見ている。神社参拝の実践はナチスのヒトラーへの「忠誠宣誓」と相同する役割を担ったと指摘する駒込は、神社不参拝は実定法上の罪に関わりなく侮辱され、罰せられる事態を招くとしている。

　このような社会風潮にキリスト教主要教派やミッションスクールは組織防衛的志向が高まり天皇制へと順応するほかないとの判断に傾斜していった。この時代風潮に「内地」で抗し得た人物として著者は矢内原忠雄を挙げる。矢内原は 37 年 10 月の講演で、理想を喪失した日本を「一先ず此の国を葬ってください」と述べたことが、東京帝大を追放される契機となったのであるが、これを著者は、普遍的な「正義」という観点から現実の国家の行為を相対化し、批判するリベラリズムの思想の息の根を止めようとするものと評している。

　最後に、10 章第 3 節「『国家神道』をめぐる宣教師の視線」を紹介したい。ここでは、明治学院の米国北長老派のラマートとオーガスト・ラ

イシャワーそして関東学院の米国北バプテスト派のホルトムがキリスト教排斥運動や神社参拝問題についてどのように見ていたのかが検証されている。

ラマートは「朝鮮や台湾で起こっているような抗争が、なぜもっと生じないかという問題設定をし、「低くうずくまる」ようにしているのは、日本人キリスト教徒は日本人のことをよく知っているからこそ破壊的な事態を引き起こす行動は避けているのだと、理由付けする。軍の圧力から守ってくれると味方と文民官僚を信じ、その勧めに従っているのだとする。これに対してオーガスト・ライシャワーは、日本の官僚は宗教に関心がなく国民的愛国主義の象徴として神社を維持したがっており、平壌在住の宣教師がファンダメンタリストで神学的に保守的であるがゆえに反発しているという解釈に立つ。敬礼は挨拶に過ぎず、日本人の忠誠心を敵視するのではなく、「愛国心のカルト」をキリスト教のメッセージへの通路として昇華させるべきであるというリベラルな見解を示すが、著者は植民地の朝鮮人や台湾人が帝国日本への忠誠心を求められるという植民地問題に関する視点の欠落を指摘する。正義という観点から国家を相対化するというリベラリズムの契機は希薄であるとした。

ホルトムは「国家神道」を宗教と明確に論定している。さらにホルトムは今日の国家神道は支配されている人々の側の「自己決定」を完全に無視しており、自由の抑圧に貢献しているという見解を示し、神道の恩恵は警察権力警察力により同調性を調達する政治的規律化に他ならないと述べ、多様な眼差しの存在を本書は明らかにしている。

第三部小括において駒込は清水正義の植民地支配とは「長期にわたる緩やかな大規模暴力の連続である」[7]という論議に依拠しながら、1930年代の出来事は植民地化以来の私立学校を認めまいとする「長期にわたる緩やかな大規模暴力」の延長線上の総決算であると総括している。

本書が大著であるゆえに、まだまだ紹介すべき豊かで刺激的な論議は数多く残されているが、全てを論じる余裕はない。個々の読者が、それぞれの視点で読み込んでいくことが要請されている。

最後に本書の特徴と若干の問題点に関して以下の諸点を挙げておこう。

まず長期的な定点を設定した研究を特徴として挙げたい。評者も2006年に崇実学校を定点として設定した書物を公にした経験を持つが[8]、

小さな物語という以上に、さまざまな時間的変化や事件の出現に対して定点を設定することが、一つの歴史叙述の方途として有効であるように思える。定点が存在する故に、変化の意味を問うことができるからである。しかし定点として何を選択するかは重要な意味を持つ。駒込は、台南長老教中学校というミッション系の私立学校を定点に設定した。これは植民地教育史を研究するものにとっては大きなチャレンジでもあるのではなかろうか。往々にして、植民地教育史の叙述が宗主国の植民地における教育展開に収斂してしまう傾向性が存在する。また、教育あるいは歴史のどちらに重点を置くのかによっても叙述上の差異が生じるように思える。最近の研究が教育方法を巡っての細かな論議に集中する傾向も否めない。その意味で、今回、駒込武がグローバルな帝国主義の体制の一部として多元的な主体を登場させたことには、一国史、宗主国と植民地との関係史を乗り越える重要な鍵がある。正にそのことによって、世界史へとつながる視座が確保されるのである。そして世界史へと繋げる担保となっているのが、駒込の理論に対する目配りであろう。著者は、サイード、ハーバマス、アーレント、テッサ・モーリス・スズキ、デリダなどの諸理論と台湾や朝鮮の植民地の現実を接続させる試みに果敢に挑戦している。このことは、一部に帝国日本の植民地支配が特殊であることを強調する見方がある中で、むしろ西欧の帝国主義との共通点（その多くは暴力性と関係している）を喚起させるものであるといっていいだろう。多少の偏差があったとしても、それを特殊性として捉えられるのではなく、植民地主義や「殖民地（的）近代（性）」の複雑性の一部にすぎないという解釈である。

　書評の冒頭に評者は、活力を与えてくれる本書の不思議さについて指摘した。それは人間の尊厳から目を離さない叙述と「われわれの学校」という現地の人々の粘り強い夢に着目しそれを歴史叙述に組み込んでいるからであろう。悪夢や白昼夢に終わることのない現実を変革していくエネルギー、人間はパンのみで生きるものではないという真実を見据えた叙述ということができるだろうか。そして軍や在郷軍人、職業右翼に象徴される暴力性に関するリアルな認識を踏まえながら、その夢を押しつぶそうという非人間化された勢力を描いていく。諸勢力が対峙し時に妥協していくのだが、夢は押しつぶされそうになっても再生していく、

本質主義的かもしれないが、夢と祈りの力を本書は私たちの教えてくれる。
　著者は本書の発刊によって昨年９月にキリスト教史学会賞を受賞している。キリスト教、宣教師、ミッションスクール、キリスト教徒などが帝国史、植民地史の脇役としてではなく、中核を占め、論議が展開されている。その意味で、今までに日本ではあまり見られなかった新たな境地を拓いたものとして高く評価したい。宣教師に対しても帝国主義の手先という単純化を排するとともに過度の称賛をも退けている。随所に宣教関連資料に誠実に向き合った成果が表れており、フェアーな態度といえるだろう。しかし惜しむらくは、宣教師は現地の状況と派遣国の宗教状況に二重拘束されているといえるのだが、本書では個々の多様な宣教師像は示されているものの宣教本部と現地ミッション間のやりとり、また現地ミッション間の宣教師同士の葛藤やコミュニケーションに関してはやや不透明であるという点は指摘せざるを得ない。また西洋中心主義や「帝国的無意識」を時として孕む西洋の「普遍」に対する懐疑も本書には表されている。評者はその妥当性を留保つきで是認する立場ではあるが、「普遍」がどの脈絡で登場するかによって、その機能の仕方は異なると考える。これは「普遍」に限らず、あらゆる理念・概念にもあてはまることではあるのだが。
　さらに無いものねだりと言えるかもしれないが、また評者の叙述も往々にして全く同じであるのだが、ジェンダー史的な視点が取り入れられてしかるべきと思うところが随所で感じられた。女学校は叙述として取り入れられているのだが、主体としての女性があまり表れてこない。資料的制約もあると思われるが、「われわれの夢」をより豊かにするために、この辺は評者も含めて今後の課題としたい。さらに踏み込むとするならば、サバルタンに表象される多くの学校に行けなかった人々の経験をいかに歴史叙述に取り込んでいくのかもわれわれの課題とされよう。
　本書の終章は現代さらに未来へと繋ぐ章であるのだが、その最後に著者は林茂生の詩を紹介している。

　　　千年はなお昨日のごとし、昨日は千年に似たり。……七十年の光陰は無限の血涙、無限の熱祷、無限の精神を含有す。生命、ここにあり。一瞬も亦千年に似たり。

一瞬には千年の重さが宿るのであろうか。そうとすれば私たちは一瞬一瞬の自己決定を大切にしなければならない。私たちの足元が暴力にさらされている今だからこそなおさらのことである。一瞬は過去千年の結実であり未来千年への糧であるのだから。

(岩波書店、2016 年、総頁数 893)

【註】
1 研究誌の書評にはふさわしくないような書き出しになってしまったが、マックス・ウエーバーが『音楽社会学』を叙述したように、また丸山真男が「重層低音」と表現するように、音楽は歴史叙述においても重要な示唆を与えるくれるものと筆者は考える。
2 柄谷行人『世界史の構造』(岩波書店、2010 年) xiii 頁。
3 山本有造編『帝国の研究—原理・類型・関係』(名古屋大学出版局、2003 年) 108 頁、114 頁。
4 E・W・サイード、大橋洋一訳『文化と帝国主義Ⅰ』(みすず書房、1998 年) 81 頁。
5 この点においては 19 世紀末から 20 世紀に入るとより顕著になるといえよう。中国には 16 のミッション高等教育機関があったとされるが、英国・アメリカのミッションが国籍・教派を超え連合の高等教育機関創設に尽力している。
6 これはまったく首肯できる論議である。評者がこの点において特に同意するのは、少々観点は異なるかもしれないが、沖縄など重層的に周辺化された地域に在住する人々の逞しさから受ける感銘とも関係する。
7 清水正義「戦争責任と植民地責任もしくは戦争犯罪と植民地犯罪」(永原陽子編『植民地責任論—脱植民地化の比較史』青木書店、2009 年)。
8 李省展『アメリカ人宣教師と朝鮮の近代』(社会評論社、2006 年)。

小黒浩司著
『図書館をめぐる日中の近代　友好と対立のはざまで』

大串隆吉[*]

はじめに

　本書が扱っている時期は、ほぼ20世紀の初めから、1940年代前半、太平洋戦争終結前後にかけてである。副題の「友好と対立のはざまで」のうち、「友好」は本文全9章263頁のうち、2章分42頁に過ぎない。それ以外は「対立のはざま」におかれた日中図書館関係史となる。図書館が、和製漢語であることは、日中の研究者の間で確認されていると言われる。そこで、中国で図書館が作られるようなったのが、「和製漢語『図書館』の中国への移入」と題され、そこからが日中図書館関係史の始まりにされている。全体の章構成は以下のとおりである。

　目次構成
　第1部　友好から対立へ—近代期の日中図書館界
　　第1章　和製漢語「図書館」の中国への移入
　　　1　和製漢語の誕生
　　　2　和製漢語「図書館」
　　　3　「清議報」誌上の「図書館」
　　　4　呉汝綸『東游叢録』
　　第2章　湖南図書館の創立－中国での近代公立図書館の成立と日本
　　　1　清末の湖南省
　　　2　湖南図書館成立前史
　　　3　『調査叢記』と湖南図書館
　　　4　湖南図書館の問題点

---
[*]都立大学・首都大学東京名誉教授

5　その後の湖南図書館
　第3章　対支文化事業による図書館事業－日中関係修復への模索
　　　1　「対支文化事業」と図書館
　　　2　北京近代科学図書館の成立と展開
　「対支文化事業」関係年表
　第4章　日中戦争と北京近代科学図書館
　　　1　日中全面戦争下の活動
　　　2　拡大する戦争のなかで
　北京近代科学図書館関係年表
第2部　満鉄図書館の歴史
　第5章　満鉄図書館史の時代区分
　　　1　第一期—草創期（一九〇七年四月—一九年十月）
　　　2　第二期—公共図書館期（一九一九年十月—三一年九月）
　　　3　第三期—建国工作期（一九三一年九月—三七年十二月）
　　　4　第四期—社業図書館期（一九三七年十二月—四五年八月）
　第6章　大連図書館の成立
　　　1　初期の満鉄図書館
　　　2　大連図書館の公開
　　　3　大連図書館公開の背景
　第7章　満鉄図書館協力網の形成
　　　1　満鉄図書館業務研究会の成立
　　　2　満洲事変下の活動
　　　3　「各館蒐書分担協定」の締結
　第8章　満鉄児童読物研究会の活動—満鉄学校図書館史の一断面
　　　1　満鉄の教育事業と満鉄児童読物研究会
　　　2　満鉄児童読物研究会の事業
　満鉄児童読物研究会と関係諸機関の略年表
　第9章　衛藤利夫—植民地図書館人の軌跡
　　　1　渡満
　　　2　建国
　　　3　離満
　満鉄図書館史年表

植民地日本図書館人の戦前と戦後

　まず第9章の紹介から始めたい。なぜなら、そこに筆者の問題意識とこの研究の集約点があると思われるからである。この章の表題である衛藤利夫（一八八三〜一九五三年）は、一九一七年に東京帝国大学図書館勤務を止めて満鉄に入社し、満鉄経営の図書館（大連図書館、奉天図書館）経営に従事する。衛藤は、大川周明に共鳴し、関東軍幹部と結びつき、その援助を得て、清朝の学術文化の象徴ともいえる『四庫全書』を満鉄図書館に保全することを計画した。また、満州国のために活動する兵士・軍人、警察官の精神的慰安にする陣中文庫や満州支配の知的援助となる『全満二十四図書館共通満州関係和漢書件名目録』作成の指導をした。その仕事で注目された衛藤は、関東軍自治指導部付設自治訓練所講師になっている。

　衛藤のこうした活躍により「衛藤神話」が作られたそうである。著者は、イギリス人デュカルド・クリスティの著書『奉天三十年』の衛藤による翻訳（『満州生活三十年』と題し大亜細亜建設社発行）が、クリスティを世に出したという「神話」を検討している。すなわち、同書には、矢内原忠雄訳（岩波新書）があることを紹介、分析している。これは非常に興味深く、次のように指摘している。「岩波と矢内原の『奉天三十年』は、中国を真摯に見つめ、日本の前途に強い危機感を抱く二人の『愛国心』の結晶である。それはまた、笠木と衛藤の『満州生活三十年』に対する厳しい批判を意味する、衛藤にとっては何一つ誇ることのできない『神話』なのである。」

　考察はこれで終わらずに戦後まで及ぶ。なぜなら、衛藤は1942年に日本図書館協会理事に就任し、中田邦造とともに「読書会」運動に携わり、敗戦後1946年3月に日本図書館協会理事長に就任し、戦後の図書館の復興に力を尽くすからである。しかし、筆者はいくつかのエピソードを引き合いに出して、衛藤が彼の満州時代を対象化しえないまま、日本の「民主化」の動きを、その本質を理解しえないまま受け入れていたと考えている。

　そうした衛藤の歩みは衛藤だけに限らなかった。「日図協再建に尽力

した衛藤をはじめ、図書館法の制定に、あるいは国会図書館の開設にと、戦後復興期の館界を支えた人たちのなかに、植民地の図書館事業に携わった経歴を持つ人が目立つ。」と指摘する。それはなぜか。「それは植民の図書館が『内地』に比べてあらゆる面で先んじていて、そこで働いていた図書館人の経験が、図書館界の新たな出発の貴重な糧になったことを物語っている。」

しかし、それは負の面を持つ。「だがそれは、なぜ彼らにそうした『小自由』がゆるされていたのか、どのような『犠牲』のうえに彼らの活動が保障されていたかについて、彼らを含めた日本の図書館人に自省する機会を失わせる結果にもつながった。彼らの軌跡は歴史的な教訓としては行かされず、風化していった。」そして、こうも言う。「館界は過去に対する明確な『けじめ』を欠いたまま、戦後を歩み始めたといえるだろう。」ここに、私が、衛藤の部分から紹介を始めた理由がある。

すなわち、図書館界に限らず社会教育界においても明確な「けじめ」があったとは思えないからである。本書で社会教育の言葉が散見される。満州国における図書館は社会教育として取り組まれている。中田邦造は、一九四一年九月から十月にかけて「華北各省市社会教育人員短期講習会」で、「新秩序建設と図書教育」を講義している。

日本の社会教育が、成人教育、青年教育、図書館、博物館を含む総合的な性格を持つことは、春山作樹が指摘した（「社会教育概論」一九三三年）通りで、それは社会教育法にも受け継がれた。社会教育法において図書館、博物館とならぶ社会教育施設として重視されている公民館は、当時文部省の社会教育課長だった寺中作雄により提唱された。寺中は公民館に、日本の民主化と再建の役割を持たせた。しかし、彼が戦時中の中国での自らの仕事を客観化し、省察した記録はない。

寺中は『公民館の建設』（一九四六）の冒頭で、「何故公民館を作る必要があるか」と問い、「目に映る状景は赤黒く焼けただれた一面の焦土―中略―これが三千年の伝統に輝く日本の国土の姿であろうか。」と問いかけているが、視野は「日本国」に限られ、難民や他国人にまで及んでいないのである。

植民地支配のなかでの『充実』

　日本の図書館関係者が、「小自由」をもって中国で仕事をする前の時代、清末の時期に、湖南図書館が中国人の自主的な努力により、中国で初めて省立の公共図書館として一九〇五年に開館した。これを作るために、中国の図書館関係者が、日本の図書館を研究し、参考にしたのは大橋図書館（明治 35 年、現千代田区麹町に開館）であった。この湖南図書館は、一時閉鎖されるが、中華民国時代に再建される。再建された湖南図書館に、あの毛沢東が通ったというエピソードは、興味深い。以上は第一部第二章である。それ以後は、日本の図書館の中国進出にあてられている。

　「中国での近代図書館事業の形成期に及ぼした日本の影響は多大」であった。しかし、一九二〇代に中国の図書館界はアメリカの図書館学に接近したため、日本政府は義和団事件賠償金を対中国文化事業に使うことを計画した。その中に図書館も含まれていた。中国側との協議が重ねられ、日中共同の図書館設立が日程に上がり、建物も作られたが、日本の中国政策により破たんする。

　それ以後、図書館は日本政府の植民地政策中での文化政策・教育政策の一翼を担うことになる。日本のアジアにおける指導的立場が強調され、中国における文化部門の指導権を得て、日本化を計ることが目的となった。北京近代科学図書館は、そのために作られた。図書館は日本人学者の著書、日本の近代科学図書の所蔵、閲覧だけでなく、講演、映写会などを行った。

　一九三七年七月以後の日中全面戦争下になると事業が広げられる。もっとも精力的に行われたのは日本語教育で、放送日本語講座、日本語教科書の編集・発行、日本語基礎講座の開設、師範科の開設、映画会などが行われ、戦争が拡大すると前線慰問文庫も組織された。日本語教育は、一九三八年に設立され、同館を外務省に代わり監督した興亜院の事業となった。利用者は増加して行き、日本人の利用者も増えていく。他方で、占領地域からは、中国の大学、図書館が、国民党ないし共産党の支配地域に移っていった。

第二部は満鉄及び満州国の図書館史である。満鉄及び関東軍の援助を受けて、衛藤らの日本の図書館人は、満鉄支配地域の大連、哈爾浜、奉天に図書館を開館し、最盛期二十二館、総蔵書数六十万冊の図書館網が形成されていた。そして、関東庁図書館を含めた満州二十四図書館の『全満二十四図書館共通満州関係和漢書件名目録』作成、相互貸借協定などに発展していく、また、関東軍の調査などのために関係図書部門も組織されている。

　第8章の満鉄児童読物研究会は、先行研究では全く論及されていない満鉄学校図書館の研究である。筆者によれば、組織だった学校図書館は、日本国内にはなかった。満鉄の沿線付属地に日本人対象小学校が三十八校（一九三四）あり、学校図書館が作られるようになった。表題の満鉄児童読物研究会は、小学校における読物調査研究、編集、図書室の経営などをはかるために、満鉄初等教育学校によって組織されたものである。その研究会の活動が、児童読物の推薦活動について検討されるとともに、編集された『児童図書室経営の理論と実際』（一九三六年）をもとに学校図書館の様子が説明されている。

（青弓社、2016 年）

藤森智子著
『日本統治下台湾の「国語」普及運動
―― 国語講習所の成立とその影響』

前田 均*

1

　最近、台湾では〈懐日電影〉[1]という日本統治時代を懐かしむかのような映画に人気が集まっている。終戦で「内地」に引き揚げる日本人教師と台湾人女学生の恋愛を描いた《海角七号》、甲子園の「中等学校野球大会」に出場した嘉義農林学校野球部の活躍を描いた《KANO》、台湾で生まれ、台湾で暮らしてきたのに、敗戦で「内地」へ引き揚げざるを得なかった日本人のその後の人生と台湾への思いを描いた《湾生回家》などである。

　評者は1986年9月から1年間本務校の天理大学から台湾の提携先である台北の中国文化大学に派遣され、日本語教師として日本語教育にあたった。その頃の台湾映画は戦後や現代を舞台に描いた作品や、大陸での戦争の〈抗日〉を描いたものであった。戦争を扱ったものや政治的なものは、「国共内戦」や中国共産党の圧政に苦しむ大陸の人々を描いた作品もあった。それ以外には時代劇とでも呼ぶべき活劇や喜劇も人気があったが、これがもてはやされるのは政治に関係のない娯楽だからであろう。現代の台湾の地方の人の生き生きとした生活を描いた作品もあったが、登場人物が中国語を話していて、実感のないものであった。

　このことは、台湾が1895年から1945年までは「日本」であったにもかかわらず、台湾が「中華民国」であることが強調されていたので、台湾の歴史を無視することが普通であった。高校までや大学での歴史や地理の学習も中国大陸のことがおもで、「霧社事件」などの〈台胞抗日〉

* 天理大学非常勤講師、日本語教育史研究会会長

（台湾同胞の抗日運動）が扱われることもあったが、「不幸なことに今は日本の圧政下にある台湾の中国人たちが祖国の誇りを持って戦う」という図式になっていた。

日本統治時代を積極的に描いた（必ずしも「好意的に」というわけではない）映画が人気を集めるのは台湾自体の歴史が見直される社会の状況が生まれてきたからだろう。

これは映画といった大衆の娯楽に限ったことではなく、学術研究の面でも同様である。日本統治時代の台湾の歴史の研究は私が台湾で勤務していた頃とは比較にならないほど進んできた。

日本語教師の立場から言うと、語学教育では母語の干渉を観察し解釈することが不可欠だが、台湾語や客家語、高砂族諸語といった本来の言語が、学習対象の目標言語である日本語に干渉しているのに「中国語話者」、つまり「中国人」として学習者をとらえなければならない状況にあった。これでは語学教育といった実学の研究も無理である。

2

そんな状況の中で本書が刊行された。著者の長年の研究成果がまとめられたものである。

本書の構成を記しておこう。

序章
第一部　台湾総督府の国語普及政策
　第1章　植民地台湾における国語普及政策の成立と展開
　第2章　一九三〇年代初期の国語普及政策とその状況
　第3章　一九三〇年代後期から一九四十五年までの国語普及政策とその状況
　第4章　「国語講習所」用教科書『新国語教本』の性格
第二部　台湾における国語普及運動の実際
　第5章　台北市近郊の国語普及運動
　　　　——台北州海山郡三峡庄の事例

第6章　北部閩南人農村地域における国語普及運動
　　　　　――台北州基隆郡萬里庄渓底村の事例
　　第7章　北部客家人農村地域における国語普及運動
　　　　　――新竹集関西庄の事例
　　第8章　南部離島における国語普及運動
　　　　　――高雄州東港郡琉球庄の事例
　　終章

　第一部が通史を追った理論編、第二部が事例を尋ね集めた資料編（「資料」と言うにとどまらないものであるが）と言える。個々にこれらの意義を見ていく。

3

　評者が台湾で勤務していた頃は、「日本語世代」の台湾人も多く、台北市内のバスや市場での会話、地方の村の日常会話でも日本語がしばしば用いられていた。どのように習得した日本語であるかには関心を持っていた。幸いにも向こうから接触してくる台湾人も多くいて、その人たちから話を伺うことができた。評者は大学の日本語科で教えていたのだが、同僚の多くや他大学の日本語教師は当時50歳代で、「国語」として日本語を学習した人たちだった。当然、この人たちは公学校から中学校や実業学校、高等女学校に進学したという人であり、「エリート」の日本語を話す人たちであった。中には台湾人の通う初等教育機関である公学校ではなく、「内地人」のための小学校に「共学生」として通学していた人もいた。大都市の中学校や高等女学校では「内地人」の行く学校と台湾人の行く学校が分かれていた場合もあったが、地方だと学校が少ないので「内台共学」になってしまい、日本語の習得がかえって早く深いということになっている人もいた。
　日本統治時代の「国語教育」の研究も進んではきていたが、公学校の教科書や教育の研究がこれまで中心となっていた。つまり、「エリートの歴史の研究」である。その中で本書のように「日の当たらない」分野

にまで目を向けたものは少なかったので、そこにこのような大著を得ることができたことを喜び合いたいと思う。

　事実、地方に入ってみても、そんなには階層の高そうに思えない地元の人たちが上手な日本語で私と話す。そんなには就学率が高かったとも思えないし、これはどういうわけだろうと思っていた。しかも、女性も（場合によっては男性よりも）上手な日本語を話す。昔は女子の就学率は低かったと想像されるので、これも腑に落ちないでいた。「国語講習所」の存在も知っていたし、「国語講習所」で教えた人からも聞き取りをしたこともあったが[2]、詳しくは研究を自らしなかったのは悔やまれることである。そこに本書が道標を打ち立ててくれたのである。

　一方で総督府等の官庁やマスコミでは「国語普及」の重要性や「成果」を強調していた。これは当時の役所の「要覧」や統計を見ればすぐわかる。このことについても本書は詳細に述べてくれている。

4

　著者の資料収集は驚くほどのものである。「第二部」では各地のケース・スタディをしているが、「第5章」では台北近郊、「第6章」では閩南人の農村、「第7章」では客家人の農村、「第8章」では離島と、台湾を代表するような地域が選ばれている。台湾にはエスニック・グループがあり、それぞれのグループが他のグループや日本人（や外省人）に対して異なった評価をしているようである。そのため、できるだけ多くのグループを対象に研究をする必要がある。

　私も台湾では言語学の調査を現地に行ってするが、当該地域に入るまでも大変な経験をするし、入ってからも苦労は多い。それを台北市のような所ではなく、離島にまで行って実施したことに大きな感動を覚える。

　ただ、台湾の人々に感謝するのは著者が紹介してくれているような公文書等をずっと保存してくれていたことである。戦後の台湾は混乱の時期もあり、それどころではなかったはずなのに今もこうして研究に役立てられるのである。

　映画《湾生回家》でも出演者が自分の出生届けなどを昔住んでいた所

の役所で閲覧する場面があった。「国語講習所」に関する資料の保存は台湾の人々の功績だが、それを今に生かしたのは著者の功績である。

5

　著者も述べているように、「国語講習所」では「国語」だけでなく、他の科目も教えられた。つまり「国語講習所」は「国語」だけの「講習所」でなかったのである。「国語講習所」が学校教育の「簡易版」という面を持つのは当然であり、学習者側もそれを期待するところ大であるはずである。そしてそれがよくて入学し、学習し、それを自分のものとして新しい社会の中で利活用する。それは「植民地支配下での近代化」という悩ましい問題に行き着くのだが。

　今も「国語講習所」はないが、「（地域の）日本語教室」があって、「生活者としての外国人」に日本語学習の機会を提供している。そこでは「国語講習所」同様、日本での習慣など、日本語以外の勉強もある。

　評者は戦前の「内地」在住の朝鮮人に対する「国語普及」に関する論文を発表したことがある[3]。そこでは「内鮮融和」が強調されていた。今の「日本語教室」ではそんなことはないのだろうか。

　私がそれを心配するのは、戦後の日本語教育には戦前・戦中の「遺産」が生かされているからである。戦中に研究された日本語の基本文型や基本語彙は日本語教育ばかりでなく、国語学でも利用された。戦後、国語学・国語教育の分野で活躍した人たちの中には戦争中、日本語教師として働いた人がいる。ほとんどの人はそのことを多くは語らず去っていった。

　現在の台湾には外国人花嫁・外国人労働者としてやってきた人たちやその子どもたちがいて、中国語や台湾での習慣の習得に苦労しているようである。この人たちに対する「国語講習所」はあるのだろうか。最近の台湾を知らない私はどうなっているのか心配している。「国語講習所」の亡霊は出ているのだろうか。

6

　以下、つけたしとして本書だけの問題ではないことを指摘する。本書の著者紹介欄には生年と出身地が書いてない。こういう本はときどきある。著者が何歳の時にどういう観察をし、どういう人と会ったのかがわからないと評価に困ることがある。台湾のように相手が何歳かで使用言語が違っていたり、歴史に対する認識が異なっていたりする所では特にそうである。その人と自分（著者）は同年代として会ったのか、年上として会ったのか、年下として会ったのかで話してくれる内容が異なる場合がある。台湾や日本を含む東アジアでは自分と相手の年齢は態度を決める大きな要素である。それと本書のように言語に関する著作では著者の「母語」が影響するのではないか。私は「1953年大阪市生まれ」である。私の観察では、首都圏、特に東京２３区の標準語に極めて近い言語を話す人と、方言話者とでは日本語の標準語と方言、外国語、少数言語、ピジン等に対する態度や評価がかなり異なるように思うからである。もちろん出生地と言語形成期を過ごした土地の異なる人がいることは承知している。なお私の研究は方言話者の視点が出ていると評価されることが多い。

　一つの提案として述べておく。

【註】
1　本稿では中国語を《　》、〈　〉でくくって示すことがある。
2　拙稿「日本統治下台湾の教師たち（2）」『南方文化』天理南方文化研究会、第21号、159～166頁、1994年11月。
3　拙稿「京都府協和会と中央協和会の『協和国語読本』の比較」『日本語・日本文化研究』京都外国語大学、第6号、1999年3月。
　拙稿「在日朝鮮人の日本語教育──戦前の日本語教科書」『国文学解釈と鑑賞』至文堂、第65巻第7号、94～101頁、2000年7月1日。
　拙稿「日本語教育の歴史、その光と陰（4）『内地』在住朝鮮人への日本語教育」『グローカル天理』天理大学、第8巻第4号、7頁、2007年4月1日。

（2016年2月25日、慶應義塾大学出版会株式会社）

V．旅の記録

台湾教育史遺構調査（その9）

白柳弘幸＊

1　富美宮と新竹市北区南寮国民小学

　南寮国民小学へは台湾鉄路（以下、台鉄）新竹駅前から南寮漁港行きのバスで20分程、富美宮前で下車。東シナ海に面した景勝地として著名な南寮漁港まではさらにバスで10分ほどかかる。

　現在の新竹市北区南寮国民小学の前身は旧港公学校と言われていた。南寮国民小学に残されている「学校沿革誌」本文は他校でもしばし見られる袋綴りの赤縦罫線入り公用箋で書かれている。判心の書名部分に「学校沿革誌　旧港公学校」と赤字で印刷され、厚紙の表紙には『沿革誌』（以下、沿革誌）と大書され、学校名は擦れて読むことは出来ない。1923（大正13）年9月26日付の序文中「種々忙殺ニ忙殺」のため創立直後の事情について詳細を書き留める余裕がなかった旨が書かれている。本『沿革誌』は旧港公学校開校後に書き始められたものであった。序文には以下のような同校設立認可前後の記録が載る。

　　当校区域ハモト樹林頭公学校ノ学区域ニ属シ区民ノ学求心薄キト通学上ノ不便ヨリ学ニ就クモノ殆ンド稀ニシテ新教育ノ恩恵ニウルヲウモノ極メテ少キ地方ナリシモ世ノ進運ニ伴ヒ四囲ノ状況亦甚ダシク進境ニ向ヒ従テ区民漸ク目覚ムニ至レリ　大正七年二月時ノ旧港区長　保正　巡査等相計リ此ノ地ニ分校ノ設立ヲ議シ樹林頭公学校長小山文郎氏ニ相計リ相タヅサヘテ新竹庁長高山仰氏　庁庶務課長岩本多助氏学務係長阿部光平氏ニ稟議ト其議入ラレ遂ニ大正七年三

＊玉川大学教育博物館

月三十一日付ヲ以テ其ノ設立ヲ認可セラレタルモノナリ、然レドモ当時未ダ校舎ノ建築困難ニシテ山王廟内側室ヲ教室ニ充テ児童亦募集セザレバ来ラズ、分校設立認可ト共ニ分校主任教諭ヲ命ゼラレタル許三全氏ハ派出所員ノ助力ニヨリ毎日東奔西走漸ク五月一日入学式を挙ゲタリ……主任教諭亦学用品其他注意ヲ与ヘ無事入学式ヲ終フルコト得タリ……本校ノ生レタル第一声ニシテ入学児童實ニ男四九女一四計六三ナリ、

　日本による統治開始後、当地は教育に対してあまり熱心ではなかった。その後「世ノ進運ニ伴ヒ四囲ノ状況亦甚ダシク進境ニ向ヒ」その必要に気づくに及び学校設立を図り、1918（大正7）年3月31日に樹林頭公学校十塊寮校分教場として設立が認可された。山王廟側室を教室とし児童募集を行ったが志願者は集まらなかった。その後分校主任許三全主任教諭が男女合わせて63名の生徒を集め、同年5月1日に入学式が行われた。その後の本文に、同年11月24日分教場の開校式が行われたとある。入学式から約6ヶ月後に開校式になった経緯は不明であるが、5月6日の記事として「授業参観来ルモノ多ク当時授業ノ状況ハ地方民ニ好奇ノ感ヲ与ヘタルモノナリ。以テ当時ノ地方民ノ状況察スベシ」と載る。地域の指導者と一般の人々との教育に対しての温度差があったとでも言うものであろう。

　3年後の1921（大正10）年4月24日、旧港公学校として独立した。さらに2年後の大正13年2月4日現在地に新校舎落成、1941（昭和16）年4月より南寮国民学校となった。光復後の一時期は新竹市第七国民学校と呼ばれたが、1947（民国36）年以降、再び校名に南寮の地名がつき、現在は新竹市北区南寮国民小学となっている。来年2018年に創立百周年を迎える。

　『沿革誌』に「山王廟内側室ヲ教室」と載るが、南寮國民小学周辺に山王廟という廟は見られない。南寮国民小学『創校九十周年慶特刊』には「不論借用「富美宮」上課還是校地的選定」と載る。しかし『沿革誌』に富美宮についての記載は見られない。富美宮は南寮国民小と東大路三段の道路を隔てて建てられて、高さ20メートルほどはありそうな豪勢な建物（写真1）であった。元々は平屋であったが1980年に建て替え

写真1

られた。建物横に富美宮沿革の説明板が設けられていたが、山王廟についての記述はなかった。

富美宮前に南寮派出所があり山王廟について尋ねた。年配の警察官から南寮漁港の町中に南天宮とも言われる三山国王廟があることを教えられ、念のために訪問。狭い通りに面して6畳2間ほどの広さであった。やはり『創校九十周年慶特刊』に載るように富美宮が学校の起こりの場所であったのだろう。富美宮には蕭、潘、郭の3名の王爺が祀られ、それぞれ老王、二王、三王と呼ばれていた。3番目の三王が祀られていた建物を山王廟と聞き違えて『沿革誌』に書き留めたとも予想できる。

『沿革誌』中、「大正10年11月28日　教諭許三全当校々長ヲ命ゼラル（十一月二十一日付）」、「大正13年8月5日　許校長ハ旧港庄長へ就任」と、本島人教員許三全の校長と庄長就任についての興味深い記事が載る。統治期の教員昇任上の差別として、本島人が公学校長に就くことは極めて少なかったと言われている。許三全が2年9ヶ月にわたり旧港公学校長を務めたことは特筆するべきことであろう。『台湾人名辞典』には許三全について「本島人ニシテ学校長ニ抜擢サレタノハ氏ヲ以テ嚆矢トス」と述べられ、南寮の教育史に名を遺すことになった。

南寮国小訪問は新竹東門国小元教諭の黄崑河氏の尽力によった。感謝申し上げる。
(南寮国小 新竹市東大路3段465号　2014年6月23日訪問)

2　旧花蓮港庁寿尋常高等小学校奉安殿

　本誌10号(2008年3月)「台湾の奉安殿を訪ねて」にて、苗栗県三義郷建中国民小学(旧三叉河公学校)奉安殿と旧台南県新化鎮新化尋常小学校奉安殿の2件について紹介した。近年、花蓮にも奉安殿が残存していることがわかった。花蓮市寿豊郷平和村の福徳祠は、旧花蓮港庁寿尋常高等小学校に設けられていた奉安殿を改造したものであったと、地元寿豊郷の国立東華大学HPが報じた。
　台湾東海岸部の寿豊郷は原住民の生活する土地であったが、明代に漢民族が住むようになった。日本統治期に日本からの移民が進み豊田村・林田村・寿村が置かれ、寿村に開校したのが寿尋常高等小学校であった。戦後寿村と豊田村が合併し花蓮県寿豊郷となった。
　寿豊郷平和村への最寄り駅である台鉄寿豊駅までは、花蓮から在来線各駅停車にて台東方向へ30分ほど乗る。福徳祠へは駅から寿豊路二段に出て、中華路一段から大同路の入り口にある鳥居を思わせる中華風の門の奥まで、徒歩にて20分ほど。訪問時、参拝が終わった方に福徳祠の由来について聞いた。戦前の日本人小学校の中にあった神社で、建物敷地等を囲むコンクリートの柵は昔のままで、日本人小学校だった所は現在農場となっていると教えてくださる。話して下さった方は福徳祠の近くに住む84歳(訪問時)の女性の方であった。国内でも神社等に転用された奉安殿は数多ある。建築様式が神社形式の奉安殿であれば、神社としての建物か学校に置かれていた奉安殿であったかについての区別は日本人でも難しい(写真2)。
　旧奉安殿の建物は道路よりも一段高く作られている敷地に置かれている。広さは縦25メートル横15メートル程あり基壇というには広すぎる。2、30センチくらい道路よりかさ上げされていたのは、ここが通常の場所ではないことを児童たちに知らせるためだったのだろうか。建物の高

 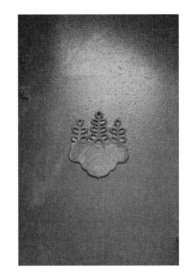

写真 2　　　　　　　　　　　　写真 3

さは約 3 メートル。基壇の幅は 4.5 メートル。本殿の幅は約 3 メートル。本殿の建物を囲むコンクリートの欄干は、一部剥離し骨組みが露出している。赤く塗られた重厚な鉄製扉には、七五の桐花紋が左右に取り付けられたままで、奉安殿であった頃の面影を遺している（写真 3）。内部はコンクリートの壇が設けられている。当時は内装も施され、桐製の調度類等が置かれ教育勅語などが収められていたのだろう。今は当地を守る廟の神様が祀られている。光復後、屋根部分は反り気味の形状に改装された。

　旧寿尋常高等小学校奉安殿について学校文書での確認は出来なかった。光復後、当校に後継校が置かれず廃校になったからである。しかし、平成 28 年 5 月に行われた最終回となった花蓮港会にて、同校卒業生から校内神社ではなく奉安殿が置かれていたことを確認することができた。証言を頂けたのはなによりであった。

　旧寿尋常高等小学校奉安殿遺構は、苗栗の旧三叉河公学校、台南の旧新化尋常小学校ともに、台湾内での第 3 の奉安殿遺構となる。苗栗と台南の奉安殿については随分早くから知られていたが、この奉安殿はこれまで知られていなかった。寿豊のある東海岸部の開発が台南や台中など

のある西海岸部に比べ遅れていたからで、それは経済産業面のみではなく歴史の掘り起こしも同様なのであった。しかし、それは今後の地域史研究の進展の余地も大いにあることにもつながる。郷土の歴史発掘が進み、新たな教育史遺構が見つけられるのではないかと期待している。本調査には一橋大学大学院博士課程在学中（当時）の林琪禎氏が同行して下さった。お礼申し上げる。

（花蓮縣寿豊郷共和村大同路　2013年12月22日訪問）

【参考文献】
『沿革誌』南寮国民小学
『創校九十周年慶特刊』南寮国民小学
『台湾人名辞典』台湾新民報社（復刻：日本図書センター）
東華大学ＨＰ　http://www.ndhu.edu.tw/files/16-1000-30830.php

日本統治期台湾の高等女学校訪問記（その2）

滝澤佳奈枝*

はじめに

　前回の「日本統治期の高等女学校訪問記（その1）」[1]の冒頭でも述べた通り、日本統治期の台湾には、1945（昭和20）年8月15日の時点で公立の高等女学校が台湾全土に20校設けられていた。これらの高等女学校の多くは、戦後の統廃合を経て今日でも女子高級中学や高級中学として引き継がれており、その数は、実に18校に及ぶ。廃校になったのは、台北州立台北第二高等女学校及び台北州立台北第四高等女学校の僅か2校のみであった。

　今回紹介する高等女学校は、台中州立彰化高等女学校（以下、彰化高女と略記、現国立彰化女子高級中学）、台北州立基隆高等女学校（以下、基隆高女と略記、現国立基隆女子高級中学）、台北州立台北第一高等女学校（以下、台北第一高女と略記、現台北市立第一女子高級中学）の3校である。前回同様に、各高等女学校の歴史を振り返りつつ、高等女学校が設けられた地理的な特色や戦後に引き継がれた資料の状況などを紹介していきたい。

1．台北州立基隆高等女学校（現国立基隆女子高級中学）

　基隆高女（現国立基隆女子高級中学、以下基隆女中と略記）は、台湾北部に位置する港町である基隆に1924（昭和13）年に設けられた高等

＊お茶の水女子大学大学院博士後期課程

女学校である（写真１）。開校当時基隆高女の校舎は建設されておらず、第１回目の入学式は、基隆尋常高等小学校（現基隆市仁愛国小）で行われたという。1925 年 5 月に基隆高女の校舎の建設が始まり、翌年 3 月に落成し、同月に新校舎に移ったとのことである[2]。台北州立の高等女学校は全 6 校設けられおり、基隆高女はそのうちの一つである。

　台北駅から基隆駅までは電車で約 1 時間で到着する。

　駅から出ると「基隆港」の大きな文字が目に留まる。基隆駅から学校までは徒歩で 30 分程度の道のりであった。基隆高女は、市内の平地に設けられた台北州立台北第三高等女学校（以下、第三高女と略記）や彰化高女とは異なり、背後に山が迫る場所に設けられた。現在の基隆女中の校舎は、正門と手前の校舎を抜けると基隆高女時代と同様に、直ぐ裏に山が迫っており、他の校舎は山肌に沿って建てられていた。そのため、校舎間は階段と渡り廊下で結ばれており、移動はちょっとした山登りのようであった。正門から最初の校舎を抜けると、正面に階段があり、その先には日本統治期に建立された神社の社跡があった（写真 2・3・4）。

写真１　正門

写真２　社跡へ続く階段

写真３　社跡の様子

写真４　社跡の様子

この神社は、1935（昭和10）年9月21日に竣工し、23日に鎮座式が行われた。神社が取り壊されたのは、1972（昭和47）年のことであったという[3]。訪問時に確認できたのは、社跡と燈篭の台座のみである。階段の先に、神社の社跡があり、階段の横にはコンクリート製の防空壕が弧を描くように設けられており社跡と繋がっていた（写真5・6）。学校内に防空壕が設けられたという話は、これまでに筆者が行ってきた聞き書き調査でも何度か耳にしてきた。しかし、実際に実物を目にしたのは基隆高女のものが初めてである。

　基隆高女に関する資料は、校舎内に設けられた「校史室」（以下「 」省略）に展示されていた。廊下側からも中の様子がうかがえるようにガラス張りになっていた（写真7・写真8）。

写真5　階段左手側にある防空壕入口

写真6　社跡にある防空壕の入口と燈篭の一部

写真7　校史室の様子①

写真8　校史室の様子②

資料は、高等女学校時代のものよりも戦後のものが多い印象を受けた。高等女学校の校歌や学校の歴史がパネルで展示されていた。目を引くのは、教育勅語を納めていた奉安庫が展示されていたことである（写真9）。校史室に展示されている資料については、個人情報の取り扱いについての説明を受けた後、学校の許可を得た上で閲覧することができ、写真撮影も行うことができた。資料の複写については、図書館のコピー機を使用させていただいた。

写真9　奉安庫
（2015年11月17日筆者撮影）

2．台中州立彰化高等女学校（現国立彰化女子高級中学）

　彰化高女（現国立彰化女子高級中学、以下、彰化女中と略記）へは、台北駅から自強号で彰化駅まで行き、駅前通りを徒歩で直進すること約15分程度で到着する（写真10）。学校の周辺には、公共施設が点在しており、孔子廟も街中に設けられていた。1928（昭和3）年12月22日に神社へと昇格した彰化神社が建立された八掛山も学校の近くにある[4]。

　彰化高女は、1919（大正8）年に台湾人女子教育機関として設けられた3年制の台湾公立彰化女子高等普通学校に端を発する（1921年から設置者が台中州に移行）。1922（大正11）年に改正台湾教育令が公布されたことを受け、4年制の高等女学校へと昇格した。彰化高女は、台湾人女子教育機関としては、台北第三高女に次いで古い歴史を持つ学校である。改正教育令では、中等教育以上での日本人生徒と台湾人生徒の共学が実施されることになり、台湾人女子教育機関として発足した彰化高女にも日本人生徒が入学してくることになったが、台湾人生徒の方が多かったことが見受けられる[5]。『国立彰化女中九十週年校慶特刊』によると、1934（昭和9）年に校舎の敷地内に神社が建立されたとのことである[6]。筆者が訪問した時には、既に取り壊されており、神社があったことを確認できるものは見当たらなかった。

現在、校史室として使用されている「紅楼」（以下、「　」略）と称される赤レンガ造りの元学寮は、1919年に建設され、2004（平成16）年に彰化縣の歴史建築物として登録された（写真11）[7]。2009（平成21）年に改修工事が終わり、紅楼の規模も縮小されたが、当時の佇まいは今日にも引き継がれている[8]。紅楼の正面向かって左側が運動場になっており、日本統治期に植えられた「大榕樹」の大木が枝を茂らせている（写真12）。

　校史室に展示保存されている高等女学校に関する資料は卒業生からの寄贈によるものが多く見受けられ、かなりまとまった資料郡であるといえる。資料類は、いずれも鍵付きのガラスケースの中に厳重に保管されており、ケースの上からのみ閲覧が許された。資料並びに個人情報の取扱いには細心の注意が払われていることも先生方の説明からうかがえた。校史室には、彰化女子高等普通学校時代と高等女学校時代に使用されていた木製の机がそれぞれ1台ずつ展示されていた。

写真10　正門

写真11　紅楼（元学寮、現校史室）

写真12　大榕樹

（2015年11月19日筆者撮影）

3．台北州立台北第一高等女学校(現台北市立第一女子高級中学)

　台北第一高女（現台北市立第一女子高級中学、以下、北一女と略記）は、台北市の中心に位置する学校である（写真13）。台北駅から徒歩で20分程度で学校に到着する。学校は、台湾総統府（旧台湾総督府）の道を隔てた斜め向かいに建っている。学校周辺には、台湾総統府、台北迎賓館（旧台湾総督府官邸）、台湾大学医学部附設医院旧館（旧台北帝国大学医学部附属医院）、立法院（元台北州立台北第二高等女学校跡地）などが点在している。また、北一女の並びには、台北市立大学（元台湾総督府国語学校）がある。このような立地から、台北第一高女が政治や教育の中心である場所に設けられていたことがうかがえる。

　台北第一高女は、日本人女子生徒の高等普通教育機関として1904（明治37）年に設けられた台湾総督府国語学校第三附属学校に端を発する。台北第一高女の生徒は日本人生徒が多く在籍していたが、経済的にも社会的にも恵まれた家庭出身の優秀な台湾人生徒も僅かながら在籍していた。台北第一高女は、日本統治期に設けられた日本人女子教育機関としては最も古い歴史をもつ学校である。

　北一女の正門を抜けると、正面に光復楼と称される校舎がある（写真14）。この校舎は、1933（昭和8）年11月に竣工したものであり、1998（平成10）年に台北市の3級古蹟の指摘を受けている。校舎の中は、往時を偲ぶ扉や階段の手すりなどがそのままの形で残されていた。

写真13　正門

写真14　光復楼

敷地内には、台北第一高女時代の校訓である「正しく、強く、淑やかに」が刻まれた石碑が残されていた（写真15）。訪問時、校史室が建替え中であったこともあり、具体的にどのような資料が保存展示されているのかを確認することはできなかった。

写真15　石碑
（2015年11月23日筆者撮影）

おわりに

今回も地方に設けられた高等女学校を訪問することができた。訪問した女学校は、いずれも街の中心部に設けられていたことが明らかになった。基隆高女は、台北州立の高等女学校ではあるが、台北市内からは離れているため台北州の中心ではない場所に設けられた学校といえる。同じ州の中でも市内とその他の地域に設けられた学校の特色や様子をうかがい知る上で、基隆高女を訪問できたことは意義深いと考える。また、彰化高女では、地方の高等女学校における台湾人女子教育の一端を垣間見ることができた。基隆高女と彰化高女の校地内に神社がもうけられていたことから、学校という空間そのものが教育だけではなく精神面においても重要な役割を果たしていたことを肌で感じる旅となった。

【註】
1　滝澤佳奈枝『植民地教育史研究年報』18、2016年3月、216 - 222頁。
2　『田寮河畔的回憶』国立基隆女子高級中学九十週年校慶特刊、国立基隆女子高級中学図書館、2014年、12-14頁。
3　前掲『田寮河畔的回憶』22頁。
4　「彰化八卦山北白川宮殿下御遺跡碑」神奈川大学非文字資料研究センター

海外神社（跡地）に関するデーターベース。
5　李健嶠編『国立彰化女中九十週年校慶特刊』国立彰化女子高級中学、2009 年、61 頁。「台中州立彰化高等女学校一覧表」（昭和 15 年度）
6　同前『国立彰化女中九十週年校慶特刊』、127 頁。
7　「第三章　彰化女中紅楼建築與周遭環境変遷」『彰化縣歴史建築彰化女中紅楼調査研究』彰化縣文化局、2008 年 5 月、14 頁。
8　前掲『国立彰化女中九十週年校慶特刊』285 － 294 頁。

謝辞

　本調査を行う上で駐日台北経済文化代表処教育組の皆様、国立基隆高級中学、国立彰化女子高級中学、台北市立第一女子高級中学の校長先生をはじめ諸先生方には大変お世話になりました。貴重な資料を閲覧させていただきましたことに深く感謝致します。

　また、今回の調査に関わる費用の一部は、平成 27 年度お茶の水女子大学大学院生研究補助金によるものです。

Ⅵ. 報告

光復 71 周年・韓日修交 51 周年記念韓日国際学術会議
「日本における韓国独立運動と日本人」

佐野通夫＊

　標記学術会議が、2016 年 9 月 29 日、YMCA アジア青少年センターで開催された。主催は大韓民国独立祈念館韓国独立運動史研究所で、日本植民地教育史研究会と在日韓人歴史資料館が後援した。
　当日の発表者と主題は次のとおりである。

- 「2・8 独立運動と吉野作造」裵姈美（立命館大学コリア研究センター専任研究員）
- 「《Japan Advertiser》を通して見た三・一運動の認識と日本植民統治の本質」洪善杓（韓国独立運動史研究所責任研究委員）
- 「日本における韓国独立運動と日本人弁護士の活動」小野容照（京都大学人文科学研究所助教）
- 「大原社会問題研究所と在日韓人の社会運動」金慶南（慶北大学教授・法政大学大原社会問題研究所客員研究員）
- 「1930 年代の日本における韓国独立運動と日本人」尹素英（韓国独立運動史研究所研究委員）

　この報告に対し、佐野通夫（こども教育宝仙大学）、鄭祐宗（大谷大学）、長田彰文（上智大学）、李明花（韓国独立運動史研究所）、金周溶（韓国独立運動史研究所）の各氏が討論した。
　紙幅の関係で、佐野の討論文により本学術会議を紹介したい。

＊こども教育宝仙大学教授

「光復 71 周年・韓日修交 51 周年記念韓日学術国際会議
日本における韓国独立運動と日本人」にむけての討論文

はじめに

　まず、韓国独立祈念館が日本において、標記の主題の下、1ヶ月にわたる展示を行ない、この学術国際会議を開催する事に、心からの敬意と感謝を捧げたいと思う。このことの意味は小野容照報告に「日本の歴史学界が日本知識人の朝鮮観や独立運動を支援した日本人、あるいは両者の連帯運動について研究してきた理由」として明らかに示されているとおり、「日本と朝鮮民族（韓国、北朝鮮）の友好関係を築くため」である。

　私たち、日本植民地教育史研究会も「日本および欧米諸国がアジアなど世界各地で行った植民地教育支配に関する調査と研究を行うことを目的とする。とくに、アジアとの交流を深め、アジアから信を得ることのできる学術的研究をすすめる」（会則第 2 条）ことを目的に活動してきた。

　しかし、残念な事に今の日本では、小野報告が日本の独立運動支援研究のもう一つの理由として記している点に注意を払わなくてはならないだろう。それは、「近代日本の「光」を探すため」という点である。小野がその次に記している「敗戦により戦前日本を支配していた帝国主義という価値観は大きく転換し、「闇」の歴史となった」ということは本当になされただろうか。「つくる会」歴史教科書に見る事ができるように現代日本における歴史修正主義の跋扈ははなはだしいものである。

　小野が詳細に史料を検討しつつ、布施辰治や花井、山崎の占めた役割を分析し、そして最後に「史料に記されている日朝の「友情」や「友好」といった言葉が美辞麗句である可能性を警戒し、友情や友好の裏面には常に軋轢や葛藤が潜んでいることを念頭に置きながら、朝鮮独立運動を支援した日本人を分析する必要がある」で報告を結んでいる事に注意を向けたいと思う。歴史は現在のその時点でも偽造されていくのである。

植民地支配の構造の中から

そのような歴史の偽造を明らかにしていくためには、歴史を支配の構造から見なければならない。裵姈美報告には「帝国日本の植民地支配そのものを否定しない限り、吉野の留学生支援も朝鮮統治、とくに斉藤総督の「文化統治」に寄与することに帰結されてしまう」という言葉がある。

裵報告中に引用された新聞記事、たとえば「在京の朝鮮学生　不穏の言動は不良分子　真面目な研究生も中々多い」という記事を見て、私は朝鮮学校を攻撃する現在の産経新聞を思い出してしまった。ここに参席されている方には言うまでもないことであろうが、在日朝鮮人はいかに形成されてきたのか。在特会（在日特権を許さない市民の会）などのヘイト・スピーチが呼号するように「来たくて来ている」わけでも、解放後 71 年も経って「帰る」というわけにもいかないのである。そうであれば、自分たちの言葉を守り、文化を守るために民族学校は必要不可欠なものである。

植民地教育の姿

小野報告、裵報告になぜ「留学生」が登場してくるのだろうか。これも植民地支配の構造の中で理解しなければならない。

いわゆる武断統治（1910 年～ 1919 年）の下、日本人と朝鮮人の教育目的の違いは学校制度に示されていた。日本人の小学校 6 年に対し、朝鮮人の普通学校は 4 年、高等普通学校を 4 年とし、専門学校を含めても、11 ～ 12 年の教育しか認めなかった。その教育内容は日本語によって日本の「文化」を教えるものであった。このように朝鮮総督府の作った教育制度の目的が、日本統治下の社会において、短い教育年限によって日本人より低い資格の、日本人の下で日本語を話す、補助としての植民地人を養成しようという点にあったことは明らかである。この時点で朝鮮人が専門的な教育を望むならば「留学」という方法を取るしかなかった。その留学先は、日本語による教育というチャネルを通じて日本が挙げられる事になる。

3・1 独立運動後、若干の制度の手直しがなされ、これを朝鮮総督府は「文化政治」と称した。裵報告にあるように学生たちが、2・8 運動

等に積極的に参加していたことも、朝鮮総督府には脅威であった。朝鮮総督府は教育の支配性を広めるための学校の増設と、社会上層部の不満の吸い上げを試み、その政策が1922年、「(第2次)朝鮮教育令」としてまとめられた。

「改正教育令は、内鮮人の教育制度を同令中に統合設定し、内地と全く同一の教育主義並制度を採用せり」と言いながら、「国語ヲ常用スル者」、すなわち日本人の学校は日本国内の諸学校令による(第2条)とされ、結局、(第2次)朝鮮教育令も朝鮮人の教育制度のみを規定しているものであった。朝鮮人の普通学校を日本人と同じ6年制にしたと言いながら、普通学校は、4年に短縮することを認め、事実、1929年度以降の「一面一校計画に依り増設しつつある普通学校は総て四年制であ」り、なんら「同一の教育主義並制度」とは言えないものであった。

日中戦争に入ると、朝鮮の民族性のよりどころとなるべきものすべてが抹殺され、皇民化政策が頂点に達した。1939年には、朝鮮に氏制度を創設する「創氏改名」を公布、40年代には、朝鮮語の紙誌を廃刊させ、朝鮮語の研究をしていた朝鮮語学会を解散させ、幹部を逮捕、投獄、獄死させている(1942年)。

日本国内の初等教育より短い年限の普通学校教育であっても、その普及に困難を感じた朝鮮総督府は、1934年には「簡易学校」を開設した。これは10歳で入学し、2年間で日本語と農業を教え込むという、日本が植民地の教育に求めていたものを直截に表現したものであった。この簡易学校制度開設の背景には、1933年5月末現在における普通学校就学率が、推定学齢児童数に対し2割弱しかないという普通学校の収容能力の限界があった。以後、1942年の教育審議委員会決定で1946年からの義務教育制度の実施が宣言される際にも、その義務教育はこの簡易学校をも含み込んでのものであった。しかし、日本人教員は戦争に動員され、簡易学校数を増加させるには朝鮮人職員数を増加させるしかない状況であった。1941年時点では、日本人169人に対し、朝鮮人1613人(9.5倍)という比率であった。異民族支配を行なうための植民地教育制度は、朝鮮人をもって朝鮮人に日本の教育内容を教えさせるということ

になり、その内部に大きな矛盾をはらんだ。1934年6月、今井田政務総監の道学務課長及視学官会同における訓示には、次の一節がある。

> 昨秋来数道に亘り初等学校教員又は書堂教師にして共産主義に惑溺し、学校の内外に於て不穏なる運動を試み、純真なる児童の将来を蠱毒して刑辟に触れ、教権の神聖を汚すが如き者を相当多数出しましたことは、誠に遺憾とする所であります。

1937年には「皇国臣民の誓詞」が定められ、学校では毎日子どもたちに唱えさせた。1938年には（第3次）朝鮮教育令が出された。朝鮮における日本の植民地教育政策の目的を象徴的に示すかのように、この朝鮮教育令の改正は「陸軍特別志願兵制度」と対にして出されている。そしてこの「志願兵制度」は、朝鮮総督府『施政三十年史』（1940年）においては、教育の項に収められている。

1938年の「陸軍特別志願兵制度」に続き、44年には「徴兵制度」が始まり、朝鮮人が「玉除け」とされていった。その他、多くの朝鮮人が軍要員、軍隊性奴隷等として動員され、日本の戦場で殺されている。一方では、日本国内の労働力不足を補うために、朝鮮人を日本国内にも強制的に連行してきた。1945年には、在日朝鮮人が236万5000人となったともいわれ、これは当時の朝鮮人総人口の一割にのぼる。

植民地下の直前、民衆の間では「子供を普通学校に入れると男の子は卒業後内地に連れて行って兵隊にして鉄砲の玉除けにするのだ。女子は内地に連れて行ってカルボ［売春婦］に売るのだ」という言葉が囁かれていた。そのため、当時は入学勧誘も困難であったといわれるが、その民衆の言葉どおりの状況が出来たのである。

おわりに

現在の朝鮮学校に対する攻撃。あるいは朝鮮に対する攻撃。私はその中に、明治以来形成されてきた日本人の朝鮮蔑視が根底にあってなされているように感じる。「日本と朝鮮民族（韓国、北朝鮮）の友好関係を築くため」の研究は日本人自身をも解放していくものでなければならない。

Ⅶ．彙報

2015年12月から2016年11月までの本研究会の活動を報告する(文中、敬称略)。

(1) 組織・運営体制

本研究会には、会則7条によって本『年報』奥付に記載の役員が置かれている。運営委員の任期は3年、『年報』編集委員の任期は2年である(第9条)。本年は運営委員・編集委員ともに任期中である。

代表：井上薫
運営委員
〇通信部：(議事録・通信・WEB更新支援) 北川知子・小林茂子・清水知子
〇研究部：(年次研究テーマ＜科研＞・定例研究会・国際交流等) 佐藤広美・佐野通夫
〇宣伝・販売部：(年報の販路拡大・ブックレット企画など) 白柳弘幸
　　　事務局長：(総務・渉外・各部との連絡調整) 岡部芳広
　　　事務局員：(HP担当) 山本一生／(研究業績作成) 滝澤佳奈枝
　　　　　　　(会計) 白恩正／(会計監査) 合津美穂・丸山剛史
　　年報編集委員会：(委員長) 一盛真 (委員)・中川仁・松岡昌和・山本一生

本年の主な活動は以下の通りである。
1) 研究会総会 (年1回、研究大会時に開催)
　　2016年3月5日 (土)・6日 (日) 東京家政学院大学
2) 運営委員会 (研究大会準備、日常的会務のために3回開催)
　　①3月5日 (土) 東京家政学院大学 (第19回大会・総会準備等)
　　②6月25日 (土) こども教育宝仙大学 (第20回研究大会準備等)
　　③11月5日 (土) 東京家政学院大学 (第20回研究大会準備等)
3) 研究部 (研究例会を2回開催、企画、運営)
　　①6月25日 (土) こども教育宝仙大学
　　②11月5日 (土) 東京家政学院大学
4) 編集委員会

①6月25日（土）こども教育宝仙大学
②11月5日（土）東京家政学院大学

5）事務局
　事務連絡、会員入退会処理、会計、HP管理等を行った。

（2）第19回研究大会の開催
　第19回研究大会は、2016年3月5日（土）・6日（日）に、「植民地の近代化・産業化と教育」をテーマに、東京都千代田区の東京家政学院大学で開催された。まず初日は、井上薫会員がテーマである《植民地の近代化・産業化と教育》の発題をし、山本一生会員の《「外地」の商業学校の学科課程における商業教育の意義と編成方法—私立青島学院商業学校を事例として》、白恩正会員の《植民地朝鮮の地理教科書に描かれた鉄道と近代化》、松岡昌和会員の《「昭南島」における日本映画：「近代化モデル」のメディアとしてのフィルム》、小林茂子会員と清水知子会員の《『南洋群島国語読本』にみる「文明化」「近代化」の描出　その１．委任統治政策と教科書との関わり　その２．第四次本における改変の様相—生活方面、公民的方面を中心に—》の報告があり、活発に討議が行われた。2日目は、自由研究発表として、樫村あい子会員の《占領下シンガポールの日本語教育について—産業学校の歴史的背景と昭南工業学校を中心として—》、何広梅会員の《戦時中におけるモンゴル人の留日教育から見る帝国日本の植民少数民族教育》、赤木奈央会員の《昭和期の台湾の公学校の「聴き方」授業についての考察》の3本の発表があった。

（3）第20回研究大会の準備
　第20回研究大会は、2017年3月18日（土）・19日（日）に、宇都宮大学（栃木県宇都宮市）で行うこととなった。シンポジウムのテーマについては、運営委員会で検討され、「創設の頃とその後」に決定し、コーディネーターは佐藤広美会員が担当することとなった。

（4）年報『植民地教育史研究年報』の発行

第18号『植民地教育支配とモラルの相克』を、皓星社から2016年3月25日付で出版した。特集は前年度の研究大会として、2015年3月14日に大手前短期大学で行われたシンポジウム「植民地教育支配とモラルの相克」であった。この他、特別寄稿1本、研究論文1本、研究資料2本、書評、旅の記録、気になるコトバ、彙報で構成した。

（5）「研究会通信」の発行

研究会通信「植民地教育史研究」は、第51号（2015年12月24日付）、第52号（2016年2月9日付）、第53号（2016年5月26日付）、第54号（2016年10月6日付）の4号が発行された。

第51号では、東京家政学院大学での第19回研究大会の概要予告、自由研究発表者の募集、第52号では、第19回研究大会の案内・シンポジウム趣旨・自由研究発表の紹介、『年報』第18号の紹介などが掲載された。第53号ではこども教育宝仙大学での第35回定例研究会の案内、第19回研究大会・総会の報告などが掲載された。第54号では、東京家政学院大学での第36回定例研究会の案内、第35回定例研究会の報告が掲載された。今年度より研究会通信のメールによる配信が本格実施され、メールアドレスのある会員には原則メールで配信することとなった。ただし、会員の研究業績一覧と名簿については、従前のとおり郵送することとした。

（6）科研進捗状況

『日本植民地・占領地教科書にみる植民地経営の「近代化」と産業政策に関する総合的研究』による研究が終了し、報告書が作成された。加えて、2014年10月25日におこなった中国遼寧省教育庁研究員斉紅深氏特別講演会の講演録を報告書別冊として先行発行した。

また今年度は、次期申請のための全体討議を第35回例会で行った他、準備会を6月12日に東京家政学院大学で行い、運営委員会での検討も経て、新規申請作業を完了した。

（7）定例研究会

定例研究会の日程、発表等については以下の通り。

〈1〉第35回定例研究会

2016年6月25日（土）こども教育宝仙大学
　①芳賀普子：《植民地教育から民族教育へ―朝鮮学校を守るための都立化》
　②清水知子・合津美穂・北川知子：《植民地・占領地教科書と国定教科書との比較研究（過年度科研）を基にした研究発展の可能性》
　③科研申請についての討議

〈2〉第36回定例研究会

2016年11月5日（土）東京家政学院大学
　①田中寛：《映画「起ち上がる泰」と「泰國の全貌」―大東亜共栄圏タイにおける南方映画工作の一断面―》
　②藤森智子：《日本統治下台湾の「芝山岩精神」の研究》

（8）ブックレット

皓星社より発行予定である『植民地教育史ブックレット』については、現在作業が中断されている。

（9）国際交流

9月29日にYMCAアジア青少年センターで行われた、韓国独立紀念館主催、韓・日学術会議プログラム「日本における韓国独立運動と日本人」を後援し、パネラーとして佐野通夫会員が総合討論に参加した。

（10）その他

運営委員会及び年報編集委員相互の日常の諸連絡や検討事項については、それぞれのメーリングリストによって行われている。

（事務局長　岡部芳広）

編集後記

　2016年4月、またしても沖縄の地で悲劇がおこされた。20歳の女性が、元米軍海兵隊員の手により屈辱を受け、いのちを奪われた。6月19日に行われた県民集会では玉城愛さんが、「安倍晋三さん、本土にお住いのみなさん、今回の事件の『第2の加害者』はだれですか。あなたたちです。しっかり、沖縄に向き合っていただけませんか」と私を含めた「日本人」に問いかけた。その問いに、「日本人」としてどのように答えるか。今、私はこの思産子の魂に向き合うことを通して「日本人」と日本の社会を考えている。彼女から教えられていることは、日本の対米従属の内実としての植民地主義・人種主義である。

　米国が、各国と結んでいる地位協定は、1941年の「米英協定」をモデルにしたもので、植民地主義・人種主義的な運用がなされてきた。裁判権を米軍が持つのか、英国側が持つのか、それは裁判が行われる地域の判事、陪審員が「白人」か「非白人」かという観点から判断がなされた。1953年NATO諸国と米国との地位協定において第1次裁判権を公務中は米軍、公務外は受入れ国とした。しかし、それは建前で、米軍は受入れ国に対して裁判権の放棄を求める。その放棄率は、現在に至るまでアングロサクソン系と非アングロサクソン系、NATO加盟国と非加盟国では明らかな差別が存在している。日本も裁判権の放棄は要求されており、2008年の放棄率は93.2%である。日本国民の感情を著しく害する事件のみが現在、日本の裁判所で訴追されているのである。

　日本は1952年に地位協定の前身の行政協定を結んでいる。その折に米兵犯罪の民事裁判において、米国側に不利益な証拠提供、米軍人・軍属の証人の出頭はさせなくてよいという密約を結んでいる。この密約により、性犯罪の訴追は、立証不能として不起訴となるのが常となった。

　1945〜72年の沖縄における、性をめぐる植民地主義・人種主義を象徴する布告がある。「琉球列島米国民政府布告第百四十四号　刑法並びに訴訟手続法典　二、二、三」である。「合衆国軍隊要員である婦女を強姦し又は強姦する意思をもってこれに暴行を加える者は、死刑又は民政府裁判所の命ずる他の刑に処する」。

　米兵による性犯罪は、訴追の道が実質阻まれていた一方で、「沖縄人」による米兵への性犯罪には、死刑を含む重罰が準備されていたのである。この布告に抵触した判例を探すことにした。

　沖縄の新聞記事には、「沖縄人」による事件は、管見の限りはない。沖縄県立図書館、キャンプ・フォスター内の図書館にも該当資料はなく、沖縄県公文書館USCAR文書で現在、琉球政府琉球上訴裁判所事務局『判例集』、同『裁判所報』を気長にみている。判例が出てこないことには意味があると考えている。「沖縄人」による米軍女性に対する性犯罪には、植民地支配下における人種主義と性支配という2つの問題がかかわってくるためである。アメリカでは、1967年のラヴィング判決まで「異人種混交禁止」が違憲とされず、2000年までアラバマ州では禁止の法が存続した。本国において、人種と性の差別的な考え方が存続していたなか、占領地沖縄において「沖縄人」による米軍女性に対する性犯罪の事実は、支配する男には屈辱的な問題である。米兵の性犯罪と「沖縄人」の米軍女性に対する性犯罪の刑法のあり方は、沖縄における性をめぐる植民地主義・人種主義を集約的に示していた。

　この非対称の関係は、変化こそあれ現在にまで続いている。今回の容疑者は、沖縄の地ではなく、東京で「公平」な裁判を受けたいと主張している。彼はより正確に日本の現実を理解している。

　「植民地研究」が現実にどのように向き合うのか。問題は私たちの中にある。

（一盛　真）

著者紹介

李省展
恵泉女学園大学・大学院教授。「『文化政治』と朝鮮―1920年代を中心として」（趙景達編『植民地朝鮮―その現実と解放への道』、東京堂、2011）、「キリスト教と社会―ミッションスクールとナショナリズム」（『東アジア近現代通史―アジア研究の来歴と展望』別巻、岩波書店、2011）、「帝国・近代・ミッションスクール―ピョンヤンにおける「帝国内帝国」と崇実学校―」（駒込武・橋本伸也編『帝国と学校』、昭和堂、2007）、『アメリカ人宣教師と朝鮮の近代』（社会評論社、2006）等。

一盛真
鳥取大学地域学部教員。「米軍占領下沖縄におけるモラルの相克―小説『ガード』から考える―」（『植民地教育史研究年報』18、2016）。「美しみを紡ぐ言葉―水俣病事件・上野エイ子の語り―」（教育科学研究会編『教育』2017年3月号、かもがわ出版）等。

井上薫
釧路短期大学教員。「日本統治下末期の朝鮮における日本語普及・強制政策」（『北海道大学教育学部紀要』73、1997）、「日帝下朝鮮における実業教育政策」（渡部宗助・竹中憲一編『教育における民族的相克』東方書店、2000）、「大澤宏紀「朝鮮総督府による『朝鮮語』教育―第一次・第二次朝鮮教育令下の普通学校を中心に」の意義と研究会の課題」（『教育史・比較教育論考』19、北海道大学大学院教育学研究院教育史・比較教育研究グループ、2009）等。

内海愛子
恵泉女学園大学名誉教授。早稲田大学卒業。日本朝鮮研究所所員、インドネシア・パジャジャラン大学講師。帰国後、アジア太平洋資料センター多国籍企業研究の「エビ研究会」（村井吉敬・鶴見良行ら）に参加。80年代、インドネシア、台湾、フィリピンなどのエビ養殖場を歩き、住民から日本軍の占領時代の話を聞く。主な著書に『赤道下の朝鮮人叛乱』（共著、勁草書房）、『朝鮮人BC級戦犯の記録』（勁草書房、のちに岩波現代文庫）、『スガモ・プリズン―戦犯たちの平和運動』（吉川弘文館）、『戦後補償から考える日本とアジア』（山川出版社）、『日本軍の捕虜政策』（青木書店）、『キムはなぜ裁かれたのか―朝鮮人BC級戦犯の軌跡』（朝日新聞出版）等。

大串隆吉
1945年生まれ、都立大学・首都大学東京名誉教授、日本社会教育学会員。著書に『青年団と国際交流の歴史』（有信堂、1999）等。

岡部芳広
1963年大阪市生まれ。相模女子大学教授。神戸大学大学院総合人間科学研究科博士後期課程修了。博士（学術）。台湾近現代音楽教育史専攻。『植民地台湾における公学校唱歌教育』（明石書店、2007）、「台湾の小学校音楽教育における1962年改訂国民小学音楽科課程標準の意味」（『音の万華鏡 音楽学論叢』藤井知昭・岩井正浩編、岩田書院、2010）等。

小林茂子
中央大学非常勤講師。沖縄移民教育史、南洋教育史。博士（教育学）。『「国民国家」日本と移民の軌跡―沖縄・フィリピン移民教育史』（学文社、2010）、「開戦前後におけるマニラ日本人学校にみる教育活動の変容―発行された副読本と児童文集を手がかりに―」（国際日本文化研究センター『日本研究』50、2014）、「南洋群島における日本人小学校の教育活動―南洋庁サイパン尋常小学校保護者会編『さいぱん』（1935年）をもとに―」（JICA横浜海外移住資料館『研究紀要』10、2016）、「旧南洋群島民間人収

容所における教育と軍政初期の沖縄教育—主にテニアン島チューロ収容所の事例を手がかりに—」(根川幸男・井上章一編著『越境と連動の日系移民教育史 複数文化体験の視座』ミネルヴァ書房、2016) 等。

佐藤由美
埼玉工業大学教員。教育史専攻。日本統治下台湾・朝鮮における教育政策とその実態を研究。最近の研究に「日本統治下台湾・朝鮮の学校教育と周辺文化の研究」(2014年3月 科研報告書) がある。現在は「日本統治下台湾・朝鮮からの留学生に関する研究」を進めている。

佐野通夫
1954年生まれ。こども教育宝仙大学教員。教育行政学。『子どもの危機・教育のいま』(社会評論社、2007)、『日本植民地教育の展開と朝鮮民衆の対応』(同、2006)、『アフリカの街角から』(同、1998)、『＜知＞の植民地支配』(編著、同、1998)、『近代日本の教育と朝鮮』(同、1993)。鄭在哲著『日帝時代の対韓国教育史』(訳、皓星社、2014) 等。

清水知子
東京農業大学、横浜国立大学非常勤講師。お茶の水女子大学人文科学研究科日本言語文化専攻修了。日本語教育学・日本語教育史。「日本軍占領下のシンガポール (1942年～1945年) での日本語教育の性格～現地出版された教科書『国語読本』『工業日本語読本』の分析～」(『日本語教育』84、1994)、「軍政下シンガポールの公立日本語学校 (Queen Street School) をめぐる一考察」(『横浜国立大学留学生センター紀要』7、2001) 等。

白柳弘幸
玉川大学教育博物館。日台近代教育史。自校史 (玉川学園史)。「台北高等学校と成城高等学校—「自由」な校風と3名の教育者—」『台北高等学校創立90週年 国際学術研討会論文集』国立台湾師範大学台湾史研究所 2014年。「台湾における小原國芳の教育行脚—昭和4年の訪台を中心として—」『全人教育研究センター年報』1号 玉川大学教育学部全人教育センター 2015年。「植民地統治下台湾原住民子弟公学校の教育活動—瑞穂公学校『学校沿革誌』より—」『玉川大学教育博物館紀要』第12号 玉川大学教育博物館 2015年。

滝澤佳奈枝
お茶の水女子大学大学院博士後期課程在学中。日本統治期台湾の女子教育について研究を進めている。「植民地台湾における技芸教育の実態と変遷—台北第三高等女学校を例として—」(『女性歴史文化研究所紀要』14、2006)、「台北州立台北第三高等女学校における裁縫科教育と女子教員の養成—国語学校附属学校時代から1920年代を中心に—」(『植民地教育史研究年報』16、2014) 等。

竹内久隆
1960年長野県生まれ。長野市立大豆島小学校教諭。青山学院大学大学院文学研究科教育学専攻修士課程修了。日本教育史専攻。長野県派遣内地留学生 (日本大学大学院文学研究科研究生1994)。『史料開智学校』編集委員 (1987～1998)。『史料開智学校第18巻 授業の実態8～成績・作品・評価～』解題執筆 (1994)。『史料開智学校第19巻 学校生活と地域1～学校の生活～』解題執筆 (1997)。「小学校祝日儀式の定着過程に関する考察～松本・開智学校の資料を中心として～」信濃史学会『信濃』第49巻第9号 (1997)。「感動を地域に伝える～校庭に込められた地域の願い」第19回東書教育賞入選 (2004)。「教育史研究と教育実践との接点を求めて～校庭の設置・拡張と校庭運動会を通して～」長野市教育会『長野市教育』第77号 (2004)。日本教育史研究会サマーセミナー報告者 (2008・2013) 等。

船越亮佑

東京学芸大学大学院連合学校教育学研究科（博士課程）。文学・教育学。「布哇教育会初の尋常科用日本語教科書に関する一考察」『国語科教育』第80号（2016年9月）、「沙港日本語学校初の初等科用日本語教科書に関する一考察」『学校教育学研究論集』第32号（2015年10月）。

白恩正

創価大学非常勤講師。博士（社会学）。「日本統治下朝鮮における地理教育に関する研究―地理教科書の分析を中心に―」（2001年度創価大学大学院博士論文）。「植民地期朝鮮の地理教科書における図版教材の変容―日本の国定教科書との統計比較を通して―」（古垣光一編『アジア教育史学の開拓』2012年10月）等。

前田均

1953年大阪市生まれ。天理大学非常勤講師、日本語教育史研究会会長、日本のローマ字社監事主要著書に『日本語教科書目録集成』（科研費報告書）がある。

松浦勉

八戸工業大学教員。『日本近代教育と差別―部落問題の教育史的研究』（安川寿之輔・一盛・真共著、明石書店、1998）、『差別と戦争』（渡部かよ子共著、同上、1999）、「『総戦力体制』の形成と日本の教育学―阿部重孝の教育改革・学制改革の思想とその特質―」（八戸工業大学紀要第24号、2005）、「海後宗臣の中国占領統治＝植民地主義教育の政策構想」（『八戸工業大学紀要』第32号、2013年3月）、「アジア・太平洋戦争と日本の〈講壇教育学〉―海後宗臣とその〈化育所〉構想を中心に―」（『八戸工業大学紀要』第33号、2014年3月）等。

松岡昌和

一橋大学大学院言語社会研究科特別研究員。1979年生まれ。博士（学術）。専門はメディア文化政策史研究。研究テーマは日本と東南アジアの文化交流史。「娯楽か日本化教育か？―日本占領下シンガポールにおける音楽―」（『植民地教育史研究年報』17、2015）、「『大東亜建設』と『日本音楽』―第二次世界大戦期における音楽プロパガンダ構想についての一考察―」（平井達也ほか編『グローバリゼーション再審―新しい公共性の獲得に向けて―』時潮社、2012）等。

山本一生

上田女子短期大学幼児教育学科講師。1980年生まれ。教育史。博士（教育学）。『青島の近代学校―植民地教員ネットワークの連続と断絶―』（皓星社、2012年）、「扶輪学校設置とその教育活動」（貴志俊彦・白山真理編『京都大学人文科学研究所所蔵 華北交通写真資料集成』国書刊行会、2016年）等。

『植民地教育史研究年報』投稿要領　　2015年度総会（2016年3月5日）了承

投稿要領
①投稿の申し込み締め切り日は、毎年7月31日とする（編集委員会必着）。
②投稿は、葉書、または、メール、または、ファックスにより、以下を記入の上、編集委員会に申し込む。
　　名前、標題（30字以内）、区分（研究論文、研究ノート等）、連絡先
③申込・提出先（編集委員会）は、研究会事務局に問い合わせること。
④投稿原稿提出の締め切り日は、毎年9月30日とする（編集委員会必着）。
⑤研究論文等の投稿は、会員に限る。
⑥応募原稿は未発表のものに限る。ただし口頭で発表したものは、この限りでない。
⑦掲載が決定した場合は、投稿料として原則1人5,000円を納める。執筆者には3冊贈呈する。ただし、諸事情のある場合には、運営委員会による減免措置がある。
⑧掲載原稿の著作権は、研究会に帰属する。ただし著者は、研究会に連絡して、転載することができる。
⑨投稿原稿は日本語によるものとする。

執筆要領
⑩原稿の分量は次のとおりとする（本文・注・図・表などすべてを含む。分量厳守のこと）。
　研究論文：20,000字、研究ノート・研究方法・研究動向：8,000字
　旅の記録・研究資料：6,000字、気になるコトバ：4,000字
⑪投稿原稿等の提出要領（掲載される・されないに関わらず以下の項目を提出すること）
　1.以下の項目を書いて添付すること。
　　　(1) 標題・著者名・所属（和文・外国語で表記のこと）、(2) 著者紹介（最近の研究業績は2本以内）、(3) 連絡先（住所、電話番号、ファックス番号、メールアドレス）
　2.電子データ原稿を原則とする。
　3.「図表、写真等のデータ」の取り扱い。
　　　(1) 文字原稿データと図表・写真等はデータを分けて提出すること。
　　　(2) 表は、ワードではなくエクセルで作成すること。
　　　(3) 「図表、写真等のデータ」には番号を振り、本文中の位置を指示すること。
　　　(4) 写真はモノクロでの印刷となる。
　4.註の記載について。
　　入稿時、パソコン脚注機能を使用せず、本文中に以下の例示のように入れ込むこと。
　　「……、東洋人として自覚を高調しなければならない。」(【1】塩原時三郎「東亜に於ける日本帝国の使命」『文教の朝鮮』1939年8月、6頁。) しかしながら、……
⑫執筆者による校正は一度（初校）限りとする。校正時の大幅な修正は認めない。

編集委員会
⑬原稿の採否は編集委員会が決定する。
⑭研究論文と研究ノートは、別に定める審査要領に基づく審査を経て、編集委員会が採否を決定する。
⑮書評は、別に定める書評選考規程に基づいて、編集委員会が採否を決定する。
⑯編集委員会は原稿の内容・表現等について、著者に修正・書き直しを求めることがある。また、編集委員会で用字・用語等について、修正・統一をすることがある。
⑰編集委員会は必要に応じて、会員、非会員に原稿執筆を依頼することができる。

CONTENTS

Forward: Japanese colonial consciousness and education .... Utsumi Aiko 3

I. Symposium

The relationship between science textbooks in colonial Korea and agricultural education policy in the textbooks: Centering on mentions of "rice" until the mid-1930s
.... Inoue Kaori 12

The meaning and organizing method of commercial education in the curriculum of commercial schools in the "overseas colonies" : Examining the example of the Private Qingdao Commercial Academy .... Yamamoto Issei 22

Railways and modernization in textbooks of geography in Korea under Japanese rule
.... Baek Eun-Jeong 44

Japanese film in occupied Singapore: Film as a media of a "modernization model"
.... Matsuoka Masakazu 65

"Civilizing" and "modernizing" in public school education in Japan's South Seas–Essay #1: The background behind the editing of the Fourth Period "National Language Readers" and considering transformations in "civilizing" .... Kobayashi Shigeko 86

"Civilizing" and "modernizing" in public school education in Japan's South Seas–Essay #2: On the editing of the Fourth Period "National Language Readers" ... Shimizu Tomoko 106

Discussion: The symposium "Education and the modernization and industrialization of colonies" 130

II. Research Papers

Local Education in the textbook used in "Kokuminka Tairikujijyo" class in Manchuria
.... Funakoshi Ryōsuke 150

School experiences in Korea during the later period of Japanese rule—Takeuchi Mikio, from Gwangju Normal School to Mangyeong Elementary School
.... Satō Yumi and Takeuchi Hisataka 173

III. Research Trends

Trends in war responsibility and colonial responsibility research: Investigating war responsibility and colonial rule responsibility .... Matsuura Tsutomu 198

IV. Book reviews

Komagome Takeshi. *Colonial rule of Taiwan in the global context: From the perspective of Tainan Presbyterian Middle School.* .... Reviewed by Lee Sungjeon 212

Oguro Kōji. *China and Japan's modernity as found in the libraries—Between friendship and rivalry* .... Reviewed by Ōgushi Ryuichi 225

Fujimori Tomoko. *The movement to spread the "national language" (Japanese) during Japanese colonial rule: The establishment and influence of the National Language Training Centers.* ································· Reviewed by **Maeda Hitoshi** 231

V. Field Work Reports

Research on the Remains of Taiwan Education History (9) ··· **Shirayanagi Hiroyuki** 238
A record of a visit to a Taiwan higher girls' school from the Japanese colonial period (2)
··· **Takizawa Kanae** 244

VI. Announcements

The Japan-Korea and International Academic Conference: The 71st anniversary
  of Liberation from Japanese Rule, and the 51st anniversary of the normalization
  of Japan-Korean relations. ···································**Sano Michio** 254

Korean Independence Movement in Japan and Japanese Supporters

VII. Miscellaneous reports ······································· **Okabe Yoshihiro** 260

Editorial Note ······································ **Ichimori Makoto** 265

Contributors Translation by Andrew Hall

植民地教育史研究年報　第19号
Reviews of Historical Studies of Colonial Education vol.19

植民地の近代化・産業化と教育
Education and the modernization and industrialization of colonies

編集
日本植民地教育史研究会運営委員会（第Ⅶ期）
The Japanese Society for Historical Studies of Colonial Education

　　代表：井上薫
　　運営委員：岡部芳広・北川知子・小林茂子・佐藤広美・佐野通夫・
　　　　　　清水知子・白柳弘幸
　　事務局長：岡部芳広
　　事務局員：合津美穂・滝澤佳奈枝・白恩正・丸山剛史・山本一生
　　年報編集委員会：一盛真（委員長）・中川仁・松岡昌和・山本一生
　　事務局：神奈川県相模原市南区文京2-1-1
　　　　　　相模女子大学学芸学部岡部芳広研究室

　　TEL 042-713-5017
　　URL http://blog.livedoor.jp/colonial_edu/
　　E-Mail：y-okabe@star.sagami-wu.ac.jp
　　郵便振替：００１３０－９－３６３８８５

発行　2017年3月25日
定価　2,000円＋税

　　　　発行所　　株式会社 皓星社
　　　　〒101-0051 東京都千代田区神田神保町3-10 宝栄ビル6階
　　　　電話：03-6272-9330　FAX：03-6272-9921
　　　　URL http://www.libro-koseisha.co.jp/
　　　　E-mail：　　info@libro-koseisha.co.jp
　　　　郵便振替　00130-6-24639

　　　　　　装幀　藤林省三
　　　　　　印刷・製本　㈲吉田製本工房

ISBN978-4-7744-0631-2 C3337